NORBERT EUBA

Der Einfluß von Geldwertrisiko und Wertsicherungsklauseln auf die Vermögensdispositionen

Untersuchungen über das
Spar-, Giro- und Kreditwesen
Abteilung A: Wirtschaftswissenschaft

Schriften des Instituts für das Spar-, Giro- und Kreditwesen
an der Universität Bonn

Herausgegeben von Prof. Dr. Dr. Dr. h. c. Fritz Voigt

Band 71

Der Einfluß von Geldwertrisiko und Wertsicherungsklauseln auf die Vermögensdispositionen

Von

Dr. Norbert Euba

DUNCKER & HUMBLOT / BERLIN

Redaktion: Diplom-Volkswirt Dr. Heino Faßbender

Gedruckt 1973 bei Buchdruckerei Bruno Luck, Berlin 65
Printed in Germany
ISBN 3 428 02972 0

Inhaltsverzeichnis

Verzeichnis der verwendeten Abkürzungen

AER	=	American Economic Review
EJ	=	Economic Journal
HdSW	=	Handwörterbuch der Sozialwissenschaften
IMF	=	International Monetary Fund
JfNuSt	=	Jahrbücher für Nationalökonomie und Statistik
JoF	=	Journal of Finance
JPE	=	Journal of Political Economy
NTJ	=	National Tax Journal
PF	=	Public Finance
QJE	=	Quarterly Journal of Economics
REStat	=	Review of Economics and Statistics
REStud	=	Review of Economic Studies
SEJ	=	Southern Economic Journal
WiSta	=	Wirtschaft und Statistik
WWA	=	Weltwirtschaftliches Archiv
ZfB	=	Zeitschrift für Betriebswirtschaft
ZfgesKw	=	Zeitschrift für das gesamte Kreditwesen

A. Einleitung

Mit dem letzten Wachstumszyklus ist in der Bundesrepublik die schleichende Geldentwertung zunehmend zum Gegenstand wirtschaftspolitischer Auseinandersetzungen geworden. Der Grund liegt im Anstieg der jährlichen Inflationsrate, die vor der Rezession im Jahre 1967 durchschnittlich 2 bis 3 % betrug, auf nahezu 6 % im jetzt auslaufenden fünften Wachstumszyklus. Diese Entwicklung ist auf die Verhaltensweisen der Wirtschaftssubjekte nicht ohne Einfluß geblieben; ein zunehmendes Geldwertbewußtsein prägt ihre ökonomischen Entscheidungen. Dabei erfahren zwei Argumente zugunsten der Geldwertstabilität eine immer deutlichere Betonung.

Zum einen wird argumentiert, sei ein konstanter Geldwert notwendig, sollen die „Rechte" der Inhaber von Ansprüchen, die auf feste Beträge lauten, geschützt werden, zum anderen sei die Geldwertstabilität für das Funktionieren des freien Wettbewerbs und des kapitalistischen Systems unerläßlich[1]. Deutet das erste Argument mehr die einzelwirtschaftlichen Folgen einer inflationären Entwicklung an, die einen Schwerpunkt dieser Arbeit bilden sollen, so bezieht sich das zweite Argument auf die gesamtwirtschaftlichen Konsequenzen einer inflationären Entwicklung, die ihrerseits mit den einzelwirtschaftlichen Faktoren verknüpft sind.

Die Aufgabe der vorliegenden Arbeit soll es sein, die Folgen zu untersuchen, die aus einem Nichterreichen der Geldwertstabilität dem einzelnen Wirtschaftssubjekt erwachsen, und welche Auswirkungen dessen Reaktionen wiederum für die gesamte Volkswirtschaft haben. Dabei wird zu analysieren sein, wie sich ein inflationärer Prozeß auf die verschiedenen Vermögensarten auswirkt, welche Sicherungsmöglichkeiten gegen derartige Inflationswirkungen einem Wirtschaftssubjekt zur Verfügung stehen und welche gesamtwirtschaftlichen Folgen daraus resultieren.

Die Messung des Geldwertes soll dabei über einen allgemeinen Preisindex vorgenommen werden, auch wenn damit gewisse Probleme ver-

---

[1] Vgl. R. V. Eagly: On the Nature of Constant Value and the Desirability of a Constant Price Level, in: WWA Bd. 92 (1964), S. 359 f.; vgl. auch: Bulletin des Presse- und Informationsamtes der Bundesregierung — Auszüge aus Presseartikeln Nr. 44 vom 4. Juni 1971, S. 11.

bunden sind, auf die später noch einzugehen sein wird. Obwohl über einen solchen Preisindex eine genaue Umschreibung des Geldwertes nicht möglich ist, lassen sich dennoch die Veränderungen des Geldwertes über Veränderungen eines allgemeinen Preisindex hinreichend genau bestimmen[2].

Um die Auswirkungen einer Geldentwertung auf die einzelnen Vermögensformen aufzeigen zu können, muß zunächst die Größe, die von der Geldwertverschlechterung betroffen wird, das Vermögen, genauer abgegrenzt werden. Da jede Umschreibung dieses Begriffes von rechts-, sozial- und gesellschaftspolitischen Wert- und Zielvorstellungen beeinflußt wird, ist ein allgemein anerkannter Vermögensbegriff nicht vorhanden.

Im weitesten Sinne kann jedoch unter Vermögen die „Gesamtheit der im Eigentum einer physischen oder juristischen Person stehenden wirtschaftlichen Güter und der ihr zustehenden Rechte von privatwirtschaftlichem Wert“[3] verstanden werden. In dieser sehr weit gefaßten Definition, die im weiteren Verlauf der Analyse verwandt werden soll, wird schon die Untergliederung in die Formen Geld- und Realvermögen deutlich. So zählen zum Geldvermögen die „unmittelbar auf die Geldeinheit lautenden oder in Geld bewertbaren Forderungen“[4], also Bestände an Bargeld, auf Sichtkonten, Spareinlagen sowie Wertpapiere[5]. Diese Vermögensformen sind überwiegend im Bereich der privaten Haushalte zu finden und der Veränderung des Geldwertes in besonderem Umfang ausgesetzt.

Unter Realvermögen (Sachvermögen) ist die Summe aller im Eigentum eines Wirtschaftssubjektes stehender realer Güter zu verstehen. Je nach dem Verwendungszweck dieser Güter — unmittelbare Bedürfnisbefriedigung oder nur mittelbare über die Erstellung anderer Güter — teilt sich das Sachvermögen in Konsumtiv- und Produktivvermögen auf. Zu welchem dieser beiden Arten ein spezielles Gut zu rechnen ist, ergibt sich nicht immer zwangsläufig aus der Art des Gutes, sondern ist meist ein Frage der vom Wirtschaftssubjekt zu treffenden Verwendungsentscheidung. Die wesentlichen Bestandteile

---

[2] Vgl. R. V. Eagly: On the Nature of Constant Value and the Desirability of a Constant Price Level, S. 358.

[3] K. A. Herrmann: Vermögensstatistik, in: HdSW Bd. 11, Stuttgart—Tübingen—Göttingen 1961, S. 149.

[4] C. Föhl: Kreislaufanalytische Untersuchungen der Vermögensbildung in der Bundesrepublik und der Beeinflußbarkeit ihrer Verteilung, Tübingen 1964, S. 4.

[5] Nicht zum Geldvermögen, obwohl ein Wertpapier, wollen wir die Aktie rechnen, da sie einen Anspruch auf reale Güter beinhaltet und so besser zum Realvermögen gezählt wird. Gleiches gilt für Immobilienzertifikate.

des Sachvermögens im Bereich der privaten Haushalte sind die Konsumgüter, die Vermögensanlage in Form von Immobilien und die Unternehmensbeteiligung, die hauptsächlich über den Aktienbesitz gegeben ist.

Meist wird der Vermögensbegriff aus der Funktion der Wertaufbewahrung heraus enger gefaßt. Er schließt dann die Konsumgüter aus, da ihr Wert über die Abgabe ihrer Nutzleistungen geringer wird. Dennoch erscheint für unsere Zwecke die weitere Fassung des Begriffes aus den folgenden Gründen besser geeignet.

Unabhängig von der Art der Vermögensdefinition läßt sich sagen, daß die einzelnen Vermögensformen nur wegen des Nutzens, den sie abwerfen, gehalten werden, sei er unmittelbar ein Beitrag zur Bedürfnisbefriedigung oder nur ein mittelbarer Beitrag, der in einen unmittelbaren eingetauscht werden kann, bestehend in der Wertaufbewahrungsfunktion bestimmter Vermögensteile, ihrer „potentiality of consuming an unspecified article at an unspecified time“[6]. Zerlegen wir dabei den Nutzen der verschiedenen Vermögensobjekte in eine aus monetären und nicht monetären Einheiten bestehende Ertragsgröße, so ist die optimale Höhe der einzelnen Vermögenskomponenten im Portfolio dann erreicht, wenn sie alle den gleichen Grenzertrag abgeben[7].

Würden wir jedoch die Entscheidung über die optimale Aufteilung des Vermögensbestandes ohne die Konsumgüter betrachten, so ließe sich unser Problem nur teilweise lösen, da das Individuum gerade im Zusammenhang mit Veränderungen des Geldwertes bei Entscheidungen über die Zusammensetzung des nichtkonsumtiven Vermögens auch Entscheidungen über dessen Höhe (Sparentscheidungen) trifft.

So erscheint es unter der Fragestellung nach den Auswirkungen eines inflationären Prozesses auf das Vermögen angebracht, den weiteren Vermögensbegriff zu wählen, da das Problem der Geldentwertung nicht nur die Entscheidung über die optimale Aufteilung des Nichtkonsumtivvermögens beeinflußt, sondern durch den Einfluß auf die Zeitpräferenz der Wirtschaftssubjekte auch die Aufteilung Konsum heute gegen Konsum morgen berührt wird. Damit ist zwangsläufig auch eine Rückwirkung auf das nichtkonsumtive Vermögen gegeben. Wird der Analyse der weit gefaßte Vermögensbegriff zugrundegelegt, so erscheint die Auswirkung der Inflation insgesamt als ein Problem der Portfoliostruktur, gleichfalls die zu erwartenden Reaktionen der Wirtschaftseinheiten. Auf diese Weise wird der Funktion des Vermögens als

---

[6] J. M. Keynes: The General Theory of Employment, Interest and Money, 14. Aufl., London 1964, S. 211.

[7] Vgl. E. M. Claassen: Probleme der Geldtheorie, Berlin—Heidelberg—New York 1970, S. 158 ff.

„potentiality of consuming an unspecified article at an unspecified time" am besten Rechnung getragen[8].

Die Strukturierung des so definierten Vermögens ist nicht zufällig, sondern wird von den Wirtschaftssubjekten anhand bestimmter Kriterien vorgenommen. Ein Ansatz, der über bestimmte Entscheidungsparameter die Vermögensdispositionen zu beschreiben versucht, ist der Portfolio-Selection-Approach. Dieser soll als Grundlage der Analyse dienen und in einem ersten Abschnitt genauer gekennzeichnet werden. Kurz zusammengefaßt leitet er die Dispositionen der Wirtschaftssubjekte über den Ertrag und das Risiko der einzelnen Vermögensformen ab, wobei die Entscheidung darauf gerichtet ist, bei einem gegebenen Portfolioertrag das Risiko des Gesamtportfolios zu minimieren bzw. bei einem gegebenen Portfoliorisiko den Gesamtertrag zu maximieren. Dieser Ansatz soll dazu dienen, über die Inflationswirkungen auf Ertrag und Risiko die Reaktionen der Wirtschaftssubjekte abzuleiten.

Ist ein solches Konzept gegeben, dann kann in einem zweiten Abschnitt zunächst dargestellt werden, in welcher Weise die einzelnen Vermögenskomponenten in ihrem Ertrag und Risiko von der Geldentwertung betroffen werden. Des weiteren wird zu klären sein, ob und in welcher Weise die Wirtschaftssubjekte auf diese Einflüsse reagieren. Eine erhebliche Bedeutung kommt in diesem Zusammenhang der Frage der „Geldillusion"[9] und der Antizipation der weiteren Geldwertentwicklung zu.

Aufgrund der Unsicherheit und der unvollkommenen Kenntnis der zukünftigen Entwicklung werden die geldillusionsfreien Wirtschaftssubjekte im Geldwesen eine gewisse Automatik zu erreichen suchen, die eine selbständige Berücksichtigung der tatsächlichen Geldwertänderung erlaubt. Eine solche Automatik stellen die Indexklauseln dar, die in einem weiteren Abschnitt zu behandeln sind. Derartige Klauseln werden schon seit geraumer Zeit in der ökonomischen Literatur diskutiert, sind in ihren Auswirkungen jedoch bis heute umstritten[10].

Auf der Basis des Portfolio-Selection-Approach läßt sich ableiten, welche Vorkehrungen die Wirtschaftssubjekte voraussichtlich gegen die

---

[8] Dabei wird allerdings unterstellt, daß die Bildung eines nichtkonsumtiven Vermögens immer dem Zwecke dient, zu einem späteren Zeitpunkt in Konsum bzw. konsumtives Vermögen umgewandelt zu werden.

[9] Dieser Begriff stammt von I. Fisher, der nach dem ersten Weltkrieg die Auswirkungen von Preisniveauerhöhungen auf das Verhalten der Wirtschaftssubjekte untersuchte und seine Ergebnisse unter dem Titel: The Money Illusion, New York 1928 veröffentlichte.

[10] Zur dogmengeschichtlichen Betrachtung der Geldwertsicherungsklauseln vgl. R. V. Eagly: On Government Issuance of an Index Bond, in: PF Vol. 22 (1967), S. 269 ff.

Geldentwertung treffen, wenn ihnen Indexklauseln zur Verfügung stehen. So soll nach der Darstellung dieser Art der Wertsicherung untersucht werden, welche Wirkungen von derartigen Klauseln ausgehen. Dabei steht zunächst die einzelwirtschaftliche Betrachtung im Vordergrund, nämlich die Frage, ob die Indexklauseln einen Schutz gegen die Geldwertverschlechterung bieten und welche Nebenwirkungen von derartigen Klauseln ausgehen. Erst nach Behandlung dieser Frage ist ein Urteil darüber möglich, ob mittels Wertsicherungsklauseln die Inflationswirkungen und damit gegebenenfalls auch unerwünschte, jedoch durch die inflationäre Entwicklung bedingte Reaktionen der Wirtschaftssubjekte verhindert werden können.

Da die einzelwirtschaftlichen Effekte der Geldwertsicherungsklauseln auch gesamtwirtschaftliche Konsequenzen haben, erscheint es notwendig, in einem letzten Abschnitt auf diesen Aspekt von Wertsicherungsklauseln[11] einzugehen, da nur so zu entscheiden ist, ob nicht möglicherweise über die Zulassung derartiger Klauseln einzelwirtschaftliche Vorteile über gesamtwirtschaftliche Nachteile erkauft werden. Daher soll in dem abschließenden Kapitel die Geldwertsicherung unter Stabilitätsgesichtspunkten — Selbstverstärkung oder Milderung des Inflationsprozesses — und Allokationsgesichtspunkten untersucht werden.

Im nun folgenden Abschnitt wollen wir zunächst die Portfolio-Selection-Theory als Reaktionsmodell und Grundlage für die weitere Analyse genauer beschreiben, welche Aussagen damit gemacht werden können und welche Implikationen enthalten sind.

---

[11] Die Begriffe Geldwertsicherungsklauseln, Wertsicherungsklauseln und Indexklauseln werden im folgenden synonym verwandt.

B. Der Einfluß des Geldwertrisikos auf die Vermögensdisposition der Wirtschaftssubjekte

1. Die Portfolio-Selection Theory als Reaktionsmodell

1.1. Die Bedeutung von Marktunvollkommenheiten

Gehen wir von einem vollkommenen Anlagemarkt aus, so bedeutet dies, daß das Wirtschaftssubjekt sämtliche ihm zur Verfügung stehenden Anlagemöglichkeiten kennt. Alle sind völlig liquide, d. h. jederzeit in Geld umwandelbar, denn sie werden zum gleichen Preis ge- und verkauft; außerdem sind sie völlig teilbar[1]. Information und Umschichtung des Portefeuilles verursacht keinerlei Kosten[2].

Auf einem solchen Markt gestaltet sich die Anlageentscheidung sehr einfach. Haben alle Anlagemöglichkeiten die gleiche Ertragsrate, so wird das Wirtschaftssubjekt eine beliebige Anlageform auswählen, denn ein optimales Portfolio existiert nicht. Hat ein Aktivum einen höheren Ertrag als sämtliche anderen, so wird die Wirtschaftseinheit alle der Werterhaltung bzw. Ertragserzielung dienenden Vermögensteile in diese Vermögensform investieren.

Derartige Bedingungen findet das Wirtschaftssubjekt jedoch in der Realität nicht vor. Es kennt nicht alle ihm offenstehenden Anlagemöglichkeiten. Will es sich auch nur eine annähernde Marktübersicht verschaffen, so ist dies unter Umständen mit erheblichen Kosten verbunden. Je besser die Marktübersicht sein soll, um so rapider nehmen diese Informationskosten zu. Weiterhin kennt das Wirtschaftssubjekt den genauen Ertrag der verschiedenen möglichen Anlageformen nicht, es muß sich bestimmte Wahrscheinlichkeitsvorstellungen bilden, etwa aus den bisherigen Erträgen der einzelnen Aktiva. Auch dieser Vorgang kann Informationskosten verursachen. Als dritte Größe kommen die Kosten der Transformation hinzu, d. h. die Kosten, die bei einer Umschichtung des Vermögens von der einen in die andere Form entstehen.

---

[1] Vgl. J. Tobin: The Theorie of Portfolio Selection, in: F. H. Hahn und F. B. R. Brechling (eds.): The Theorie of Interest Rates, London 1965, S. 3.

[2] Vgl. R. S. Hamada: Portfolio Analysis, Market Equilibrium and Corporation Finance, in: JoF Vol. 24 (1969), S. 14.

Als Entscheidungsparameter unter der Unsicherheit über den zukünftigen Ertrag alternativer Vermögensanlagen benutzt die Portfolio-Selection-Theory den Ertrag und das Risiko einer Anlageform. Für beide Größen braucht das entscheidende Wirtschaftssubjekt Maßeinheiten, anhand denen es sich entsprechend seiner Ertrags- und Risikopräferenzen für die einzelnen Vermögensobjekte entscheiden kann. Beide Maßeinheiten gilt es im folgenden ausführlicher darzustellen.

1.2. Ertrag und Risiko als Entscheidungsparameter

Den Ertrag einer Anlagemöglichkeit können wir bestimmen als[3]

$$E = \frac{\text{Wert}_{to} - \text{Wert}_{t-1} + \text{Nettojahresertrag}}{\text{Wert}_{t-1}}$$

Er besteht somit aus der Veränderung des Vermögenswertes während einer Periode bezogen auf den Vermögenswert der Vorperiode[4]. Dies bedeutet allerdings, daß realisierte und nicht realisierte Vermögenszuwächse bzw. Vermögensverluste einander gleichgesetzt werden. Wenn wir aber den Ertrag als eine Determinante der Anlageentscheidung ansehen, dann erscheint es gerechtfertigt, auch nichtrealisierte Änderungen des Vermögenswertes mit zu berücksichtigen, da auch diese die Vermögensdisposition beeinflussen.

Damit steuerliche Wirkungen ausgeklammert bleiben, seien die Erträge nach erfolgter Besteuerung betrachtet. Dies impliziert, daß die Vermögensformen, die in die engere Wahl gelangen, auch schon steuerlich als günstig angesehen werden.

Läge ein perfekter Anlagemarkt vor, dann wäre der oben definierte Ertrag die Maßeinheit, die alles über die Vorteilhaftigkeit einer Anlageform aussagt. Dies gilt nicht bei Marktunvollkommenheiten. Um hierbei die Ertragsaussichten einer Anlagemöglichkeit beurteilen zu können, müssen die alternativ möglichen Erträge der jeweiligen Anlageform bekannt sein. Die Wirtschaftssubjekte müssen dann diese alternativen Ausprägungen des Anlageertrages zu einem quantitativen Wert zusammenfassen, um zwischen den verschiedenen Anlagemöglichkeiten diskriminieren zu können[5]. Dies geschieht über die Ermittlung des im langfristigen Durchschnitt zu erwartenden Ertrages (Erwartungswert).

Die Bildung dieses Erwartungswertes erfolgt in der Weise, daß das Wirtschaftssubjekt den alternativen Erträgen einer Anlageform be-

---

[3] Vgl. H. M. Markowitz: Portfolio Selection, New York 1959, S. 1.

[4] Vgl. R. S. Hamada, a.a.O., S. 14, Fußnote 4.

[5] Vgl. R. A. Musgrave: The Theory of Public Finance, New York—London—Toronto—Tokyo 1959, S. 313.

stimmte Wahrscheinlichkeiten hinsichtlich ihres Eintritts beimißt[6]. Die Wahrscheinlichkeitsvorstellungen ergeben sich aus eigener oder fremder Erfahrung in der Vergangenheit, die in der Form von subjektiven Wahrscheinlichkeiten in die Zukunft transformiert wird, oder aber sie werden direkt, ohne Vergangenheitsbezug, als subjektive Wahrscheinlichkeiten gebildet[7].

Nun können jedoch die Wahrscheinlichkeiten und die Erträge einzelner Vermögensformen vom Anlageverhalten anderer Wirtschaftssubjekte mit berührt werden. Dies bedeutet, daß die Daten des einen Anlageproblems unter Umständen von den Entscheidungen anderer Wirtschaftssubjekte mit bestimmt werden[8]. Die Bildung von Wahrscheinlichkeiten könnte Schwierigkeiten bereiten, wenn das Verhalten anderer Wirtschaftssubjekte mit in die Betrachtung einbezogen werden muß. Dieses Problem sei jedoch im folgenden nicht weiter betrachtet, da wir annehmen wollen, es sei bei der Bildung der Wahrscheinlichkeitsvorstellungen schon berücksichtigt.

Über diese subjektiven Wahrscheinlichkeiten erhält man eine Wahrscheinlichkeitsverteilung der möglichen Erträge einer Vermögensform, die geeignet ist, die verschiedenen Anlagemöglichkeiten hinsichtlich ihrer Ertragsaussichten zu charakterisieren. Zusammenfassend läßt sich diese Verteilung im mathematischen Erwartungswert beschreiben, in dessen Berechnung alle Werte der Verteilung einschließlich der Extremwerte[9] eingehen.

Bezeichnet man mit $x_1 \ldots x_n$ die erwarteten Erträge einer Anlageform, und sind die Wahrscheinlichkeiten für x_i mit f_i dergestalt definiert, daß $\Sigma f_i = 1$ (d. h. sämtliche möglichen Erträge sind erfaßt), dann ergibt sich der Erwartungswert dieser Erträge als

$$E(x) = \sum_{i=1}^{n} x_i f_i .$$

---

[6] Vgl. derselbe, ebenda S. 314.

[7] Da es sich um zukünftige Ereignisse in einer nicht deterministischen Welt handelt — oder zumindest in einer Welt, deren Determination nicht bekannt ist —, kann es hier nur subjektive Wahrscheinlichkeiten geben. „In aller Regel wird dabei die subjektive Wahrscheinlichkeit als Surrogat oder als zweitbeste Lösung für jene Situationen aufgefaßt, in denen objektive Wahrscheinlichkeiten (...) nicht bekannt oder nicht anwendbar sind." (J. Wild: Unternehmerische Entscheidungen, Prognosen und Wahrscheinlichkeit, in: ZfB 39. Jg., 2. Erg. Heft, Dez. 1969, S. 84 f.).

[8] Vgl. K. H. Borch: Wirtschaftliches Verhalten bei Unsicherheit, Wien—München 1969, S. 12.

[9] Vgl. H. M. Markowitz, a.a.O., S. 52.

Dieser ist somit die Summe der mit ihrer Eintrittswahrscheinlichkeit gewichteten alternativen Erträge einer Vermögensform und charakterisiert den Ertrag, der sich langfristig ergibt, wenn das Wirtschaftssubjekt immer wieder in diese Vermögensform investiert, vorausgesetzt, die Umweltbedingungen im Anlagezeitraum verändern sich nicht[10].

Der Ertrag des gesamten Portfolios, der in der Zukunft zu erwarten ist, ergibt sich dann als das mit den Anteilen am Gesamtportfolio gewichtete arithmetische Mittel der Erwartungswerte der einzelnen Vermögensformen[11].

Liegt Unsicherheit in dem Sinne vor, daß der tatsächliche zukünftige Ertrag einer Vermögensform nicht bekannt ist, sondern nur seine Wahrscheinlichkeitsverteilung gegeben ist, dann reicht der Erwartungswert als alleiniges Entscheidungskriterium nicht mehr aus, denn er gibt, wie oben ausgeführt, nur den langfristigen Ertrag bei wiederholter Anlage in dieselbe Vermögensform an. Infolge der mangelnden Voraussicht über die genaue zukünftige Ertragsentwicklung sind Abweichungen des tatsächlichen Ertrages vom langfristig zu erwartenden Durchschnittsertrag (Erwartungswert $E(x)$) in positiver wie in negativer Richtung zu erwarten, was als das Risiko einer Anlageform verstanden werden soll.

Eine Maßeinheit für diese Abweichungen, wie sie von der Portfolio-Selection-Theory verwandt wird, ist die Streuung der möglichen Erträge (x_i) um den Erwartungswert, gemessen in der Varianz (s^2) bzw. der Standardabweichung (s). Diese Größe kann deshalb als Risikomaßstab gelten, da sie angibt, wie weit — mit einer gewissen Wahrscheinlichkeit — die einzelnen Ertragswerte um den erwarteten Ertrag streuen. Eine hohe Standardabweichung macht deutlich, daß der Erwartungswert nur eine geringe Aussagekraft hat, d. h. das Wirtschaftssubjekt mit erheblichen Abweichungen des Periodenertrages vom langfristigen Durchschnitt rechnen muß. Das Risiko als die Möglichkeit der positiven wie negativen Abweichungen ist groß. Ist die Sicherheit, mit der der Periodenertrag dem langfristigen Durchschnittsertrag entspricht, relativ hoch, so äußert sich dies in einer geringen Standardabweichung, denn die Abweichungen der tatsächlichen von den langfristig erwarteten Größen sind gering.

---

10 Der Ertrag, der sich langfristig einstellt, wenn die Verzinsung ebenfalls wieder angelegt wird — d. h. es wird mit der Verzinsung jede Periode der realisierte Kurswert des Anlageobjektes wieder investiert — läßt sich durch das geometrische Mittel beschreiben.

Vgl. H. M. Markowitz, a.a.O., S. 117.

11 Vgl. J. Tobin: The Theory of Portfolio Selection, S. 23.

Mathematisch läßt sich das Risikomaß Varianz formulieren als

$$s^2 = \sum_{i=1}^{n} [x_i - E(x)]^2 f_i$$

D. h. die Varianz (s^2) ist die Summe der mit den Wahrscheinlichkeiten (f_i) gewichteten quadrierten Abweichungen der alternativen Einzelerträge (x_i) vom langfristig erwarteten Ertrag $(E(x))$. Damit wird der Umfang der Abweichungen in einem Maßstab zusammengefaßt, jedoch keine Aussage darüber gemacht, ob die Abweichungen in positiver oder negativer Richtung überwiegen.

Das Risiko eines Portfolios (s_P^2) — gemessen in der Varianz — ergibt sich aus den Abweichungen der Erträge bei den einzelnen Vermögensaktiva (s_{ii}) gewichtet mit deren Anteilen am Gesamtportfolio (f_i) und den Covarianzen (s_{ij}) gewichtet mit ihren Anteilen (f_j)[12], wobei die Covarianzen angeben, in welchem Umfang sich die Erträge alternativer Vermögensformen gleich- oder gegenläufig verändern[13]. Formelmäßig läßt sich die Varianz der Portfolios somit schreiben als:

$$s_P^2 = \sum_{i=1}^{n} \sum_{j=1}^{m} s_{ij} f_i f_j$$

Die Höhe und Art der Covarianzen hat große Bedeutung für die Höhe des Gesamtrisikos eines Portfolios. Entwickeln sich die Erträge sämtlicher Vermögensformen im Portefeuille in gleicher Richtung, ist es dem Wirtschaftssubjekt nicht möglich, durch Diversifikation das Gesamtrisiko zu verringern, denn sämtliche Abweichungen der Einzelerträge von ihrem Erwartungswert sind gleichgerichtet[14].

Liegt jedoch in gewissem Umfang eine gegenläufige Entwicklung der Einzelerträge vor, so kann durch eine entsprechende Streuung der Anlageformen das Gesamtrisiko — gemessen in der Varianz — verringert werden, da sich nun entgegengesetzte Abweichungen teilweise aufheben. Ist eine vollständig gegenläufige Ertragsentwicklung gegeben, kann das Risiko des Gesamtportfolios durch eine entsprechende Streuung der Vermögensformen ganz ausgeschlossen werden, da sich

---

[12] Vgl. H. M. Markowitz, a.a.O., S. 93 f.

[13] Vgl. derselbe, ebenda, S. 84.

[14] Vgl. derselbe, a.a.O., S. 19; J. Tobin: The Theory of Portfolio Selection, S. 24.

nun die positiven und negativen Abweichungen der einzelnen Aktiva ausgleichen. Allerdings verringern sich durch diese Diversifikation auch die Gewinnchancen. Hier wird die enge Verbindung zwischen Ertrag und Risiko deutlich sichtbar.

Somit beruhen sämtliche Erfolge einer Diversifizierung der Vermögensanlage darauf, daß entweder einige Vermögensaktiva negativ mit der allgemeinen Marktentwicklung bzw. den übrigen Vermögensformen korreliert sind, oder aber keine vollständige Gleichläufigkeit zwischen dem „Markt“ bzw. den übrigen Vermögensformen vorliegt[15].

Benutzt man die Varianz (Standardabweichung) als Risikomaßstab, so impliziert dies, daß Aktiva nicht schon deshalb unberücksichtigt bleiben, weil sie die signifikante Gefahr eines Verlustes beinhalten, der eine gewisse Größe übersteigt. Ist jedoch ein Handeln der Wirtschaftseinheiten in dieser Richtung zu vermuten, dann ist die Varianz (Standardabweichung) als alleiniges Risikomaß für die Anlageentscheidung ungeeignet. Ein derartiges Verhalten kann jedoch über eine Beschränkung der Varianz (Standardabweichung) in der Weise berücksichtigt werden, daß alle diejenigen Vermögensformen aus der Entscheidung ausgeklammert werden, deren mögliche negative Ertragsabweichungen vom Erwartungswert über eine kritische Grenze hinausgehen[16].

Benutzt man als Risikomaß die Spannweite, die die Differenz zwischen den extremen positiven und negativen Abweichungen vom Mittelwert mißt, so kann man auch hier eine kritische Grenze annehmen, die nicht überschritten werden darf, soll eine Vermögensform ins Portfolio aufgenommen werden[17].

Die Varianz (Standardabweichung) erfüllt ihre Aufgabe als alleiniges Risikomaß nur dann, wenn eine Gleichverteilung der Erträge vorliegt, denn sie berücksichtigt nicht die Schiefe einer Verteilung, d. h. ob die positiven oder negativen Abweichungen überwiegen[18]. Je nach der

---

15 Vgl. J. Lintner: Security Prices, Risk, and Maximal Gains from Diversification, in: JoF Vol. 20 (1965), S. 609.

16 Bezeichnen wir mit x_k die kritische Grenze, mit t den Wahrscheinlichkeitsgrad, mit dem der Einzelertrag über der kritischen Grenze liegt, mit s die Standardabweichung und mit $E(x)$ den Erwartungswert, so scheidet jede Anlageform aus der engeren Wahl aus, bei der $E(x) - x_i > s \cdot t$ ist. Dies bedeutet, je höher das Risiko einer Vermögensform ist — gemessen in der Standardabweichung —, und/oder je geringer die Verlustgefahr sein soll, um so höher muß die Differenz zwischen Erwartungswert und kritischer Grenze, d. h. um so ertragreicher muß die Anlageform sein.

17 Markowitz selbst rechnet teilweise mit Semivarianzen, die nur die Abweichungen von einem bestimmten Wert in eine Richtung aufzeigen. Auch dieses Maß könnte durch Berücksichtigung einer kritischen Grenze als Risikomaß für derartiges Anlageverhalten dienen.

Vgl. H. M. Markowitz, a.a.O., S. 188 ff.

dominierenden Abweichung vom Erwartungswert ist das Risiko jedoch verschieden. Ein Aktivum mit relativ großen Chancen kleiner positiver Abweichungen der Periodenerträge vom langfristigen Durchschnitt und der, wenn auch sehr unwahrscheinlichen, Gefahr eines erheblichen Periodenverlustes wird von einem Wirtschaftssubjekt wahrscheinlich anders eingeschätzt als ein Aktivum, bei dem mit ziemlicher Sicherheit geringe negative Abweichungen der Periodenerträge vom langfristigen Durchschnitt auftreten, das aber dafür eine geringe Chance einer erheblichen positiven Abweichung bietet. Sind derartige Unterschiede bei alternativen Vermögensformen vorhanden, so müssen diese im Risikomaßstab mitberücksichtigt werden.

In der Literatur umgeht man dieses Problem meist, indem eine Normalverteilung der Erträge unterstellt wird. D. h. man geht davon aus, daß es sehr viele, gleichwahrscheinliche Einflußfaktoren sind, die Abweichungen der Periodenerträge vom langfristigen Durchschnitt hervorrufen. Diese Einflußgrößen sind in ihren Auswirkungen jede für sich relativ klein und können positive wie negative Abweichungen hervorrufen. Liegen derartige Zusammenhänge vor, ergibt sich eine Normalverteilung alternativer Erträge für das jeweilige Aktivum. Da diese Verteilung symmetrisch ist, d. h. weder positive noch negative Abweichungen dominieren, braucht die Verteilungsschiefe als weiteres Risikomaß nicht berücksichtigt zu werden.

Geht man von einer derartigen Normalverteilung aus, was im folgenden geschehen soll, so läßt sich mittels des Erwartungswertes der langfristig zu erwartende Durchschnittsertrag einer Vermögensform kennzeichnen. Das Risiko findet seinen Ausdruck in der Varianz (Standardabweichung), die sich aus den Abweichungen der Periodenerträge vom langfristigen Durchschnittsertrag ableitet. Das Risiko des gesamten Portfolios ergibt sich aus den Risiken der einzelnen im Portfolio enthaltenen Aktiva (also deren Varianzen) unter der Berücksichtigung eventueller gleich- oder gegenläufiger Entwicklungen unter den Anlageformen (gemessen in den Covarianzen). Der Portfolioertrag hingegen ist die gewichtete Summe der Einzelerträge.

Sofern die Wahrscheinlichkeitsbildung auf Erfahrungen der Vergangenheit beruht, und dies wird meist der Fall sein, muß mit einem Lernprozeß gerechnet werden, der dazu führen kann, daß die subjektiven Wahrscheinlichkeiten sich im Zeitablauf verändern. Die Entscheidung über die Anlagestruktur eines Portfolios vollzieht sich jedoch zu einem Zeitpunkt. Zu diesem herrschen beim entscheidenden Wirtschaftssubjekt ganz bestimmte Wahrscheinlichkeitsvorstellungen, aus denen es

---

[18] Vgl. F. B. Renwick: Asset Management and Investor Portfolio Behavior: Theory and Practice, in: JoF Vol. 24 (1969), S. 185.

die quantitativen Maße zur Beurteilung der einzelnen Vermögensaktiva ableitet. Dies bedeutet, daß der Lernprozeß in der einzelnen Portfolioentscheidung nicht sichtbar wird und vernachlässigt werden kann. Er kommt erst dann zum Ausdruck, wenn die Entscheidungen zu verschiedenen Zeitpunkten verglichen werden sollen.

1.3. Die Bestimmung des effizienten Portfolios

Bei der Ableitung des effizienten Portfolios sind Ertrag (Erwartungswert) und Risiko (Varianz) die entscheidenden Größen. Ein Portfolio wird dann als effizient bezeichnet, wenn eine Zunahme des durchschnittlichen Ertrages nur noch über einen Anstieg des Risikos möglich ist, bzw. wenn eine Reduktion des Risikos nur mehr auf Kosten einer Ertragseinbuße erreicht werden kann[19].

Um zu zeigen, wie man zu solchen Portefeuilles kommt, gehen wir von zwei Vermögensaktiva aus, die mit *X* und *Z* bezeichnet seien[20]. Im folgenden soll nun dargestellt werden, wie sich Ertrag und Risiko des Gesamtportfolios in Abhängigkeit der Zusammensetzung entwickeln, wobei unterstellt wird, daß die beiden Vermögensformen hinsichtlich ihrer Ertragsentwicklung unabhängig voneinander sind[21].

Besteht das Portfolio nur aus der Vermögensform *X* oder *Z*, so ist das Portfoliorisiko gleich dem Risiko des jeweiligen Aktivums. Werden beide Aktiva gleichzeitig ins Portefeuille genommen, so sinkt das Risiko des Gesamtportfolios unter das Risiko der jeweiligen Anlageform. Denn je mehr die beiden Vermögensformen gemischt werden, umso größer ist die Wahrscheinlichkeit, daß sich ihre jeweiligen Risiken teilweise kompensieren, also die negativen Abweichungen des Periodenertrages des Aktivums *X* vom langfristigen Durchschnitt durch die positiven Abweichungen des Periodenertrages der Vermögensform *Z* ausgeglichen werden. Bestand das Portfolio zunächst nur aus der Anlageform *X* und war mit deren Risiko behaftet, so führt die sukzessive Umstrukturierung zugunsten der Anlage *Z* zunächst zu einem sinkenden Portfoliorisiko. Ab einem bestimmten Anteil der Vermögensform *Z* wird jede weitere Erhöhung ihres Anteils am Portfolio dazu führen, daß ihr Risiko das Gesamtrisiko zu dominieren beginnt. Das Portfoliorisiko steigt wieder an, bis es bei alleiniger Vermögensanlage in der Form Z deren Risikohöhe erreicht.

Diese eben beschriebene Entwicklung des Portfoliorisikos läßt sich grafisch folgendermaßen darstellen:

19 Vgl. H. M. Markowitz, a.a.O., S. 22.

20 Vgl. zum folgenden R. A. Musgrave, a.a.O., S. 314.

21 Das gleiche Ergebnis stellt sich bei teilweise gegenläufiger Ertragsentwicklung ein.

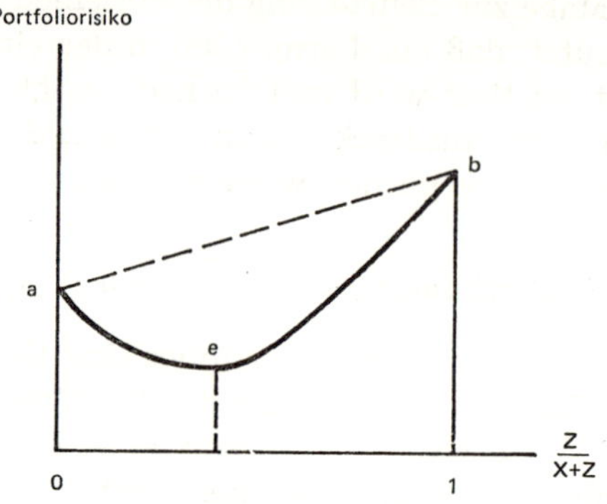

Figur 1

Da im Punkte 0 alles in der Anlageform X gehalten wird, entspricht das Portfoliorisiko dem Risiko des Aktivums X in der Höhe von a. Mit zunehmendem Anteil der Vermögensform Z am Portfolio sinkt das Risiko zunächst bis e ab, um dann wieder auf die Höhe von b anzusteigen, wenn das Portefeuille nur noch aus der Anlage Z besteht, also $Z/X + Z = 1$ ist.

Die Entwicklung des Portfoliorisikos verläuft ähnlich, wenn mehr als zwei Anlageformen enthalten sind. Wiederum nimmt bei Unabhängigkeit in der Ertragsentwicklung das Gesamtrisiko mit zunehmender Mischung ab, da sich die Risiken der einzelnen Vermögensaktiva teilweise aufheben, somit das Portfoliorisiko geringer wird als die Summe der Einzelrisiken[22]. Sind die einzelnen Vermögensaktiva nicht unabhängig, sondern entwickeln sich ihre Erträge gleichläufig, dann ist über eine Mischung des Portfolios keine Risikostreuung erreichbar, da sich nun die Abweichungen der einzelnen Periodenerträge von ihrem jeweiligen langfristigen Durchschnitt nicht mehr ausgleichen. Das Gesamtrisiko ergibt sich dann als gewichtige Summe der Einzelrisiken (gestrichelte Linie in Fig. 1).

In ähnlicher Weise kann man die Entwicklung des langfristigen Portfolioertrages (Erwartungswert) beschreiben. Besteht das Portefeuille nur aus der Vermögensform X oder Z, so entspricht der Gesamtertrag dem langfristigen Ertragsdurchschnitt der jeweiligen Anlageform. Werden beide Formen zu Portfoliobestandteilen, dann ergibt sich der langfristig erwartete Gesamtertrag aus den mit ihren Anteilen am Portefeuille gewichteten Erträgen der einzelnen Vermögensformen. Gleiches gilt, wenn mehr als zwei Anlageformen im Portfolio enthalten sind.

---

22 Vgl. H. M. Markowitz, a.a.O., S. 152.

Auch dies läßt sich grafisch in der Kurve *ab* wiedergeben, wobei *a (b)* den Ertrag angibt, wenn *X (Z)* allein im Portefeuille gehalten wird.

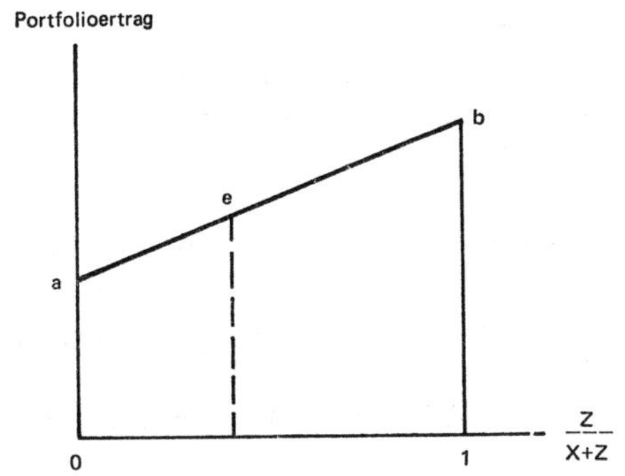

Figur 2

Effiziente Portfolios wurden alle diejenigen Kombinationen von Vermögensaktiva definiert, bei denen eine Umstrukturierung nicht mehr zu einer Steigerung des Ertrages führt, ohne daß sich nicht auch das Risiko erhöht.

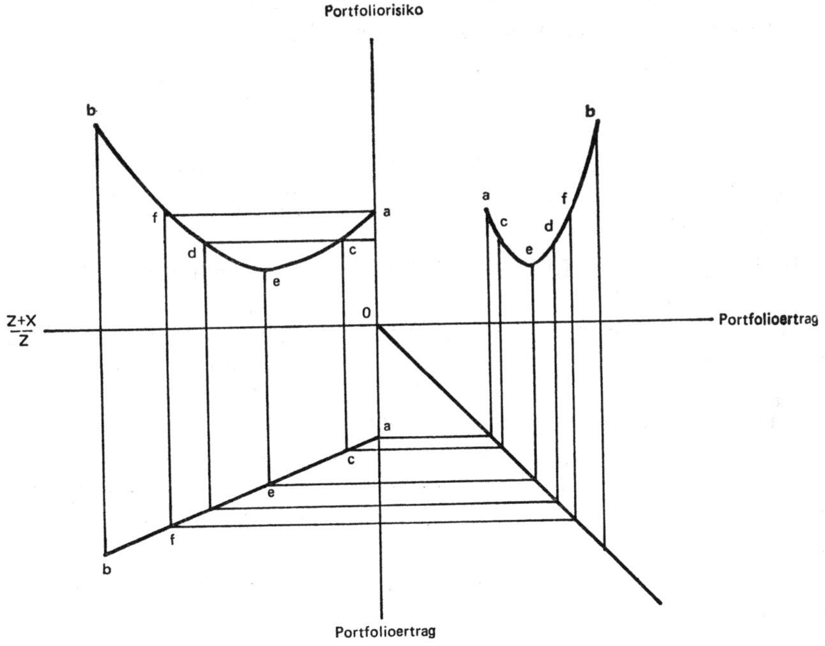

Figur 3

Um diesen Sachverhalt grafisch abzubilden, müssen Ertrags- und Risikoentwicklung kombiniert werden. Dabei zeigt die Kurve *aeb* (in Fig. 3) die Entwicklung von Ertrag und Risiko bei einer kontinuierlichen Umstrukturierung des Portfolios. Da ein Portefeuille dann effizient ist, wenn eine Ertragsänderung zu einer Veränderung des Risikos führen muß, sind alle Kombinationen der Vermögensaktiva auf dem Abschnitt *ae* ineffizient, denn bei gleichem Risiko ergeben andere Kombinationen einen höheren Ertrag (Abschnitt *efb*). Daher wird ein rationales Wirtschaftssubjekt nur diejenigen Kombinationen von Vermögensaktiva in seiner Anlageentscheidung berücksichtigen, die bei einem jeweils gegebenen Risiko den höchsten Ertrag abwerfen. Die Ortslinie dieser Kombinationen (der Kurvenverlauf *efb)* wird auch als „highest-yield-lowest-risk"-Linie bezeichnet[23]. Sie zeigt an, welche Portfoliostrukturen überhaupt in die engere Wahl eines Wirtschaftssubjektes gelangen.

1.4. Die Bestimmung der Präferenzordnung der Wirtschaftssubjekte zur Auswahl des optimalen Portfolios

Um zur Wahl des optimalen Portfolios zu gelangen, d. h. der Vermögenszusammensetzung, der das Wirtschaftssubjekt den höchsten Nutzen beimißt, muß es die möglichen Portefeuilles mit seinen Präferenzen hinsichtlich Risiko und Ertrag konfrontieren. Deren Ausgestaltung soll im folgenden abgeleitet werden.

Im Hinblick auf den Ertrag kann unterstellt werden, daß mit seiner Erhöhung auch der Nutzen ansteigt, wenn auch möglicherweise mit abnehmender Zuwachsrate. So ist innerhalb einer Nutzenfunktion der Ertrag immer ein positiver Bestandteil. Ein Wirtschaftssubjekt wird i. d. R. die Anlagemöglichkeit vorziehen, die ihm c. p. den höheren Ertrag verspricht.

In bezug auf das Risiko sind jedoch unterschiedliche Verhaltensweisen möglich, die kurz charakterisiert werden sollen. Eine Verhaltensweise bestände in der Risikoneutralität, d. h. das Risiko einer Abweichung des tatsächlichen vom erwarteten Ertrag findet in der Nutzenfunktion des Wirtschaftssubjektes keine Berücksichtigung; es wird das Portfolio bzw. die Anlageform mit dem höchsten Ertrag ausgewählt. Ein solches Verhalten ist dann zu erwarten, wenn eine Anlageentscheidung oft wiederholt wird und der langfristig erwartete Ertrag die Entscheidungsgrundlage bildet. „Die wirkliche Rechtfertigung des Erwartungswertes als ‚Entscheidungskriterium' liegt ... im Gesetz der großen Zahlen ...[24]." Auf diese Weise wird die Entscheidung bei Unsicherheit

---

[23] Vgl. R. A. Musgrave, a.a.O., S. 316.

[24] K. H. Borch, a.a.O., S. 28.

zu einer Entscheidung unter Sicherheit[25]. Eine derartige Situation mit beliebig oft wiederholbaren Investitionen, wie auch ein völlig risikoneutrales Wirtschaftssubjekt dürfte in der Realität kaum zu finden sein, so daß von einer weiteren Erörterung eines solchen Verhaltens abstrahiert werden kann[26].

In der Regel wird das Risiko den Nutzen einer Vermögensform tangieren, den das Wirtschaftssubjekt zur Grundlage seiner Entscheidung macht. Ertrag und Risiko werden zu einer Dimension, dem Nutzen zusammengefaßt, damit eindeutige Wahlhandlungen möglich sind. Je nach der Art der Risikopräferenz eines Wirtschaftssubjektes wird die Risikogröße ein positives oder negatives Argument in der Nutzenfunktion sein, d. h. sie wird den Nutzen einer Anlageform positiv oder negativ beeinflussen.

Eine derartige Nutzenfunktion hat die allgemeine Form

$$U = U\,(E\,(x), s^2)$$

Diese besagt, daß sich die Wirtschaftssubjekte bei ihren Entscheidungen von zwei Größen leiten lassen, dem Ertrag einer Vermögensform — repräsentiert durch den Erwartungswert der Erträge — und dem Risiko — gemessen in der Varianz. Nur diese beiden Größen sind für das Wirtschaftssubjekt interessant[27].

Da es sich bei der Portfolioentscheidung um eine Entscheidung bei Unsicherheit handelt, d. h. eine Entscheidung über Anlageformen, bei denen nur die Wahrscheinlichkeitsverteilung der alternativen Erträge bekannt ist, beinhaltet die Präferenzordnung — repräsentiert durch die Nutzenfunktion — Entscheidungen über Wahrscheinlichkeitsverteilungen. Bedingt durch die Unsicherheit der zukünftigen Ertragsentwicklung ist auch der tatsächliche Nutzen der Anlagealternativen unbekannt, es existiert nur eine Wahrscheinlichkeitsverteilung der voraussichtlichen Nutzen. Dies führt zu einer kardinalen Nutzenmessung, da für die Auswahl des optimalen Portfolios die Nutzendifferenzen quantifizierbar sein müssen. Weiterhin impliziert die Existenz einer Wahrscheinlichkeitsverteilung für den Nutzen einer Vermögensform, daß das Wirtschaftssubjekt bei seiner Entscheidung nicht den Nutzen selbst, sondern dessen Erwartungswert $(E(U))$ maximiert.

---

25 Vgl. derselbe, ebenda.

26 Die in der Realität zu beobachtende Streuung der Portfolios deutet in diese Richtung, denn sie ist aus einem risikoneutralen Verhalten nicht zu erklären. Hinzu kommt, daß die reine Ertragsmaximierung voraussetzt, daß der Investor sämtliche negativen Abweichungen der tatsächlichen von den erwarteten Erträgen finanziell verkraften kann.

27 Vgl. J. Tobin: Liquidity Preference as Behavior Towards Risk, in: REStud Vol. 25 (1957—58), S. 74.

Geht man, wie wir es getan haben, davon aus, daß die Anlageformen hinsichtlich Ertrag und Risiko durch die beiden Parameter Erwartungswert und Varianz vollständig charakterisiert sind[28], so kommt man bezüglich der Nutzenvorstellungen der Wirtschaftssubjekte zu einer zweiparametrigen (quadratischen[29]) Nutzenfunktion der Art

$$E(U(x)) = U(x) \cdot f(x; E(x); s^2)\, dx \text{ [30]}$$

Ertrag und Risiko sind somit die Kriterien, nach denen zwischen alternativen Vermögensformen diskriminiert wird, wobei das rationale Wirtschaftssubjekt den erwarteten Nutzen maximiert, d. h. die im langfristigen Durchschnitt zu erwartende Nutzenhöhe.

Aus der Definition einer Indifferenzkurve als Ortslinie sämtlicher Ertrags-Risiko-Kombinationen mit gleichem erwarteten Nutzen läßt sich mit Hilfe obiger Gleichung die Präferenzordnung der Wirtschaftssubjekte ableiten, wenn bekannt ist, welche Risikopräferenz die jeweilige Wirtschaftseinheit hat.

Die Präferenzordnung eines risikoscheuen Wirtschaftssubjektes wird durch konkave Indifferenzkurven repräsentiert, da die Nutzeneinbuße einer negativen Abweichung vom Erwartungswert nie durch den Nutzenzuwachs einer gleichgroßen positiven Abweichung ausgeglichen werden kann, denn in der Regel ist bei einem risikoscheuen Wirtschafts-

[28] Man unterstellt somit hinsichtlich der Verteilung der möglichen Erträge der jeweiligen Vermögensform Symmetrie. Dieses Vorgehen erscheint durch die beobachteten Daten gerechtfertigt.

Vgl. dazu E. F. Fama: Risk, Return, and Equilibrium, in: JPE Vol. 79 (1971), S. 31 f.

[29] Ist eine Nutzenfunktion quadratisch, d. h. hat sie die Form einer Parabel, dann bestimmt sich der Nutzen als

$$U = ax + bx^2$$

Der erwartete Nutzen, also die Größe, die maximiert werden soll, wenn für den Nutzen einer Anlageform nur eine Wahrscheinlichkeitsverteilung gegeben ist, läßt sich schreiben

$$E(U(x)) = aE(x) + bE^2(x) + bs^2$$

wobei (x) den einzelnen Ertrag, $E(x)$ dessen Erwartungswert und (s^2) die Varianz — also das Risiko — umschreibt. Geht man also von einer quadratischen Nutzenfunktion aus, dann sind genau die beiden Größen für die Präferenzordnung bestimmend, die auch die auszuwählenden Vermögensformen vollständig charakterisieren. Bei einem risikoscheuen Wirtschaftssubjekt ist $b < 0$, d. h. seine Präferenzordnung ist durch einen abnehmenden Grenznutzen und einen negativen Einfluß des Risikos auf den Nutzen gekennzeichnet. Für ein risikoneutrales Wirtschaftssubjekt spielt das Risiko keine Rolle, b nimmt den Wert 0 an. Handelt es sich um ein risikofreudiges Individuum, beeinflußt das Risiko den Nutzen positiv, $b > 0$.

Vgl. J. Tobin: The Theory of Portfolio Selection, S. 18.

[30] Die Symbole beeinhalten: $E(U(x))$ als Erwartungswert des Nutzens, $U(x)$ als Einzelnutzen, x als Ertrag, $E(x)$ als Erwartungswert des Ertrages, s^2 als Abweichung der Einzelerträge vom Erwartungswert (Risiko).

subjekt von einem abnehmenden Grenznutzen auszugehen. Dabei läßt sich der Verlauf dieser Indifferenzkurven so kennzeichnen[31]:

(1) der Anstieg der Indifferenzkurven nimmt mit steigendem Ertrag und Risiko ab, da beide Größen einen negativen Einfluß auf den erwarteten Nutzen haben.

(2) bei konstantem Risiko und steigendem Ertrag nimmt der Anstieg infolge des abnehmenden Grenznutzens ab,

(3) bei konstantem Ertrag und steigendem Risiko fällt der Anstieg der Indifferenzkurven aufgrund des negativen Einflusses, der vom Risiko auf den Nutzen ausgeht.

Die Präferenzordnung eines risikoscheuen Wirtschaftssubjektes weist folgendes Bild auf:

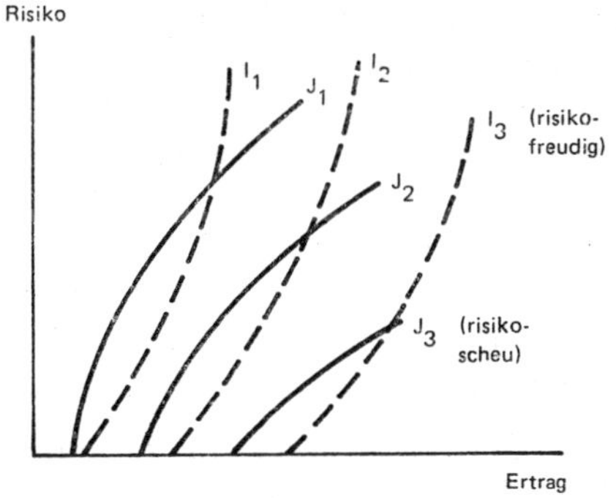

Figur 4

Dieselbe Argumentation gilt mit anderem Vorzeichen für ein risikofreudiges Wirtschaftssubjekt; seine Indifferenzkurven verlaufen konvex, da es bereit ist, zusätzlichen Ertrag gegen zusätzliches Risiko einzutauschen.

Einen ähnlichen Ansatz, die Präferenzordnung eines Wirtschaftssubjektes zu umschreiben, stellt der „Certainty-Equivalence-Approach"[32] dar. Sämtliche Formulierungen dieses Ansatzes gehen davon aus, daß die erwarteten Erträge positiv und die Risiken einer Anlageform negativ bewertet werden. Die Wirtschaftseinheiten gehen nur dann ein höheres Risiko ein, wenn sie dafür auch einen höheren Ertrag erhalten[33]. Dieser Ansatz impliziert somit ein risikoscheues Wirtschaftssubjekt.

---

31 Vgl. R. A. Musgrave, a.a.O., S. 317.

32 Vgl. zum folgenden D. E. Farrar: The Investment Decision under Uncertainty, Englewood Cliffs, N.J. 1962, S. 11 ff.

33 Vgl. auch K. W. Roskamp: Portfolio Selection and Expectation, Towards A Dynamic Simulation Model, in: H. Haller/H. C. Recktenwald (Hrsg.): Finanz- und Geldpolitik im Umbruch, Mainz 1969, S. 465.

In den Modellen wird dann jeweils ein Maß für die Erträge und das entsprechende für das Risiko verwendet. Es sind dies beispielsweise das arithmetische Mittel mit der Standardabweichung, der Median mit der prozentualen Abweichung u. ä. Im nächsten Schritt wird dann eine künstliche Variable konstruiert ($v = f(E(x), s)$), das sogenannte Sicherheitsäquivalent einer Vermögensform, d. h. der sichere Ertrag, gegen den das Wirtschaftssubjekt eine spezielle Anlageform mit einem erwarteten Ertrag ($E(x)$) und dem Risiko (s) noch eintauschen würde.

Aus den Funktionen $v_0 = f(E(x), s)$ kann dann eine Indifferenzkurve abgeleitet werden als der Ort sämtlicher Ertrags-Risiko-Kombinationen, deren Wert für gleichwertig einem sicheren Ertrag v_0 angesehen werden. Ähnlich existiert für jede Vermögensform mit dem erwarteten Ertrag ($E_i(x)$) und dem Risiko (s_i) ein einziges Sicherheitsäquivalent, $v_j = f(E_i(x), si)$, mit dem diese Vermögensform gegen andere diskriminiert werden kann. Dabei bewerten die Wirtschaftssubjekte einen Anstieg des Erwartungswertes einer Vermögensform positiv, d. h. der minimale sichere Ertrag steigt, den das Wirtschaftssubjekt gegen das risikobehaftete Vermögensaktivum eintauschen würde. Ähnlich führen Erhöhungen des Risikos zu einer Verminderung des Sicherheitsäquivalents. Daher erfordert eine Bewegung entlang einer einzelnen „risk-return"-Indifferenzkurve, daß zusätzliche Risiken nur durch erhöhte Erträge kompensiert werden können. Die Indifferenzkurven verlaufen konkav.

Die Funktion $v_0 = f(E(x), s)$ ist dergestalt formuliert, daß bei einem Entfallen des Risikos, d. h. bei einer Annäherung der Standardabweichung (Varianz) an den Wert Null, sich das Sicherheitsäquivalent in seiner Höhe dem Erwartungswert $E(x)$ annähert.

Diese generelle Formulierung des Ansatzes wird allgemein akzeptiert, sobald jedoch eine Spezifikation erfolgen soll, um zu operationalen Entscheidungskriterien zu gelangen, gehen die Meinungen über die Bestimmung der genauen Funktion auseinander[34]. Es fehlt ein exaktes Kriterium, um die beste der verschiedenen Formulierungsmöglichkeiten auswählen zu können[35]. Hinzu kommt noch, daß alle diese Modelle jede Vermögensform für sich behandeln und nicht als Bestandteil eines Portfolios, womit die Erklärung der Diversifikation nicht möglich ist[36].

Man kommt letztlich wieder zum Nutzenkonzept zurück, das die beiden Dimensionen Ertrag und Risiko zur Dimension Nutzen zusammenfaßt, womit eindeutige Wahlhandlungen erklärt werden können. Prinzipiell besteht zwischen dem Nutzenkonzept und dem Ansatz über

---

[34] Vgl. D. E. Farrar, a.a.O., S. 14.
[35] Vgl. derselbe, a.a.O., S. 15.
[36] Vgl. derselbe, a.a.O., S. 16.

das Sicherheitsäquivalent kein Unterschied, lediglich die Entscheidungsmaßstäbe sind verschieden formuliert.

Mit der Darstellung der Präferenzordnung sind die beiden Determinanten bekannt, die zur Ermittlung des optimalen Portefeuilles notwendig sind, wobei unter einem optimalen Portfolio die Kombination von Vermögensaktiva verstanden werden soll, die dem Investor den höchsten erwarteten Nutzen (Erwartungswert des Nutzens) verspricht.

Gehen wir, wie es im folgenden geschehen soll, von einem risikoscheuen Wirtschaftssubjekt und seiner Präferenzordnung aus, so wird das Individuum diejenige Zusammensetzung des Portfolios wählen, bei der der Grenznutzen der durch die Portfolioumstrukturierung bedingten Ertragserhöhung gerade ausgeglichen wird durch die Grenznutzeneinbuße infolge des erhöhten Risikos. Das optimale Portfolio ist dann erreicht, wenn der Grenzertrag (Nutzenzunahme) gleich den Grenzkosten (Nutzeneinbuße) ist. Grafisch stellt sich die Lösung wie in Fig. 5 dar.

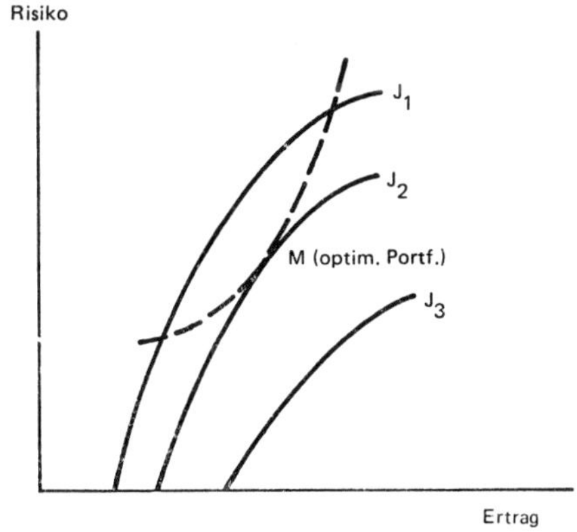

Figur 5

1.5. Kritische Einwände gegen das Konzept der Portfolio-Selection-Theory

Die Ableitung des optimalen Portfolios erfolgte über die Präferenzordnung und die Ermittlung der effizienten Portfolios. Die kritischen Einwände gegen dieses Konzept richten sich im wesentlichen gegen die Art der Nutzenfunktion und die unterstellten Wahrscheinlichkeiten.

Zunächst sei zu den Einwänden gegen die Art der Nutzenfunktion Stellung genommen. Diese beziehen sich im wesentlichen auf den Punkt, daß bei Anwendung des Risikos und Ertrag zugrundelegenden Entscheidungskriteriums entweder eine quadratische Nutzenfunktion[37]

[37] Vgl. Fußnote 29 auf Seite 26.

zu unterstellen ist, da nur bei dieser Form der erwartete Nutzen eines Vermögensobjektes allein von den beiden Komponenten Ertrag und Risiko abhängt, oder aber daß die Wahrscheinlichkeitsverteilung der Erträge einer Normalverteilung entsprechen muß, wenn von einer beliebigen Nutzenfunktion ausgegangen werden soll[38, 39]. Denn in diesem Fall kennzeichnen Ertrag (Erwartungswert) und Risiko (Varianz) die Anlageform vollständig, so daß nur diese beide Größen in der Nutzenfunktion zu berücksichtigen sind.

Allein bei einer Normalverteilung sämtlicher Ertragswahrscheinlichkeiten ist außerdem gewährleistet, „... that any linear combination of these variables (assets) has a distribution with only two independent parameters“[40].

Bei jeder anderen Verteilungsform ergibt die Aufsummierung der Einzelanlagen zu einem Portefeuille eine Wahrscheinlichkeitsverteilung des Gesamtertrages die in ihrer Form von der der Einzelerträge abweicht, d. h. Ertrag und Risiko des Gesamtportfolios bestimmen sich nicht mehr in der oben beschriebenen Weise aus den entsprechenden Größen der einzelnen Vermögensaktiva.

Tobin selbst ist sich dieser Einschränkung seines Portfolio-Ansatzes durchaus bewußt, wenn er schreibt: "We have known and we have said that '$E - \sigma$' indifference curves, as loci of constant expected utility, do not in general exist. I am not surprised that Mr. Borch can demonstrate their non-existence by contriving probability distributions that the $E - \sigma$ criteria will rank incorrectly, given that utility function meets everywhere his canons of good behaviour[41]."

Letztlich stellt sich hier die Frage, ob man nicht besser auf generelle Ansätze verzichtet, wenn auch unter speziellen — aber einfacheren —

---

[38] Vgl. K. H. Borch: A Note on Uncertainty and Indifference Curves, in: REStud Vol. 36 (1969), S. 1 ff.

Borch leitet ab, daß eine Nutzenfunktion nur dann von den beiden ersten Momenten (Lage und Streuung) einer Verteilung abhängt — in unserem Falle von Ertrag und Risiko —, wenn sie quadratisch ist, d. h. die Form eines Polynom 2. Grades hat. Geht man jedoch, wie im Falle der Nutzenanalyse, von einem abnehmenden Grenznutzen aus, so kann die Funktion nur dann als Polynom 2. Grades beschrieben werden, wenn sie auf einen bestimmten Bereich beschränkt wird. Dieser Bereich ist der Kurvenast mit positivem Anstieg. Würde der gesamte Bereich des Polynoms gelten, so impliziert dies ab einem Extremwert einen negativen Kurvenanstieg, d. h. in unserem Falle die Annahme, daß ab einer gewissen Ertragshöhe der Grenznutzen negativ wird.

[39] Vgl. M. S. Feldstein: Mean-Variance-Analysis in the Theory of Liquidity Preference and Portfolio Selection, in: REStud Vol. 36 (1969), S. 5 ff.

[40] Derselbe, ebenda, S. 10.

[41] J. Tobin: Comment on Borch and Feldstein, in: REStud Vol. 36 (1969), S. 13.

Annahmen eine zufriedenstellende Erklärung des Verhaltens von Wirtschaftssubjekten möglich ist. Denn in der Realität sind überwiegend diversifizierte Portfolios mit mehr als einer risikobehafteten Anlage zu beobachten, so daß es gerechtfertigt erscheint, die restriktiven Annahmen des dargelegten Portfolio-Ansatzes in Kauf zu nehmen, wenn dadurch auf einfache Weise eine plausible Erklärung des Verhaltens der Wirtschaftssubjekte möglich wird.

Einen weiteren Streitpunkt bilden die Wahrscheinlichkeiten, die zur Bewertung der Anlageformen herangezogen werden. Geht man von subjektiven Wahrscheinlichkeiten aus, so erscheint es unmöglich, die Rationalität einer Entscheidung zu überprüfen, da die Nachprüfbarkeit nicht gegeben ist. So kommen v. Neumann und Morgenstern zu dem Ergebnis, daß ein subjektiver Wahrscheinlichkeits- und Nutzenbegriff nicht angemessen sei, da es bei Anlageentscheidungen um eine numerische Abschätzung des Nutzens ginge; man könne daher nur einen objektiven Wahrscheinlichkeitsbegriff zugrundelegen, der unter Wahrscheinlichkeit die Häufigkeit in großer Frequenz versteht[42]. Ein numerischer Nutzen sei die Voraussetzung, um zwischen verschiedenen Anlagealternativen diskriminieren zu können. „Rationale Entscheidungen bei Unsicherheit und Risiko können ... nur auf Grundlage *eines meßbaren Nutzens* im Sinne einer kardinalen Nutzenmessung getroffen werden[43].“

Es erscheint hier aber nicht notwendig, zwischen objektiven — also tatsächlich beobachteten relativen Häufigkeiten — und subjektiven Wahrscheinlichkeiten zu unterscheiden. Bei subjektiven Wahrscheinlichkeiten handelt es sich zwar immer um „a priori Schätzungen an sich bestehender, aber unbekannter objektiver Wahrscheinlichkeiten“[44], entscheidend jedoch ist, wie diese subjektiven Wahrscheinlichkeiten zustandekommen. „Allgemein können wir sagen, daß subjektive Wahrscheinlichkeiten aus der ständigen gedanklichen Wiederholung des betreffenden in praxi einmaligen Experimentes und der Abschätzung der relativen Häufigkeit der verschiedenen Ergebnisse des Gedankenexperiments entstehen. Dabei wird das Experiment in bezug auf die Faktoren, die sein Ergebnis bestimmen, soweit analysiert und diese Einflußfaktoren soweit zurückverfolgt, bis für ihre Wirkung Wahrscheinlichkeitsverteilungen bestimmt sind. Je sicherer die Faktoren, die das Ergebnis beeinflussen, sowie die Wahrscheinlichkeit ihrer Auswir-

---

[42] Vgl. J. v. Neumann und O. Morgenstern: Spieltheorie und wirtschaftliches Verhalten, 2. unveränd. Aufl., Würzburg 1967, S. 18.

[43] W. Krelle: Präferenz- und Entscheidungstheorie, Tübingen 1968, S. 10.

[44] Derselbe, a.a.O., S. 120.

kungen bekannt sind, umso genauer sind die subjektiven Wahrscheinlichkeiten zu erhalten[45]."

Sind Erfahrungen aus der Vergangenheit vorhanden, was bei den hier zu betrachtenden Entscheidungen meist der Fall sein dürfte, so ist anzunehmen, daß die entscheidenden Wirtschaftssubjekte sich relativ genaue Wahrscheinlichkeitsvorstellungen aus den objektiven Vergangenheitswerten bilden werden. In diesen Fällen dürften die Abweichungen zwischen subjektiven und objektiven Wahrscheinlichkeiten kaum sehr groß sein. Eine gewisse Divergenz von subjektiven und den sich später ergebenden objektiven Wahrscheinlichkeiten ist allerdings dann zu erwarten, wenn die entscheidenden Wirtschaftssubjekte vor einer für sie neuen Anlageentscheidung stehen und sich anhand ähnlicher Fälle in der Vergangenheit eine Wahrscheinlichkeitsvorstellung aufbauen sollen. Insgesamt kann man aber wohl dennoch die Unterscheidung in objektive und subjektive Wahrscheinlichkeiten für unsere Fragestellung fallen lassen.

Eine wesentliche Voraussetzung für die Gültigkeit der Ergebnisse, die über die Portfolio-Selection-Theory gewonnen werden, besteht in der Unabhängigkeit von Präferenzordnung und Wahrscheinlichkeitsvorstellungen der Wirtschaftssubjekte. Sofern es nämlich dieselben Bestimmungsgründe sind, die die Präferenzen wie auch die Wahrscheinlichkeitsvorstellungen determinieren, können sich Schwierigkeiten für die Ableitung des optimalen Portfolios aus der Präferenzordnung und der Summe der effizienten Portefeuilles ergeben. Dies bedeutet, Nutzen und Wahrscheinlichkeitsverteilung müssen voneinander unabhängig sein, die Nutzenhöhe darf nicht von der Höhe der einzelnen Wahrscheinlichkeiten abhängen.

Weiterhin darf die Nutzenvorstellung nicht von der Vermögenshöhe beeinflußt werden, d. h. die Risikopräferenz bzw. -abneigung darf nicht mit der Vermögenshöhe variieren. Wäre ein derartiger Einfluß gegeben, ließe sich keine feste Präferenzordnung ableiten. Mit jedem positiven wie negativen Ertrag des Gesamtportfolios ist eine Veränderung der Vermögenshöhe verbunden, die dann eine Verschiebung der Präferenzordnung hervorrufen würde; die Ableitung eines optimalen Portfolios wäre unmöglich. Es muß somit implizit eine von der Vermögenshöhe unabhängige Nutzenvorstellung vorausgesetzt werden.

Trotz dieser Einwände gegen den Portfolio-Selection-Ansatz sei im folgenden dieses Modell aus den oben genannten Gründen zur Analysierung des Verhaltens der Wirtschaftssubjekte bei Geldwertänderungen herangezogen.

---

[45] Derselbe, a.a.O., S. 200 f.

1.6. Zusammenfassung

Das der weiteren Analyse zugrundegelegte Reaktionsmodell geht somit von zwei Größen aus, die die optimale Vermögensstruktur bestimmen und damit bei Abweichungen vom Optimum Reaktionen der Wirtschaftssubjekte auslösen, dem Ertrag und dem Risiko. Beide beziehen sich zunächst auf das einzelne Vermögensobjekt. Da das gesamte Vermögen eines Wirtschaftssubjektes aus mehreren derartigen Aktiva besteht, ergänzen sich im Portefeuille Ertrag und Risiko der einzelnen Vermögensformen zu einem Portfolioertrag und -risiko, wobei das Wirtschaftssubjekt bestrebt ist, über eine geeignete Auswahl der Aktiva das Risiko des Portefeuilles geringer zu halten als das Risiko der einzelnen Vermögensbestandteile. Die jeweilige angestrebte Portfoliostruktur ergibt sich dabei aus den Präferenzen der Wirtschaftseinheiten im Hinblick auf diese beiden Komponenten. Das Individuum wird diejenigen Ertrag-Risiko-Relationen zu realisieren versuchen, die ihm den höchsten erwarteten Nutzen versprechen. Dabei führt jede Umstrukturierung des Portfolios zu einer Veränderung im Gesamtertrag und Gesamtrisiko.

Um die Reaktionen der Wirtschaftssubjekte auf die Geldentwertung abzuleiten, müssen zunächst die Auswirkungen einer derartigen Entwicklung auf die alternativen Vermögensobjekte, deren Risiken und Erträge aufgezeigt werden, da diese Veränderungen bei gegebener Präferenzordnung die Reaktionen der Individuen determinieren.

Doch bevor diese Fragen behandelt werden, sind zwei Probleme allgemeiner Natur zu klären, die eng mit dem Verhalten der Wirtschaftssubjekte verbunden sind. Dies ist zunächst die Frage, ob die Wirtschaftseinheiten überhaupt inflationsbedingte Veränderungen im Ertrag und Risiko erkennen. Sofern derartige Auswirkungen der Geldentwertung nicht erkannt werden, entspricht das Portfolio trotz Geldentwertung weiterhin den Präferenzen, die betreffenden Wirtschaftssubjekte haben keinen Anlaß zu reagieren. Dieses Problem, umschrieben mit dem Schlagwort „Geldillusion", ist vorab zunächst zu beleuchten.

In enger Verbindung mit diesem Problemkreis ist die Frage der Antizipation der künftigen Entwicklung zu sehen. Bezieht sich die Geldillusion mehr auf das Erkennen bzw. Nichterkennen von gegenwärtigen Geldwertänderungen, so befaßt sich die Antizipation mit dem Erkennen von Geldwertänderungen in der Zukunft, d. h. im Portfolio-Selection-Approach dem richtigen Erkennen von zukünftigen Änderungen im Ertrag und Risiko der einzelnen Vermögensobjekte.

Diese beiden Fragen sollen vorab geklärt werden, da sie von wesentlicher Bedeutung für die Reaktionsweisen der Wirtschaftssubjekte sind.

2. Die Bedeutung von Geldillusion und Erwartungen für die Reaktionen der Wirtschaftssubjekte

2.1. Das Problem der Geldillusion

Eine Voraussetzung dafür, daß die Wirtschaftssubjekte auf Geldwertänderungen reagieren, ist das Erkennen solcher Veränderungen in der Gegenwart. Dabei kann man zunächst zwischen Preisbewußtsein und Geldillusion unterscheiden.

Preisbewußtsein ist dadurch gekennzeichnet, daß die Wirtschaftssubjekte nur die Veränderungen einzelner Preise erkennen und diese als von den einzelnen Gütermärkten und den dort wirkenden Faktoren determiniert betrachten, diese Preisänderungen jedoch noch nicht mit dem Preisniveau und dem Geldwert in Verbindung bringen[46]. Es handelt sich für sie um Veränderungen von Preisrelationen, die sie zu einem partiellen Reagieren auf einzelnen Teilmärkten veranlassen.

Für I. Fisher hingegen besteht die „Illusion des Geldes" gerade im Unvermögen, „... wahrzunehmen, daß der Wert ... jeder beliebigen Geldeinheit ... sich ständig verändert"[47]. Er weist sogar darauf hin, daß viele Wirtschaftssubjekte zwar Preissteigerungen sähen — also preisbewußt wären —, sich jedoch nicht klar machten, daß diese gleichbedeutend mit einem sinkenden Geldwert seien[48]. Dies hieße, daß preisbewußte Wirtschaftssubjekte durchaus der Geldillusion im Fisher'schen Sinne unterliegen, sofern ihre Entscheidungen nicht von realen Größen, sondern nur von Preisrelationen abhängen. Freiheit von Geldillusion wäre somit erst dann gegeben, wenn die ökonomischen Entscheidungen der Wirtschaftseinheiten auch von realen Größen abhängen.

Diese eben definierte Freiheit von Geldillusion ist letztlich als Endstufe eines Lernprozesses zu betrachten[49, 50]. Dieser beginnt mit der Wahrnehmung von Preissteigerungen auf einzelnen Märkten und verbindet schließlich andauernde Preiserhöhungen bei vielen Gütern mit

---

[46] Vgl. P. Wäldchen: Der Einfluß von Geldwertschwankungen auf Sparerverhalten und Sparformen, eine Untersuchung unter besonderer Berücksichtigung der französischen Verhältnisse, Diss. Erlangen—Nürnberg 1962, S. 63.

[47] I. Fisher: Illusion des Geldes, Berlin o. J., S. 1.

[48] Vgl. derselbe, ebenda, S. 2.

[49] „In the past the large majority of American consumers have believed in the long-run stability of price levels. In the last three years the belief in the long-run price stability has lost some adherents, although, it is still held by a majority of people. Social learning regarding inflation take place."

E. Mueller: Consumer Reactions to Inflation, in: QJE Vol. 73 (1959), S. 261 f.

[50] Vgl. auch P. Wäldchen, a.a.O., S. 131; J. W. Conard: The Causes and Consequences of Inflation, in: The Commission on Money and Credit (ed.): Inflation, Growth and Employment, Englewood Cliffs, N.J. 1964, S. 82 ff.

der Vorstellung einer Geldwertverschlechterung. Das Wirtschaftssubjekt beginnt sich dabei von der Betrachtung der Einzelpreise zu lösen, die auch meist durch Knappheitserscheinungen des betreffenden Gutes erklärt werden können, und lernt, das Preisniveau — die Gesamtheit der Preise — zu betrachten.

Auslösende Größe für Reaktionen der Wirtschaftseinheiten ist bei Vorliegen von Preisbewußtsein die Veränderung von Preisrelationen, während bei Freiheit von Geldillusion der Anstieg des Preisniveaus der auslösende Faktor ist. Gibt es bei Veränderungen von Einzelpreisen keine Maßprobleme, so tauchen diese jedoch bei der Messung von Preisniveauänderungen auf, da eine solche allgemein über Indizes vorgenommen wird.

Sofern im Zeitablauf die qualitative Eigenschaft der Güter unverändert bleibt, können quantitative Veränderungen des Index als Maßstab für die Geldentwertung bzw. die Entwicklung des Preisniveaus angesehen werden. Dabei ist jedoch ein allgemeiner Preisindex mit Vorsicht zu verwenden, da er infolge seiner Gewichtung nur die durchschnittliche Preisentwicklung anzeigt. Haben die Gütergruppen, die das Wirtschaftssubjekt bevorzugt, in seinem Warenkorb ein anderes Gewicht als im Gewichtungsschema des Preisindex, so können die tatsächlichen Reaktionen der Wirtschaftssubjekte erheblich von denen abweichen, die man aufgrund der Entwicklung des allgemeinen Preisindex erwarten würde.

Da sich jedoch in einem inflationistischen Prozeß neben dem Preisniveau auch die Preisstruktur ändert, lassen sich die Reaktionen der Wirtschaftssubjekte nicht mehr eindeutig einem preisbewußten Verhalten bzw. der Freiheit von Geldillusion zurechnen, denn beide führen zu Anpassungsreaktionen auch im Vermögen. Aus diesem Grunde erscheint es zweckmäßig, im weiteren Verlauf Preisbewußtsein und Freiheit von Geldillusion unter dem Begriff der Geldillusionsfreiheit zusammenzufassen.

Eine entscheidende Rolle beim Übergang von der Geldillusion zur Orientierung an realen Größen spielen die Erwartungen. Die Erwartungsbildung selbst vollzieht sich an Erfahrungen aus der Vergangenheit bzw. der Gegenwart[51]. Dargestellt werden können die Auswirkungen dieser Erwartungsbildung recht gut anhand der Erwartungselastizitäten[52]. Diese beschreiben die Relation des zukünftigen erwarteten relativen Preisanstieges zum gegenwärtigen relativen Preisanstieg.

---

[51] Vgl. W. E. Gibson: Price Expectations Effects on Interest Rates, in: JoF Vol. 25 (1970), S. 201.

[52] Vgl. J. R. Hicks: Value and Capital, 2. Aufl., Oxford 1946, S. 205.

Dieser Zusammenhang läßt sich schreiben als:

$$^{e}P_{t+1}/P_t = \frac{dP_{t+1} \cdot P_t}{dP_t \cdot P_{t+1}}$$

Sind die Erwartungen schon gegeben, d. h. haben die heutigen Preisänderungen keinen Einfluß auf die morgen erwarteten, dann ist die Erwartungselastizität gleich Null. Wird jedoch angenommen, daß die heutigen Preisänderungen permanent andauern, dann wird die Erwartungselastizität den Wert 1 annehmen. Glauben die Wirtschaftssubjekte gar, in den heutigen Preisänderungen einen Trend zu erkennen, so kann der Wert der Erwartungselastizität auch über 1 hinausgehen, denn die Wirtschaftseinheiten werden diesen Trend extrapolieren. Es sind jedoch auch Werte kleiner als Null denkbar, wenn die Wirtschaftssubjekte der Ansicht sind, daß die heute zu beobachtende Preisentwicklung den Kulminationspunkt darstellt, sie für die Zukunft also Preisrückgänge erwarten.

Der Übergang von einem Verhalten unter Geldillusion zu einem solchen ohne Geldillusion läßt sich mit Hilfe der Erwartungselastizitäten folgendermaßen beschreiben. Zu Beginn der Geldwertverschlechterung werden zunächst bestimmte Zukunftserwartungen vorhanden sein, so daß die Erwartungselastizität den Wert Null annimmt. Je länger die Preissteigerungen andauern, umso mehr werden die Wirtschaftssubjekte ihre Zukunftserwartungen ändern. Die Erwartungselastizität wird dann zwischen den Werten Null und Eins liegen und sich im Laufe der Entwicklung dem Wert Eins nähern, d. h. die Preiserhöhungen werden dann als permanent erachtet.

Dieser Prozeß kann möglicherweise noch dadurch beschleunigt werden, daß durch öffentliche Diskussion um Preisstabilität und das Verhalten der Sozialpartner die Preissteigerungen stärker ins Bewußtsein dringen, was dazu führen kann, daß die Wirtschaftseinheiten zunächst sogar mit steigenden Inflationsraten in der Zukunft rechnen und ihr Verhalten danach ausrichten. In diesem Falle würde die Erwartungselastizität einen Wert größer als Eins annehmen.

Weiterhin entscheidend für die Inflationswirkungen bei Freiheit von Geldillusion ist es, ob eine Reaktion der von der Geldentwertung betroffenen Wirtschaftssubjekte überhaupt lohnend erscheint. Dies hängt davon ab, in welchem Umfang inflationsgefährdete Vermögensobjekte im Portefeuille enthalten sind und auf welche Höhe sich die Inflationsverluste für das Individuum belaufen. Hauptsächlich betroffen werden die Wirtschaftssubjekte sein, die einen Großteil ihres Vermögens in monetärer Form halten.

Nur diejenigen geldillusionsfreien Wirtschaftseinheiten werden somit reagieren, deren Inflationsverluste über die Kosten der Vermögensumschichtung hinausgehen, die zur Vermeidung derartiger Einbußen erforderlich sind. Dies dürfte vor allem dann der Fall sein, wenn erhebliche Beträge in Form von Geldvermögen angelegt worden sind. Berücksichtigt man, daß es im wesentlichen die Bezieher von höheren Einkommen sind, die in größerem Umfang Geldvermögen in Form von Spareinlagen, Lebensversicherungen und Wertpapieren bilden[53], so kann man erwarten, daß vor allem diese Gruppe bei Freiheit von Geldillusion in starkem Maße auf Geldwertveränderungen reagiert. Hier sind die Geldvermögensbestände so hoch, daß die Umschichtungskosten geringer sein werden als die inflationsbedingten Verluste beim Geldvermögen.

So besitzen in der Bundesrepublik ca. 40 % der Haushalte mit einem Einkommen von DM 1 500,— Sparbücher mit Guthaben von über DM 4 000,—[54], 40 % dieser Haushalte verfügen zusätzlich über Wertpapiere, die teilweise den Tageswert von DM 5 000,— überschreiten[55].

Bei den Haushalten mit einem niedrigeren Einkommen wird der Anreiz geringer sein, selbst bei Freiheit von Geldillusion auf andere Vermögensformen überzuwechseln, da infolge des geringen monetären Vermögens dieser Gruppe die Kosten einer teilweisen Umstrukturierung des Portefeuilles beispielsweise in Aktien (Maklergebühren, Steuern, Bankprovisionen usw.) bei geringen Inflationsraten die dadurch bedingten Verluste im monetären Vermögensbereich übersteigen. Diese Haushalte beginnen erst ab einer gewissen Inflationsrate, geldwertsichere Anlageformen anstelle der inflationsgefährdeten zu suchen.

Allerdings bleibt dieser Gruppe, wie allen übrigen privaten Haushalten, die Reaktion im Bereich der langlebigen Konsumgüter, die mit unter das Vermögen gerechnet wurden[56]. Denn in gewissem Umfang dienen auch diese der Wertaufbewahrung, da sie ihre Nutzleistungen nicht in einer Periode abgeben, somit über eine längere Zeit einen — wenn auch abnehmenden — Wert aufweisen.

Unternehmen, soweit sie neben Realvermögen auch ein Nettogeldvermögen besitzen, werden ebenfalls auf Geldwertänderungen reagieren müssen, sollen inflationsbedingte Verluste verhindert werden. Sofern ein Unternehmen jedoch Nettoschuldner ist, d. h. mehr Verbindlichkeiten als Forderungen aufweist, wird es kaum sein Verhalten

53 Vgl. M. Euler: Ausgewählte Vermögensbestände privater Haushalte am Jahresende 1969, in: WiSta 1970, S. 605 ff.

54 Vgl. derselbe, ebenda, S. 605, Tabelle 1.

55 Vgl. derselbe, ebenda, S. 610, Tabelle 7.

56 Siehe S. 10 dieser Arbeit.

ändern, da es in diesem Falle von einer Geldentwertung profitiert. Ähnliches gilt im öffentlichen Sektor, der in der Bundesrepublik ein Nettogläubiger ist.

2.2. *Die Auswirkungen von Inflationserwartungen auf den Zinssatz*

Sehr eng mit der Frage der Geldillusion und der Reaktion der Wirtschaftssubjekte auf Geldwertänderungen ist das Problem der Antizipation zukünftiger Entwicklungen — der Erwartungen — verbunden. Nicht alle Wirtschaftssubjekte, selbst wenn sie frei von Geldillusion sind, werden in gleicher Weise reagieren, denn ihre Erwartungen über die zukünftige Geldwertentwicklung werden in der Regel unterschiedlich sein. Die Gründe liegen im unterschiedlichen Informationsstand, der verschiedenen Gewichtung der Informationen seitens der einzelnen Wirtschaftssubjekte und nicht zuletzt in der Interdependenz sämtlichen wirtschaftlichen Geschehens, die aus der dauernden Aktion und Reaktion der Wirtschaftseinheiten resultiert. Daher dürfte auch kaum ein Wirtschaftssubjekt in der Lage sein, die tatsächliche Entwicklung vorauszusehen, so daß immer Abweichungen des tatsächlichen vom erwarteten Ergebnis auftreten, die wiederum Anpassungsprozesse auslösen.

Hinsichtlich des Umfanges der Antizipation können wir drei Stufen unterscheiden. Die Wirtschaftssubjekte werden je nach ihren Erwartungen eine Geldwertänderung gar nicht, teilweise oder vollständig antizipieren, wobei letzteres für die Realität von untergeordneter Rolle sein dürfte. Doch bevor wir der Frage nach den Auswirkungen der verschiedenen Stufen der Inflationserwartungen auf den Zins nachgehen, soll zunächst geklärt werden, was unter Realzins verstanden werden soll und welche Zusammenhänge zwischen Nominalzins, Realzins und Geldentwertung bestehen[57].

Die Größen, die in der Realität beobachtet werden können, sind einmal der aktuelle Nominalzins (i_{nom}), d. h. die marktmäßige Verzinsung der monetären Aktiva, dann in gewissen Grenzen die Verzinsung bzw. der Ertrag realer Aktiva (r), der mit Realzins bezeichnet werden soll und letztlich der Produktivität des Kapitals entspricht, und schließlich die aktuelle, beobachtete Preissteigerungsrate ($\dot{p}$)[58]. Des weiteren läßt sich aus diesen Größen eine vierte berechnen, nämlich die aktuelle reale

---

[57] Vgl. zum folgenden: M. Friedman: Factors Affecting the Level of Interest Rates, in: Savings and Residential Financing: 1968 Conference Proceedings, S. 10 ff.

[58] Mit dem Ausdruck „der Zins“, „die Verzinsung“ soll die Existenz einer Zinsstruktur sowohl im Bereich der monetären wie auch der realen Aktiva keineswegs geleugnet werden.

Verzinsung (i_{real}) des Geldvermögens als Differenz zwischen aktuellem Nominalzins und der beobachteten Inflationsrate.

$$i_{\mathrm{real}} = i_{\mathrm{nom}} - \dot{p}$$

Bei dieser Größe handelt es sich um eine ex-post Größe. Ein Wirtschaftssubjekt wird dann keine Veranlassung zur Umstrukturierung seines Portefeuilles haben, wenn — vom Risiko einmal abgesehen — der Realzins und die reale Verzinsung übereinstimmen, d. h. die Verzinsung der realen und monetären Aktiva gleich ist ($i_{real} = r$).

Hinzukommen muß jedoch, daß diese Gleichheit auch für die Zukunft gilt, denn ein längerfristiger Gleichgewichtszustand ist nur gegeben, wenn ex-post und ex-ante Daten übereinstimmen. Für die ex-ante Betrachtung spielt nun die Antizipation eine entscheidende Rolle.

Ein Wirtschaftssubjekt wird dann ein gegenwärtig optimales Portfolio unverändert lassen, wenn auch in der Zukunft Realzins und reale Verzinsung der monetären Aktiva gleich sind. Dies bedeutet bei angenommener Konstanz des Realzinses, daß nur dann die monetären Vermögensformen gehalten werden, wenn diese eine reale Verzinsung in gleicher Höhe abwerfen. Dies ist dann der Fall, wenn der Nominalzins gleich dem Realzins zuzüglich der antizipierten Inflationsrate ist, d. h.:

$${}_{g}i^{e}_{\mathrm{nom}} = r + \dot{p}^{e}$$

Dieser Zinssatz sei im folgenden als der *erwartete gleichgewichtige Nominalzins* bezeichnet. Gleichgewichtig ist dieser Zinssatz deshalb, weil er garantiert, daß bei seiner Gültigkeit keine Portfolioumstrukturierung vorgenommen wird.

Der *tatsächliche gleichgewichtige Nominalzins* ergibt sich aus dem Realzins zuzüglich der tatsächlichen, aktuellen Inflationsrate

$${}_{g}i_{\mathrm{nom}} = r + \dot{p}$$

Sofern ex post eine Differenz zwischen den beiden gleichgewichtigen Nominalzinssätzen auftritt, werden die Erwartungen der Wirtschaftseinheiten enttäuscht; sie revidieren diese dann in Richtung auf die aktuelle Entwicklung.

Eine Differenz zwischen diesen beiden Zinssätzen ist somit zurückzuführen auf einen Unterschied zwischen aktueller und erwarteter Inflationsrate. Ein längerfristiges Gleichgewicht tritt ein, wenn die Wirtschaftssubjekte die Inflationsrate richtig antizipieren, denn dann decken sich tatsächliche und erwartete Inflationsrate.

Diese Aussage läßt sich zur Verdeutlichung nochmals formelmäßig ableiten:

$$g^{ie}_{nom} = r + \dot{p}^e$$

$$g^{i}_{nom} = r + p$$

Bedingung für das Gleichgewicht ist

$$g^{i}_{nom} = g^{ie}_{nom}$$

$$r + \dot{p} = r + \dot{p}^e$$

Daraus muß für die Gleichgewichtssituation gelten

$$\dot{p} = \dot{p}^e$$

Damit ist das Instrumentarium vorhanden, um die Auswirkungen unterschiedlicher Inflationserwartungen auf den Zinssatz zu analysieren.

Von einer nicht antizipierten Inflation spricht man dann, wenn die Wirtschaftssubjekte von der fälschlichen Erwartung ausgehen, das Preisniveau bleibe konstant[59]. Dies bedeutet, daß die Wirtschaftseinheiten den aktuellen Nominalzins als den tatsächlichen und erwarteten gleichgewichtigen Nominalzins ansehen, also glauben, die Verzinsung der realen und monetären Aktiva sei gleich. Sie sehen daher keine Veranlassung zu einer Reaktion. Der aktuelle Nominalzins ändert sich im Inflationsprozeß nicht, folglich sinkt die reale Verzinsung der monetären Aktiva unter den Realzins. Dies führt dazu, daß die Besitzer von Geldvermögen aufgrund der permanenten Geldentwertung einen realen Verlust zugunsten der Schuldner hinnehmen müssen, deren reale Lasten sich verringern[60].

Diese Phase eines konstanten Nominalzinses bei inflationären Entwicklungen dürfte nur zu Beginn einer Geldentwertung auftreten, denn die Wirtschaftssubjekte werden ihre Erwartungen im Laufe des Inflationsprozesses revidieren.

---

59 Vgl. R. A. Kessel und A. A. Alchian: Effects of Inflation, in: JPE Vol. 70 (1962), S. 524.

60 „Unanticipated inflation transfers wealth from net monetary creditors to net monetary debtors, regardless of wether the creditors and debtors are corporations, governments, widows, orphans, schoolteachers."
Dieselben, a.a.O., S. 525.

Wird für die Zukunft eine Fortdauer der Geldentwertung erwartet, so richten die Wirtschaftssubjekte ihre Verhaltensweisen am steigenden Preisniveau aus[61]. Sie registrieren, daß die Opportunitätskosten der Haltung von Finanzvermögen im Vergleich zur Realvermögenshaltung um die erwartete Geldentwertung zugenommen haben, und fordern für das Geldvermögen einen Nominalzins in Höhe des Realzinses zuzüglich der erwarteten Inflationsrate, also den erwarteten gleichgewichtigen Nominalzins. Dabei versuchen sie diejenigen monetären Aktiva abzustoßen, deren Nominalverzinsung unter der geforderten liegt. Die Folge ist ein Anstieg des Nominalzinses bzw. ein Fallen der Kurse für diese Finanzaktiva. Sofern sich eine verstärkte Anlage im realen Bereich ergibt, wird der Preis für diese Vermögensobjekte zunehmen, d. h. der Realzins sinken. Über solche Umschichtungen soll das Gleichgewicht in der Vermögensposition der Wirtschaftseinheiten wieder hergestellt werden.

"The effects of changes in expectations concerning the future course of prices are capitalized in the capital market. The prices of all debt securities fall until the gap between money and real rates reflects the current state of belief about the future course of prices. All assets whose explicit money yields are independent of the rate of change of prices are revaluated and converted into assets whose effective money yields are a function of the rate of prices[62]." Die daraus entstehenden Verluste für bestehendes derartiges Vermögen nehmen mit der Laufzeit dieser Aktiva zu.

Wird die Inflationsrate richtig antizipiert, dann schichtet ein rationales Wirtschaftssubjekt sein Vermögen solange um, bis der Grenznutzen sämtlicher Vermögenswerte der gleiche ist. Für diejenigen Vermögensteile, die nicht dem Konsumtivvermögen zuzurechnen sind, bedeutet dies, daß ihre realen Grenzerträge gleich sein müssen, sofern die den einzelnen Aktiva immanenten Risiken sehr gering sind, bzw. das Wirtschaftssubjekt diesen Risiken keine Bedeutung beimißt. Die Umschichtung ist dann zu Ende, wenn Realzins und reale Verzinsung gleich sind, also der Nominalzins um die tatsächliche Inflationsrate über dem Realzins liegt. Werden die Risiken von Geld- und Realvermögen unterschiedlich eingeschätzt, so bleibt eine Spanne zwischen Realzins und realer Verzinsung der monetären Aktiva bestehen, die diese Risikounterschiede kennzeichnet. Im Gleichgewicht muß dann der Nominalzins dem Realzins zuzüglich der Inflationsrate, aber vermindert um die Risikoprämie entsprechen.

---

[61] Vgl. zum folgenden dieselben, a.a.O., S. 528 ff.

[62] Dieselben, ebenda, S. 529.

Die Frage, die sich jedoch allgemein in diesem Zusammenhang stellt, geht dahin, ob eine richtige Antizipation der inflationären Entwicklung zu einem tatsächlichen gleichgewichtigen Nominalzins führt, der um die Inflationsrate über dem Nominalzins — und auch Realzins — bei Preisniveaustabilität liegt.

Inwieweit nun der erwartete gleichgewichtige Nominalzins die tatsächliche Inflationsrate enthält, hängt davon ab, in welchem Umfang die Wirtschaftseinheiten die Inflationsrate antizipieren. Kann man davon ausgehen, daß sämtliche Wirtschaftssubjekte — Kreditgeber wie Kreditnehmer — dieselben Erwartungen hinsichtlich der zukünftigen Entwicklung des Preisniveaus haben, so ist zu vermuten, daß der erwartete gleichgewichtige Nominalzins um die erwartete Inflationsrate über dem Zins liegen wird, der sich bei einem stabilen Geldwert einstellt. Werden die Preisniveauänderungen erst nach Ablauf einer bestimmten Zeit erwartet, so sind nur die Zinssätze solcher monetären Aktiva betroffen, deren Laufzeit über den Zeitraum der Preisniveaustabilität hinausgeht[63, 64].

Da man in der Regel jedoch annehmen muß, daß die Wirtschaftssubjekte die Geldwertentwicklung nicht einheitlich beurteilen, vollkommene Voraussicht nicht gegeben ist, darf unterstellt werden, daß nicht alle Wirtschaftseinheiten in ihren Erwartungen auch die tatsächliche Inflationsrate antizipieren. Dies hat zur Folge, daß der erwartete gleichgewichtige Nominalzins in seiner Höhe zwar die durchschnittlichen Erwartungen widerspiegelt, aber nicht unbedingt die tatsächliche Inflationsrate wiedergibt. D. h. für einige Wirtschaftssubjekte liegt der erwartete gleichgewichtige Nominalzins höher als für den Durchschnitt, für einige niedriger, so daß es später zu Abweichungen des tatsächlichen vom erwarteten gleichgewichtigen Nominalzins und damit enttäuschten Erwartungen kommt. Denn diejenigen Individuen, die feststellen müssen, daß in ihren Nominalzinsforderungen eine zu geringe Inflationsrate berücksichtigt wurde, werden sehen, daß die reale Verzinsung ihrer monetären Aktiva unter den Realzins gesunken ist. Unabhängig von der Höhe der Inflationsrate und dem Umfang in dem sie antizipiert wird, entspricht die Differenz zwischen Nominalzins und realer Verzinsung der Inflationsrate. Dies bedeutet jedoch nicht, daß

---

[63] Vgl. zum folgenden W. E. Gibson: Price-Expectations Effects on Interest Rates, in: JoF Vol. 25 (1970), S. 20 f.

[64] Ebenfalls von Bedeutung ist die Art der Zinszahlung. Besteht eine periodische Fälligkeit, so entscheiden die Erwartungen hinsichtlich der durchschnittlichen Inflationsrate in der gesamten Periode über die Höhe der Nominalzinsforderung. Erfolgt die Zinszahlung jedoch mit der Tilgung am Ende des Anlagezeitraumes, so sind für die Nominalzinsforderungen die zu diesem Zeitpunkt erwarteten Inflationsraten relevant, weniger der Periodendurchschnitt.

die reale Verzinsung dem Realzins entsprechen muß, und daß nicht in einem neuen, inflationsbedingten Gleichgewicht bei verstärkter Vermögenslage im Bereich der Realaktiva auch der Realzins niedriger sein kann, als er in einer Situation mit Preisniveaustabilität wäre.

Es bleibt zu untersuchen, ob bei vollständiger Antizipation ein Anstieg des Nominalzinses um die Inflationsrate zustandekommt — also die reale Verzinsung und der Realzins unverändert bleiben im Vergleich zu einer Situation mit Preisniveaustabilität — oder ob auch bei vollständiger Antizipation ein Sinken der realen Verzinsung und der Realzinsen möglich ist.

Bei falscher Antizipation der inflationären Entwicklung ergibt sich folgendes. Es entsteht eine Differenz zwischen Nominalzins und realer Verzinsung über einen Anstieg des Nominalzinses, der jedoch geringer als die Inflationsrate ausfällt, damit ein Sinken der realen Verzinsung mit der Folge bedingt, daß es zu einer Abweichung von realer Verzinsung monetärer Aktiva und Realzins kommt.

Im folgenden soll anhand des Modells von Mundell[65], der sich eines dem Hicks-Diagramm ähnlichen *IS*/*LM*-Diagramms bedient, untersucht werden, ob eine vollständig antizipierte Inflation zu einem Absinken des Realzinses und — im Gleichgewicht — auch der realen Verzinsung führt, so daß der gleichgewichtige Nominalzins gegenüber einer inflationsfreien Situation nicht um die Inflationsrate ansteigt.

Mundell unterstellt in seinem Modell eine negative Abhängigkeit der Realinvestition vom Realzins und eine negative Abhängigkeit der realen Ersparnisse von der Realkasse, d. h. mit steigendem Realzins (steigender Realkasse) nimmt die Investition (Ersparnis) ab. Die Aufteilung in Geld und Wertpapiere wird durch den Nominalzins bestimmt. Die *IS*-Kurve in Fig. 6 gibt dann das Gleichgewicht zwischen Realzins und Realkasse an, bei dem *I* und *S* gleich sind. Der Anstieg der Kurve ist positiv, da eine Erhöhung des realen Zinses die Investitionstätigkeit dämpft und somit eine „deflatorische Lücke“ hervorruft, während eine Zunahme der Realkasse über die Eindämmung der Ersparnisbildung zu einer „inflatorischen Lücke“ führt. Auf der *IS*-Kurve gleichen sich „deflatorische“ und „inflatorische Lücke“ gerade aus.

Somit muß, damit das Gleichgewicht gewahrt bleibt, ein Anstieg des Realzinses mit einer Zunahme der Realkasse verbunden sein.

Die *LM*-Funktion beschreibt den Gleichgewichtspfad zwischen Geldzins und Realkasse. Der Anstieg ist hier negativ, da die Vermögensbesitzer die Aufteilung zwischen Geld und Wertpapieren nach dem

---

65 Vgl. R. Mundell: Inflation and Real Interest, in: JPE Vol. 21 (1963), S. 280 ff.

Geldzins vornehmen, den Opportunitätskosten der Geldhaltung also. Ein hoher Geldzins ist somit gleichbedeutend mit einer geringen Nachfrage und ein niedriger Nominalzins mit einer hohen Nachfrage nach Realkasse.

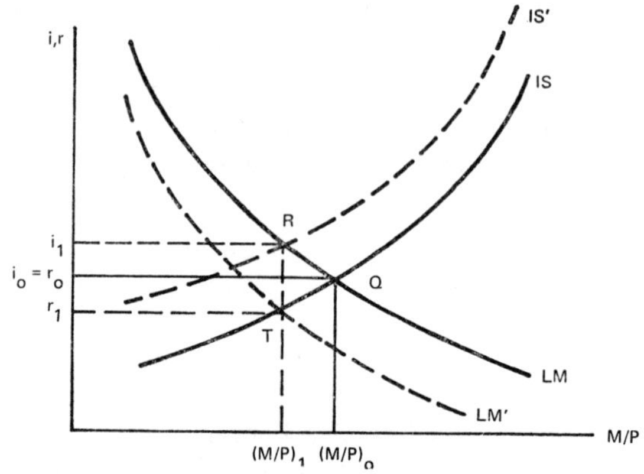

Figur 6

Der Schnittpunkt bestimmt das Gleichgewicht zwischen Geld- und Realzins auf der einen und der Realkassenhaltung auf der anderen Seite. Nur in diesem Punkt ist die reale Ersparnis gleich der realen Investition, somit auch die Nachfrage nach Wertpapieren bzw. Realkasse gleich dem Angebot. Es ist dies der Punkt Q in Fig. 6.

Kommt es nun zu einem inflationären Prozeß, so müssen der nominale Zins und der Realzins um die Inflationsrate differieren. Das Gleichgewicht Q läßt sich nicht mehr aufrechterhalten. Die Opportunitätskosten der Geldhaltung umfassen nun neben der Realverzinsung des real investierten Vermögens auch noch die Inflationsrate. Da in diesem Modell die *LM*-Funktion unter Berücksichtigung des Nominalzinses — dieser entscheidet über die Aufteilung in Geldhaltung und Wertpapieranlage — aufgestellt wurde, führt ein Geldentwertungsprozeß dazu, daß sich die *LM*-Funktion als Abhängige vom Realzins um die Inflationsrate nach unten verschiebt. Beträgt in Fig. 6 die Geldentwertungsrate beispielsweise *RT*, d. h. die *LM*-Kurve verschiebt sich in Abhängigkeit vom Realzins zum Punkt *T*, so sind die Wirtschaftssubjekte nur dann bereit, die reale Geldmenge m_1 zu halten, wenn beim Realzins von r_1 der nominelle Zins die Höhe i_1 hat. Die in Abhängigkeit vom realen Zins formulierte *IS*-Kurve bleibt unverändert.

Ähnliches gilt, wenn wir bei der Betrachtung von der *IS*-Kurve ausgehen. Diese gibt das Gleichgewicht von Investition — als Funktion des Realzinses — und Ersparnis — als Funktion der Realkasse — an, stellt somit den Zusammenhang von Realzins und Realkassenhaltung dar. Eine inflationäre Entwicklung führt dann, bei gegebenem Nominalzins, zu einer Diskrepanz zwischen dem Investitionsertrag und dem Ertrag der Ersparnis in Höhe der Inflationsrate. Denn bei gegebenem nominalen Zins erhält der Investor seinen normalen Ertrag zusätzlich der inflationsbedingten Wertsteigerung. Der Sparer erhält nur den Nominalzins. Um nun die Gleichheit zwischen Sparen und Investieren bei jeder Inflationsrate aufrechtzuerhalten, muß der Nominalzins steigen, d. h. die IS-Kurve muß sich in Abhängigkeit vom Nominalzins um die Inflationsrate nach oben verschieben, in Fig. 6 vom Punkt Q zum Punkt R mit dem Nominalzins i_1 und dem Realzins r_1. Dabei bleibt die Abhängigkeit vom Nominalzins formulierter LM-Funktion unverändert. Die Erhöhung des Nominalzinses führt aber zu einer Umschichtung zugunsten einer verstärkten Wertpapierhaltung.

Eine Geldwertverschlechterung ruft somit nach Mundell durch die Wirkung auf den realen Sektor ein Absinken des Realzinses hervor. Dies bedeutet, daß im Gleichgewicht der Nominalzins gegenüber der Ausgangssituation nicht um die volle Inflationsrate ansteigt.

Zu einem ähnlichen Ergebnis kommt Gibson[66] bei dem Versuch, den Einfluß von Preissteigerungen auf den Zinssatz empirisch für die USA nachzuprüfen. Er geht dabei von der Fisher'schen Auffassung aus, daß der Zinssatz genau um die antizipierte Inflationsrate steigen muß. Diese These soll getestet werden unter der Annahme, daß die Bildung von Preiserwartungen der Wirtschaftssubjekte von den vergangenen Preisänderungen abhängt[67]. Wenn dies auch nicht die einzigen Einflußfaktoren seien, meint Gibson, so seien doch die anderen nicht systematisch mit den Änderungen der Preise verbunden. Seine Berechnungen ergaben, daß es eine positive Beziehung zwischen Zinssatz und erwarteten Preisänderungsraten dergestalt gibt, daß ein 1 %iger Anstieg in der Preisänderungsrate den kurzfristigen Zins in den folgenden 10 Jahren um 0,45 und den langfristigen nur um 0,09 Prozentpunkte anhebt[68].

---

66 W. E. Gibson, a.a.O., S. 19 ff.

67 Vgl. derselbe, ebenda, S. 22.

68 Vgl. derselbe, ebenda, S. 33. Die Berechnungen gelten für die Periode 1891—1965.

Auch die statistischen Untersuchungen von Yohe und Karnoski führen zu diesem Ergebnis. Sie ermitteln, daß mit der Länge der Geldanlage auch der zeitliche Horizont zunimmt, der bei der Bildung der Preiserwartungen berücksichtigt wird, daß aber dennoch ein gewisser Lag zwischen der Erhöhung des Nominalzinses und der erwarteten Preisentwicklung besteht. Das höchste Gewicht haben bei der Bildung der Preiserwartungen die Preisänderungen in den gerade vergangenen Jahren. Zu diesem Lag kommt hinzu, daß die Anpassung an die erwarteten Preissteigerungen nicht hundertprozentig ist; sie beträgt bei den kurzfristigen Anlagen 72 % und bei den langfristigen sogar nur 59 %. Der Nominalzins erhöht sich somit nicht um die erwartete

Dieses Ergebnis deutet somit ebenfalls auf ein Absinken des Realzinses und damit der realen Verzinsung monetärer Aktiva im Inflationsprozeß hin. Erklärt wird diese Entwicklung durch eine inflationsbedingte Verstärkung der Realvermögensbildung.

Somit läßt sich zusammenfassend feststellen, daß der Nominalzins in Inflationsphasen im Vergleich zur Ausgangssituation zwar steigt, sofern die Inflation in irgendeiner Weise antizipiert wird, daß er jedoch nicht um den Prozentsatz der Preissteigerungen zunehmen muß, der Realzins und die reale Verzinsung also sinken können. Die Ursache ist nach Mundell darin zu sehen, daß die Inflation über eine Erhöhung des Nominalzinses die gewünschte Realkasse zugunsten einer vergrößerten Wertpapierhaltung vermindert. Dieser Prozeß wird begleitet von einer erhöhten Investitionstätigkeit und einem gesunkenen Realzins, wobei die Finanzierung dieses Prozesses über die Zunahme der Spartätigkeit aus dem Vermögensanpassungsmotiv heraus finanziert wird.

Da sich dieses Ergebnis einstellt, wenn alle Wirtschaftssubjekte vollständige Voraussicht hätten und die Inflation richtig antizipierten, wird eine noch stärkere Reduktion der realen Verzinsung monetärer Aktiva bei einer unvollkommen antizipierten Inflation zu erwarten sein, die zu einer erheblichen Differenz zwischen realer Verzinsung und Realzins führen wird.

2.3. Zusammenfassung

Insgesamt läßt sich sagen, daß kein Inflationsausgleich zu erwarten ist, wenn die Geldentwertung nicht antizipiert wird. Die reale Verzinsung monetärer Aktiva sinkt in diesem Falle um die Inflationsrate unter den Realzins. Wird die Geldentwertung antizipiert, dann steht zu erwarten, daß ein gewisser Inflationsausgleich erfolgt. Die vollkommene Antizipation, die zum besten Ausgleich der Inflationsverluste über den Nominalzins führen würde, ist in einer Welt ohne vollkommene Voraussicht nicht gegeben. So wird im Inflationsprozeß immer ein Rückgang der realen Verzinsung monetärer Aktiva zu erwarten sein; theoretische und empirische Ergebnisse deuten ebenfalls in diese Richtung.

Für die weitere Untersuchung müssen wir somit davon ausgehen, daß Reaktionen der Wirtschaftssubjekte nur soweit zu erwarten sind, als diese nicht der Geldillusion unterliegen, eine weitere Geldentwertung antizipieren, und die Reaktion für sie vorteilhaft ist. Je weniger Wirtschaftseinheiten auf eine gegebene inflationäre Entwicklung reagie-

---

Inflationsrate. (Vgl. W. P. Yohe und D. S. Karnoski: Interest Rates and Price Level Changes, 1952—1969, in: Review — Federal Reserve Bank of St. Louis Vol. 51, No. 12 (Dec. 1969), S. 19 ff.)

ren, um so geringer wird sich der Nominalzins an die Geldentwertungsrate anpassen, d. h. um so mehr führt die Inflation zu einer Senkung der realen Verzinsung monetärer Aktiva.

Unter diesem Aspekt sind nun im folgenden die Auswirkungen der Geldwertänderungen auf ausgewählte Formen des Vermögens und die daraufhin zu erwartenden Reaktionen der Wirtschaftssubjekte zu analysieren.

3. Die Auswirkungen von Geldwertveränderungen auf ausgewählte Vermögensformen

3.1. Veränderungen von Ertrag und Risiko im Inflationsprozeß

Bei der Darstellung der Portfolio-Selection-Theory wurde aufgezeigt, daß Ertrag und Risiko der einzelnen Vermögensformen entsprechend der Präferenzordnung der Wirtschaftssubjekte die Vermögensstruktur bestimmen. Das Individuum hat gemäß seiner Präferenzordnung bestimmte Vorstellungen von der gewünschten Ertrag-Risiko-Relation der einzelnen Vermögensaktiva und des Gesamtportfolios und wird dementsprechend seine Portfoliostruktur ausrichten.

Tritt nun eine Geldwertverschlechterung ein, so wird die gewünschte Vermögensstruktur gestört, da Geldwertänderungen sowohl den Ertrag als auch das Risiko — d. h. die Sicherheit des Ertrages — einer Vermögensform beeinflussen können.

In den folgenden Abschnitten soll nun gezeigt werden, daß nur die Ertragsrate der einzelnen Vermögensaktiva, nicht aber auch deren Risikokomponente von einer nicht voll antizipierten Geldentwertung betroffen sind, sofern sich diese mit einer konstanten Rate vollzieht. Denn sämtliche möglichen nominellen Ertragsausprägungen verlieren um die nichtantizipierte Inflationsrate an realem Wert.

Dies gilt jedoch nicht, wenn die Inflationsrate schwankt, somit die tatsächliche Preisniveauentwicklung nicht vorhersehbar ist. In diesem Falle vergrößert sich das Risiko der einzelnen Anlageform zusätzlich, da nun neben die Unsicherheit des nominellen Ertrages noch die Unsicherheit der tatsächlichen Inflationsrate tritt. Es wird dann sowohl die Ertrags- als auch die Risikokomponente von der inflationären Entwicklung beeinflußt, wobei außerdem die Auswirkungen der Geldwertänderung bei den einzelnen Vermögensformen unterschiedlich sein können.

Daher sollen im folgenden die Effekte eines Inflationsprozesses auf Ertrag und/oder Risiko der einzelnen Vermögensformen — Realvermögen und Geldvermögen — aufgezeigt werden. Als nächster Schritt wird dann abzuleiten sein, ob die Reaktionen der Wirtschaftssubjekte auf diese Entwicklung eine Zu- oder Abnahme der entsprechenden Vermögensform am Gesamtvermögen erwarten lassen.

Ausgangspunkt der Analyse ist der Einfluß einer Geldwertverschlechterung auf die Bildung von Konsumtivvermögen, d. h. auf den Erwerb langlebiger Konsumgüter. Anschließend soll dann untersucht werden, welche Effekte die Geldwertveränderung auf die Formen des Vermögens hat, die der Wertaufbewahrung bzw. der Ertragserzielung dienen. Hierbei wird zwischen Realvermögen und monetärem Vermögen zu unterscheiden sein.

3.2. Auswirkungen der Geldwertveränderung auf die Bildung von Konsumtivvermögen

Hinsichtlich der Wirkungen von Geldwertänderungen auf den Erwerb langlebiger Konsumgüter sind zwei Einflußrichtungen zu unterscheiden, einmal die direkten Auswirkungen der Preisentwicklung auf die Entscheidung zum Erwerb dieser Güter, zum anderen der indirekte Einfluß, der von einer Inflation auf die Einkommensentwicklung ausgehen kann, und darüber möglicherweise die Konsumtivvermögensbildung beeinflußt. Wenden wir uns zunächst den Auswirkungen der Preisentwicklung zu, die direkt die Entscheidung beeinflussen.

Geht man davon aus, daß die Wirtschaftssubjekte nicht mehr der Geldillusion im obigen Sinne unterliegen, so reagieren sie gemäß ihren jeweiligen Preiserwartungen auf einen Inflationsprozeß.

Rechnen die Wirtschaftseinheiten für die Zukunft mit zunehmenden Preissteigerungsraten, so bedeutet dies eine Verteuerung der für die Zukunft geplanten Aufstockung des Konsumtivvermögens. Die vom Wirtschaftssubjekt angestrebten Nutzeneinheiten werden teurer. Betrachtet man die erwarteten Preissteigerungen als zukünftige Nutzeneinbuße — denn bei gleichem Preis erhält die Wirtschaftseinheit morgen weniger Nutzeneinheiten —, so verringert sich in der Zukunft der Nutzenertrag des Konsumtivvermögens, was gemäß der Präferenzordnung dazu führt, daß in zukünftigen Portfolios diese Vermögensform c. p. in geringerem Umfang vertreten sein wird. Das Wirtschaftssubjekt wird versuchen, die Kaufentscheidung vorzuziehen, denn die Nutzeneinbuße in der Zukunft kann mit einem zusätzlichen Nutzen in der Gegenwart gleichgesetzt werden, wodurch sich bei Vorverlegung des Kaufes der Gegenwartsertrag erhöht. Der Ertrag der Konsumtivvermögensbildung verbessert sich c. p. gegenüber den anderen Vermögensformen, die heutige Vermögensstruktur wird zugunsten des Konsumtivvermögens geändert, der Anteil der übrigen Vermögensobjekte am Portfolio nimmt ab.

Ähnliches gilt umgekehrt im Falle, daß für die Zukunft Preisrückgänge erwartet werden. Der Kauf des Konsumtivvermögens heute würde im Vergleich zum späteren Erwerb eine Einbuße von Nutzeneinheiten bedeuten. Folglich sinkt der Ertrag der heutigen Anlage in dieser Vermögensform. Die Wirtschaftseinheiten werden ihre Kaufentscheidungen zurückstellen, der Anteil der übrigen Vermögensformen am Portfolio wird zunehmen.

Bei einer zyklischen Entwicklung mit Preissteigerungen und Preisrückgängen wird auch die Bildung von Konsumtivkapital derartige Schwankungen aufweisen, da die Erwartungen der Wirtschaftssubjekte ebenfalls mit den Inflationsraten variieren können.

Geht die Entwicklung des Inflationsprozesses stetig vor sich, dann werden mit der Zeit die Erwartungen der Wirtschaftseinheiten dahin tendieren, daß sich diese Entwicklung in gleicher Weise weiter vollzieht. In diesem Falle steht zu erwarten, daß die Bildung von Konsumtivvermögen durch den Prozeß der Inflationierung nicht betroffen wird, sofern sich die Präferenzordnung durch eine permanente Geldentwertung nicht generell zugunsten der Sachvermögensbildung verändert. Es könnte eventuell ein einmaliger Schub der Konsumtivvermögensbildung zu Beginn dieses Prozesses auftreten, der aber wiederum in eine stetige Akkumulation von Konsumtivkapital einmündet.

Nun ist die Entscheidung über den Erwerb langlebiger Konsumgüter in erheblichem Umfang auch einkommensabhängig, so daß sich bei einem Einfluß der Inflation auf die Einkommensentwicklung auch noch ein indirekter Effekt auf die Bildung von Konsumtivvermögen ergeben kann. Dies sei im folgenden kurz aufgezeigt. Eine derartige Wirkung entsteht aus der Möglichkeit, daß das Einkommen — aus welchen Quellen auch immer es stammt — durch die inflationäre Entwicklung in seinem realen Wert verändert bzw. unsicher wird, das Wirtschaftssubjekt also einem inflationsbedingten Einkommensrisiko gegenübersteht. Seine Reaktion ist nun von zwei Effekten abhängig[69]: Ein Anstieg im Risikograd schreckt das Wirtschaftssubjekt ab, sein Einkommen einem möglichen Kapitalwertverlust bei verzinslicher Anlage auszusetzen, hat also die Tendenz, die Konsumtivvermögensbildung zu erhöhen. Andererseits führt das erhöhte Risiko bei risikoscheuen Wirtschaftseinheiten dazu, daß diese mehr Vermögensteile den nicht-konsumtiven Formen der Vermögensbildung zuführen, um einen Schutz gegen ein eventuell niedrigeres zukünftiges Konsumniveau zu erhalten. Dieser negative Einkommenseffekt führt zu einer verstärkten Vermögensbil-

---

69 Vgl. dazu A. Sandmo: The Effect of Uncertainty on Saving Decisions, in: REStud Vol. 37 (1970), S. 357 f.; für eine mathematische Ableitung vgl. ebenda, S. 357.

dung bei den verzinslichen Formen. Es ist nun eine Frage der Risikoabneigung, ob der Substitutionseffekt und damit die Konsumtivvermögensbildung oder der Einkommenseffekt und damit die Bildung von Nichtkonsumtivvermögen überwiegt.

Es zeigt sich so, daß die Art der Preiserwartungen eine wesentliche Determinante der Konsumtivvermögensbildung darstellt. Wird eine einmalige Preiserhöhung in der Zukunft erwartet, so sind die Wirtschaftssubjekte bestrebt, ihre Kaufentscheidungen soweit möglich zeitlich vorzuverlegen und damit den Anteil des Konsumtivvermögens am Portfolio zu erhöhen. Stellt sich jedoch heraus, daß das Preisniveau trendmäßig ansteigt, dann wird die Konsumtivvermögensbildung tendenziell kaum davon berührt sein, da die Möglichkeit begrenzt ist, Konsumentscheidungen zeitlich zu verlagern. Vollzieht sich die Verschlechterung des Geldwertes allerdings unter variierenden Inflationsraten, so ist wahrscheinlich, daß auch die Bildung von Konsumtivvermögen in dieser Weise erfolgt.

Inwieweit nun die nichtkonsumtive Sachvermögensbildung von der Geldentwertung beeinflußt wird, soll im nächsten Abschnitt untersucht werden. Dabei entscheidet der Einfluß der Inflation auf Ertrag und Risiko dieser Vermögensteile sehr wesentlich darüber, in welcher Weise die Reaktionen auf die Geldentwertung in diesem Vermögensbereich ausfallen.

3.3. Auswirkungen von Geldwertveränderungen auf die übrigen realen Vermögensaktiva

3.3.1. Vorbemerkungen

In diesem Abschnitt gilt es zu untersuchen, in welcher Weise Veränderungen des Geldwertes Ertrag und Risiko der nichtkonsumtiven realen Vermögensaktiva beeinflussen, und welche Reaktionen der Wirtschaftssubjekte daraufhin wahrscheinlich erscheinen. Eine generelle Aussage über die Reaktionen läßt sich jedoch erst dann vornehmen, wenn auch die Inflationswirkungen auf Ertrag und Risiko der übrigen Vermögensobjekte — der monetären Aktiva — bekannt sind.

Von einer Werterhaltung sei in diesem Rahmen dann gesprochen, wenn c. p. der Wert dieser realen Aktiva — gemessen in Geldeinheiten — im selben Ausmaß steigt, wie der Geldwert — gemessen in einem Preisindex — sinkt.

Zu den wesentlichen Bestandteilen des nichtkonsumtiven Sachvermögens im privaten Haushalt zählen der Besitz von Immobilien — sei es in der Form von Grundstücken, Wohnraum oder Zertifikaten — und die Vermögensanlage in Form von Unternehmensbeteiligungen, wobei der Aktienbesitz die vorherrschende Form darstellt.

Stellvertretend für das Produktivvermögen sollen zunächst die Auswirkungen von Geldwertänderungen auf die Aktienkurse dargestellt werden, da die Marktbewertung der Aktie aufgrund ihres Anspruchs auf das Produktivkapital ein guter Indikator für die allgemeine Wertentwicklung des Produktivvermögens ist. Des weiteren gilt es, in diesem Abschnitt die Auswirkungen einer inflationären Entwicklung im Bereich der Immobilien aufzuzeigen.

3.3.2. Die Auswirkungen von Geldwertschwankungen auf die Aktienkurse[70]

Um Aussagen machen zu können, wie sich Geldwertänderungen auf Aktienkurse auswirken, müssen zunächst die Hauptdeterminanten für die Kursentwicklung dargestellt werden[71]. Herkömmlicherweise wird angenommen, daß ein Wirtschaftssubjekt einen Kurs zu zahlen bereit ist, der dem Gegenwert der zukünftig erwarteten Dividendenzahlung zuzüglich des erwarteten Kursanstieges entspricht. Dies läßt sich formal schreiben als:

$$K_t = \frac{D^e_{t+1}}{(1+R)} + \frac{D^e_{t+2}}{(1+R)^2} + \ldots \frac{D^e_{t+n}}{(1+R)^n} + \frac{K^e_{t+n}}{(1+R)^n} \quad {}^{72}$$

Die beiden Hauptdeterminanten für die Aktienkursentwicklung sind somit die erwartete Dividende und der Nominalzins, wobei eine Dividendenerhöhung positive und eine Zinserhöhung negative Wirkungen auf den Kurzwert hat.

---

70 Vgl. W. M. Keran: Expectations, Money and the Stock Market, in: Review — Federal Reserve Bank of St. Louis Vol. 53 (1971), No. 1, S. 16 ff.

Ähnliche Modelle verwenden auch B. Malkiel und J. G. Cragg: Expectations and the Price Structure of Share Prices, in: AER Vol. 60 (1970), S. 601 ff.; G. R. Fisher: Some Factors Influencing Share Prices, in: EJ Vol. 71 (1961), S. 121 ff.

71 Teilweise wird in der Literatur die These vertreten, die Aktienkurse entwickelten sich nach dem Zufallsprinzip, d. h. es seien keine systematischen Einflußfaktoren vorhanden (Random-Walk-Hypothese; vgl. dazu I. M. Little und A. C. Rayner: Higgledy Piggledy Growth Again, New York 1966). A. G. Kemp und G. C. Reid haben jedoch in der jüngsten Zeit nachgewiesen, daß zumindest für Großbritannien die Hypothese der zufälligen Entwicklung der Aktienkurse nicht gilt.

Vgl. dieselben: The Random Walk Hypothesis in the Recent Behaviour of Equity Prices in Britain, in: Economica Vol. 38 (1971), S. 28 ff.

72 Die Symbole bedeuten: K = Kurs, D^e = erwartete Dividende, R = Nominalzinssatz, n = Anlagezeitraum.

Berücksichtigt man, daß die Dividende nur der ausgeschüttete Teil des zukünftigen Unternehmensertrages ist, und daß der nicht ausgeschüttete Ertrag als Erhöhung des Unternehmensvermögens sich in erwarteten Kurssteigerungen niederschlagen muß, dann läßt sich obige Gleichung umformulieren in

$$K_t = \frac{\sum_{i=1}^{\infty} E^e_{t+1}}{(1+R)^i},$$

wobei E^e den erwarteten zukünftigen Unternehmensgewinn bezeichnet. Änderungen im Geldwert wirken dann über diese beiden Kursdeterminanten auf den Wert dieser Vermögensanlage. Das wird deutlich, wenn man obige Gleichung umformuliert in

$$K_t = \frac{\sum_{i=1}^{\infty} E^{*e}_{t+i}(1+\dot{p}^e)}{(1+R^*)^i\,(1+p^e)^i}$$

wobei p^e die Inflationserwartungen, E^{*e} den erwarteten Realertrag und R^* die gegenwärtige reale Verzinsung kennzeichnet. Je nachdem, wie die Inflationserwartungen die Ertragsaussichten und die Verzinsung beeinflussen, zeichnet sich für den Aktionär im Inflationsverlauf eine Verbesserung, ein Gleichbleiben oder eine Verschlechterung des Aktienertrages ab. Die Beeinflussung dieser Größe ist somit einmal abhängig von den Auswirkungen der Inflationserwartungen auf den für die Abdiskontierung zukünftiger Unternehmenserträge relevanten Zins und zum anderen von den Auswirkungen der Inflation auf die Ertragskraft des Produktivvermögens.

Wenden wir uns zunächst der Ertragskraft zu. Entscheidend für die Auswirkungen einer Geldentwertung auf diese Größe ist die Art des Inflationsprozesses. Kann der Inflationstypus als demand-pull-inflation gekennzeichnet werden, d. h. existiert zu den gegebenen Preisen eine Nachfrage, die permanent größer als das Angebot ist, so kann man erwarten, daß die Unternehmen mit kontinuierlichen Preiserhöhungen versuchen, Angebot und Nachfrage zum Ausgleich zu bringen[73]. Sofern die Kostenentwicklung, die von der gewerkschaftlichen Lohn- und der staatlichen Konjunkturpolitik entscheidend beeinflußt wird, hinter der

[73] Vgl. dazu und zum folgenden H. Wielens: Schützt die Aktie vor der schleichenden Inflation?, in: ZfgesKw, 22. Jg. (1969), S. 778.

Preisentwicklung herhinkt, werden die erwarteten Nominalerträge stärker als der Nominalzins steigen. Der Kurs der Aktie, d. h. der Nominalwert des Produktivvermögens nimmt zu; dies ist um so eher der Fall, je weniger eine Antizipation der inflationären Entwicklung seitens der übrigen Wirtschaftssubjekte erfolgt. Dadurch kann die unternehmerische Inflationserwartung ($\dot{p}^e$ im Zähler) größer sein als die der übrigen Wirtschaftssubjekte ($\dot{p}^e$ im Nenner). Die inflationäre Entwicklung verbessert in dieser Situation sogar die realen Ertragsaussichten der Anlage in Aktien. Ein derartiges Ergebnis ist bei einer nachfrageinduzierten Inflation sehr wahrscheinlich, berücksichtigt man, daß die Unternehmen mit den Preisen relativ schnell reagieren können, der Zins sich jedoch langsam an die inflationäre Entwicklung anpaßt, da es mehrere Gruppen sind, die ihn durch ihr Verhalten beeinflussen.

Eine andere Situation ergibt sich im Falle einer durch autonome Lohnkostensteigerungen ausgelöste cost-push-inflation[74], wenn trotz des wage-push die durch die Einkommenssteigerungen bedingte Nachfrageerhöhung geringer ausfällt, als notwendig wäre, damit bei den Unternehmen keine Gewinneinbußen auftreten. Gelingt es den Unternehmen nicht, über die Preispolitik bzw. andere Maßnahmen die Lohnkostenentwicklung auszugleichen, dann führt dies zu einem negativen Einfluß auf die Aktienkurse, da die nominalen Gewinnerwartungen relativ zu den Nominalzinssätzen abnehmen werden.

Versucht in einer solchen Situation die Notenbank durch Restriktionspolitik mittels hoher Nominalzinsen die Geldwertstabilität zu verteidigen, so wird der negative Einfluß der Geldentwertung auf die erwartete Realertragsentwicklung noch verstärkt. Denn das geldpolitische Instrumentarium der Notenbank setzt bei der Nachfrage an und verhindert somit die Chancen, die Kostensteigerungen in den Preisen weiterzugeben. Hinzu kommt außerdem, daß die geldpolitischen Instrumente zu nominellen Zinssteigerungen führen, die unabhängig von den Inflationserwartungen der Wirtschaftssubjekte sind, und damit zum einen den Nominalertrag weiter verringern, wobei besonders die Unternehmen getroffen werden, die in erheblichem Umfang auf Fremdfinanzierung angewiesen sind, zum anderen auch noch den Abzinsungsfaktor erhöhen. Insgesamt ist somit ein negativer Einfluß einer kosteninduzierten Inflation auf den Realwert des Aktienvermögens zu erwarten. In einer solchen Situation wären mit steigenden Preisen sinkende Kurse verbunden.

Sofern es sich bei der Inflationsursache um Nachfrageverschiebungen handelt, die bei Preisrigiditäten zu einer inflationären Entwicklung

---

74 Sofern es sich um einen profit-push — eine Gewinninflation — handelt, der sich von der Nachfrageseite her durchsetzen läßt, gilt das gleiche wie für die nachfrageinduzierte Inflation.

führen, sind Nachfrage- und Kostenelemente enthalten. Je nachdem, welche Inflationselemente die Unternehmen beeinflussen, deren Aktien im Gesamtvermögen enthalten sind, wird der Wert des Aktienportefeuilles im Zuge des Inflationsprozesses steigen oder fallen.

Dauert eine inflationäre Entwicklung längere Zeit mit der gleichen Inflationsrate an, so daß die erwartete Inflationsrate der aktuellen entspricht, und haben alle Wirtschaftseinheiten ihr Verhalten dementsprechend ausgerichtet, dann bleibt der reale Kurswert der Aktien von der inflationären Entwicklung unberührt, da der positive Effekt, der von den Ertragserwartungen auf den Kurs ausgeht, genau ausgeglichen wird durch den negativen Effekt der inflationsbedingten Zinserhöhung[75].

So läßt sich zusammenfassend für den Wert der Aktien sagen: Sofern eine nachfrageinduzierte Inflation von allen agierenden Wirtschaftssubjekten voll und richtig antizipiert wird, sind daraus keine Wirkungen auf den Realwert der in Aktien gebundenen Vermögensteile zu erwarten, d. h. der Realwert bzw. der Realertrag des von den Aktien repräsentierten Realvermögens bleibt erhalten. Wird die Inflation nicht vollständig antizipiert, so ergeben sich bei einer nachfrageinduzierten Inflation Realertragsverbesserungen und damit eine Erhöhung des Aktienwertes. Im Falle einer beispielsweise lohninduzierten Kosteninflation ist bei fehlenden Überwälzungschancen mit Realertragseinbußen und damit einer Verringerung des Aktienwertes zu rechnen.

Betrachten wir unter diesem Aspekt die Entwicklung der Aktienkurse in der Bundesrepublik von 1962 (= 100) bis 1970 (Tabelle 1), so zeigt sich zunächst bis 1964 ein Anstieg des Kursniveaus um 12 Prozent, dem bis 1966 ein erheblicher Rückgang folgte. Von diesem Zeitpunkt an stiegen die Kurse bis zum Jahre 1969 stark an, um dann 1970/71 wieder erheblich nachzugeben. Insgesamt gesehen konnte ein Wirtschaftssubjekt, das 1962 Aktien erworben und diese immer im Portefeuille gehalten hat, bis 1970 eine Wertzunahme von 23 Prozent verbuchen. Während des gleichen Zeitraumes nahmen die Lebenshaltungskosten um 23,7 Prozent zu. Berücksichtigt man noch die Dividendenzahlung in dieser Periode, dann kommt man zu dem Ergebnis, daß der Realwert der Anlage gerade erhalten blieb.

Diese Aussage gilt jedoch nicht mehr, wenn ein Wirtschaftssubjekt beispielsweise 1964/65 Aktien erworben hat und diese 1970 verkaufen mußte. Die Wertsteigerung in diesem Zeitraum reicht nicht aus, um den Realwert zu erhalten. Erfolgte die Anlage jedoch 1966, so konnte

[75] Vgl. M. W. Keran, a.a.O., S. 19, S. 24. Seine empirischen Ergebnisse für die USA 1956—1970 zeigen insgesamt einen negativen Einfluß der Inflation auf den Kurswert der Aktie.

das Wirtschaftssubjekt bis 1970 eine Nominalwertsteigerung von nahezu 40 Prozent realisieren, also weit mehr als die Geldentwertung in diesem Zeitraum betrug[76]. Die erheblichen Kursschwankungen machen deutlich, daß die Werterhaltung — also der Inflationsschutz — dieser Vermögensform erheblich von Elementen beeinflußt wird, die weniger im monetären als vielmehr im realen Bereich zu suchen sind.

Tabelle 1

	Index für Aktienkurse (Jahresdurchschnitt) Kurs 1962 = 100a)	Preisindex für Lebenshaltung 4-Personen-Arbeitnehmer-Haushalt mit mittlerem Einkommen des alleinverdienenden Haushaltsvorstandes Gesamtlebenshaltungb)
1962	100	100,0
1963	100	103,0
1964	112	105,4
1965	102	109,0
1966	88	112,8
1967	92	114,4
1968	121	116,1
1969	134	119,3
1970	123	123,7

a) *Quelle:* Leistung in Zahlen '70; Hrsg.: Bundesministerium für Wirtschaft und Finanzen, Juni 1971, S. 49.
b) *Quelle:* Statistisches Jahrbuch für die Bundesrepublik Deutschland; verschiedene Jahrgänge.

Damit ist auch gleichzeitig die zweite Größe der Anlageentscheidung angesprochen, das Risiko, die Sicherheit der Erträge. Bei der Ableitung der Inflationswirkungen sind wir bisher davon ausgegangen, daß sich die Geldentwertung stetig vollzieht, und zu dem Ergebnis gekommen, daß eine nachfrageinduzierte sowie eine kosteninduzierte Inflation mit Überwälzungsmöglichkeiten den realen Wert des Aktienbesitzes zumindest nicht verschlechtern.

Weist die inflationäre Entwicklung jedoch variierende Inflationsraten auf, so gilt die obige Aussage nur eingeschränkt, da nun auch die Erträge schwanken können, also ein zusätzliches Risiko auftritt. Allerdings handelt es sich in diesem Falle um positive Abweichun-

[76] Diese Beobachtungen sollen nur darauf hinweisen, in welcher Richtung sich die realen Werte des Aktienbesitzes im genannten Zeitraum entwickelt haben. Man muß sich dabei im klaren sein, daß Beobachtungen in der Realität auch immer gleichzeitig die Ergebnisse von Reaktionen der Wirtschaftssubjekte sind, so daß eine genaue Trennung von Ursache und Wirkung nicht mehr möglich erscheint. Aus diesem Grunde sind derartige Beobachtungen auch nur als Veranschaulichung gedacht, sie können nicht dazu dienen, als empirische Beweise für die theoretischen Aussagen zu gelten.

gen, sofern gilt, daß bei einer nachfrageinduzierten Inflation die Preise schneller als die Kosten reagieren. Liegt jedoch eine kosteninduzierte Inflation vor, ohne daß Überwälzungsmöglichkeiten vorhanden sind, führen wechselnde Inflationsraten zu negativen Abweichungen des Ertrages vom langfristigen Durchschnitt.

Diese geldwertbedingten Variationen verlieren aber im Vergleich zu anderen Größen an Bedeutung, die die Hauptursachen für die Kursschwankungen und damit das spezielle Risiko des Realvermögens darstellen, nämlich dem technischen Fortschritt mit dem Risiko der technischen Veraltung und der Konjunktur[77] mit dem Risiko einer vollen Auslastung des Produktionspotentials. Beide Risikoarten sind speziell bei dieser Vermögensform zu finden. Hinzu kommt noch das Konkursrisiko, das jedoch auch bei festverzinslichen Wertpapieren gegeben ist, sofern diese nicht vom Staat emittiert werden. Diese Größen richtig in ihrem Einfluß auf die Kursentwicklung einzuschätzen, setzt ein hohes Maß an Verständnis für wirtschaftliche Zusammenhänge, aber auch an Informationen voraus. Dies ist wohl auch ein Grund dafür, daß es im wesentlichen die Bezieher höherer Einkommen sind, die Teile ihres Vermögens in dieser Form anlegen[78].

Diese Gruppe ist eher in der Lage, die genannten Risiken zu tragen, denn sie hat einmal in der Regel in größerem Umfang die Möglichkeit, sich die notwendigen Informationen zur Beurteilung dieser Vermögensform zu verschaffen, zum anderen die Mittel, um durch Mischung der Realaktiva deren Risiko im Portfolio zu reduzieren.

Wie im ersten Teil gezeigt wurde, hängt die Höhe des Portfoliorisikos neben dem Risiko der einzelnen Anlageform auch von der Zusammensetzung sowie der Gleich- oder Gegenläufigkeit der Ertragsschwankungen der einzelnen im Portefeuille befindlichen Vermögensobjekte ab[79]. Ist bei einer Anlage in Aktien die Risikoquelle zwar die gleiche, so können die dadurch bedingten Kursschwankungen bei den einzelnen Papieren dennoch von einander abweichen, so daß durch entsprechende Streuung der Anlage in Aktien das Risiko dieser Ver-

---

[77] Hinsichtlich der Ursache für die konjunkturelle Entwicklung soll hier keine Stellung bezogen werden, es sei aber darauf hingewiesen, daß es Konjunkturtheorien gibt, die den Ursprung der zyklischen Sozialproduktsschwankungen im monetären Bereich begründet sehen. Akzeptiert man diese Vorstellung, so ist zumindest hinsichtlich der Risikoquellen eine genaue Trennung zwischen Geldwert- und Konjunkturrisiko nicht mehr möglich, somit auch keine genaue Trennung der Vermögensarten mittels spezieller Risikoquellen. Im folgenden sei jedoch davon ausgegangen, daß eine exakte Trennung zwischen Geldwert- und Konjunkturrisiko möglich ist.

[78] Vgl. M. Euler: Wertpapierbestände privater Haushalte am Jahresende 1969, in: WiSta 1971, S. 199 ff.; speziell Tabelle 3, S. 202.

[79] Vgl. S. 18 ff. dieser Arbeit.

mögensform verringert werden kann. Welchen Einfluß nun die Ertragsschwankungen beim Aktienbesitz auf das gesamte Portfoliorisiko haben, hängt von der Entwicklung bei den übrigen im Portefeuille enthaltenen Anlageformen ab.

Für die Anleger der unteren und mittleren Einkommensschichten ergibt sich über Investmentfonds die Möglichkeit, Teile ihres Vermögens in Aktienbesitz anzulegen. Diese Fonds bieten neben der Möglichkeit, kleinere Beträge anlegen zu können, eine Verringerung des den Aktien immanenten Risikos, da sich die speziellen Risiken innerhalb des Fonds teilweise ausgleichen, ein Ausgleich, der sonst im Portfolio des einzelnen Wirtschaftssubjektes erfolgen müßte.

Das Risiko der Auslastung des Produktionspotentials und der technologischen Veraltung wird durch den Inflationsprozeß kaum berührt werden, es sei denn man unterstellt eine Abhängigkeit der konjunkturellen Entwicklung von der Geldwertentwicklung, was hier jedoch nicht geschehen soll. So wird für die Vermögensanlage in Aktien ein Geldwertrisiko nur eintreten, sofern eine nicht voll überwälzte kosteninduzierte Inflation vorliegt.

Dies bedeutet jedoch nicht, daß sich in allen anderen Fällen der nominelle Ertrag aus dieser Vermögensanlage parallel zur Inflationsrate entwickeln muß. Es kann im Inflationsprozeß aufgrund der anderen dominierenden Risikoquellen durchaus zu einer Realertragsminderung kommen, die dann auf die ganz speziellen Risiken dieser Vermögensform zurückzuführen ist, nicht jedoch ursächlich dem Geldwertrisiko zugeschrieben werden kann.

Welche Anpassungsreaktionen aufgrund dieser Zusammenhänge sind zu erwarten? Geht man davon aus, daß sich der Realertrag der Aktien im Inflationsprozeß relativ zu dem der anderen Aktiva verbessert, entweder weil der Realertrag des Aktienbesitzes gestiegen oder derjenige der anderen Anlageformen zurückgegangen ist, so werden die Wirtschaftssubjekte bei gleichbleibendem Risiko, d. h. unverändert gebliebenen Kursschwankungen, verstärkt die Aktienanlage suchen, da sich die Ertrag-Risiko-Relation verbessert hat. Die verstärkte Anlage von Vermögensteilen in dieser Form erhöht — sofern vor der günstigeren Ertragsentwicklung das Portfolio im Gleichgewicht war — das Risiko des Portefeuilles überproportional zur Erhöhung des Anteils am Gesamtvermögen, da nun mehr Aktien mit der prinzipiell gleichen Risikoquelle im Portefeuille enthalten sind und damit die Gefahr gleichläufiger Ertragsschwankungen zunimmt.

Wir hatten abgeleitet, daß sich das Gesamtrisiko eines Portfolios aus den Varianzen der einzelnen Anlageobjekte — gewichtet mit ihren Anteilen am Gesamtportfolio — und den Covarianzen der einzelnen

Aktiva ergibt. Steigt der Anteil der Aktien am Portfolio, so steigt das Gesamtrisiko einmal durch das spezielle Risiko der Aktien. Zum anderen nimmt auch die Covarianz zu, die die Gleichläufigkeit in der Ertragsentwicklung der verschiedenen Anlageformen mißt, da infolge derselben Risikoquellen sich das Kursniveau der Aktien trotz Sonderbewegungen im allgemeinen gleichläufig entwickelt. Diese überproportionale Risikoerhöhung führt nun dazu, daß im Zuge des Inflationsprozesses der Anteil der Aktien am Gesamtvermögen der Wirtschaftseinheiten zwar zunehmen, diese Zunahme aber unterproportional zur Verbesserung der Ertrag-Risiko-Relation ausfallen wird.

Schmälert jedoch die Art der inflationären Entwicklung die Ertragsaussichten des Produktivkapitals, dann führt dies zu einer Verschlechterung der Ertrag-Risiko-Relation, die Wirtschaftssubjekte werden ihren Aktienbesitz reduzieren. Aus den gleichen Gründen wie oben wird die Verringerung des Anteils unterproportional zur Verschlechterung der Ertrag-Risiko-Relation ausfallen.

Zusammenfassend läßt sich für den Aktienbesitz damit sagen, daß bei zunehmend richtiger Antizipation des Geldentwertungsprozesses die Aktie c. p. einen guten Schutz gegen die Inflation darstellt, daß die Wirksamkeit dieses Schutzes jedoch von den besonderen Risikokomponenten dieser Anlageform abhängig ist. Die Wirtschaftssubjekte werden bei einer nachfragedeterminierten Geldentwertung tendenziell ihre Anlagen in diese Vermögensform verstärken, wobei die Barriere des speziellen Risikos durch die Investmentfonds auch für die kleinere Beträge Anlegenden überwunden wird.

Liegt eine kosteninduzierte Inflation vor, so können auch bei richtiger Antizipation Ertragseinbußen auftreten; das Geldwertrisiko tritt neben das technologische und konjunkturelle Risiko und hat somit einen negativen Einfluß auf das Anlageverhalten.

3.3.3. Konsequenzen der Geldwertschwankungen für den Immobilienbesitz

Die Entwicklung der Quadratmeterpreise für Bauland zeigt im Zeitraum von 1962 bis 1971 mehr als eine Verdoppelung der Baulandpreise von DM 11,54 auf DM 27,20 je Quadratmeter (Tabelle 2). Bei einem Anstieg des Preisindex für Lebenshaltung im gleichen Zeitraum von 30,4 % bedeutet dies eine enorme Realwertsteigerung für den Besitz von baureifem Land. Selbst wenn diese Entwicklung infolge der hohen Baulandnachfrage die Obergrenze dessen darstellt, was als Realwertgewinn bei Grundstücken zu erreichen ist, so gilt die Anlage von Vermögensteilen in den Grundbesitz doch als „inflation hedge“ par excellence[80].

Welche Entwicklung des Realwertes von Grundbesitz ist im Zuge eines inflationären Prozesses zu erwarten? Welche Vermögensdispositionen ergeben sich daraus? Die Tatsache, daß es sich bei diesem Aktivum um ein reales Gut handelt, läßt c. p. zumindest eine gleichlaufende Entwicklung zwischen Nominalwert und Preisniveau vermuten.

Tabelle 2

Entwicklung der Baulandpreise in der BRD im Zeitraum 1962—1970

	Baulandpreise DM/qm a)	Index	Index für Lebenshaltungskosten
1962	11,54	100,0	100,0
1963	13,41	116,2	103,0
1964	14,25	123,5	105,4
1965	17,04	147,7	109,0
1966	18,93	163,2	112,8
1967	20,68	179,2	114,4
1968	22,52	195,1	116,1
1969	23,38	206,0	119,3
1970	25,35	219,6	123,7
1971	27,20	235,7	130,4

a) *Quelle:* Statistisches Jahrbuch für die Bundesrepublik Deutschland 1971, Wiesbaden 1971, S. 438, S. 438; Statistisches Jahrbuch für die Bundesrepublik Deutschland 1972, Wiesbaden 1972, S. 451.

Die Knappheit des Bodens, die aus seiner Unvermehrbarkeit resultiert, führt bei steigenden Bevölkerungszahlen zu einer zusätzlichen von der Geldwertentwicklung unabhängigen Wertsteigerung. Diese wird je nach der Bodenqualität — Bauland oder nicht — und Lage des Grundstücks unterschiedlich sein, so daß die Besitzer günstig gelegenen Baulandes sowohl eine Qualitäts- als auch eine Lagerente im Sinne der klassischen Grundrententheorie erzielen können[81].

Diese Wertsteigerung ist jedoch nur dann von Bedeutung, wenn der Grundbesitz mit der Absicht der Weiterveräußerung erworben wird. Solange der Eigentümer sein Grundstück selbst nutzt, schlägt die Wertsteigerung nicht zu Buche, da dem erhöhten, jedoch nicht realisierten

80 Vgl. K. Köble: Die Wirkung von Preissteigerungen auf den Realwert bestehenden Vermögens, Diss. Freiburg/Br. 1969, S. 71.

81 Dieser Realwertzuwachs ist jedoch erheblich von der Art der Besteuerung abhängig. Sofern diese — wie in der Bundesrepublik — nach festgelegten Einheitswerten erfolgt, gilt das Gesagte ohne Einschränkung. Wird jedoch eine Besteuerung nach dem nominellen Verkehrswert vorgenommen, dann wird auch ein Teil der inflationsbedingten Wertsteigerung miterfaßt. Der Grundbesitz ist nur dann noch ein Inflationsschutz, wenn die Knappheit den Marktwert stärker als die Inflationsrate steigen läßt.

Nominalwert ein entsprechend höherer entgangener Gewinn aus Verpachtung gegenübersteht, der bei Eigennutzung kalkulatorisch zu berücksichtigen ist. Erst bei Veräußerung des Vermögensobjektes wird der Wertzuwachs realisiert.

Insgesamt gesehen zeigte die vergangene Wertentwicklung, daß der Besitz von Boden einen recht guten Schutz gegen eine schleichende Geldentwertung bot, der auch für die Zukunft zu erwarten ist. Bedingt durch die kontinuierliche Zunahme des Einkommensniveaus steigt außerdem der Wunsch nach eigenem Wohnraum und damit nach eigenem Boden, was tendenziell eine zunehmende Nachfrage erwarten läßt. Die Eigentümer von Grundstücken bzw. von Anteilsrechten an Immobilien können somit von einem positiven — wenn nicht sogar steigenden — Realertrag ihrer Vermögensanlage auch bei einer weiteren Geldwertverschlechterung ausgehen.

Das Risiko dieser Anlageform besteht im wesentlichen in der Unsicherheit hinsichtlich der Liquidisierbarkeit zum beabsichtigten Zeitpunkt und in der Höhe des Wertzuwachses[82]. Es ist durchaus denkbar, daß sich im konjunkturellen Verlauf Schwankungen im Wertzuwachs und im Grad der Liquidisierbarkeit ergeben können.

Die im Vergleich zu anderen Anlageformen geringe Mobilität läßt zwar erwarten, daß nur ein bestimmter Teil des Vermögens in der Form von Grundbesitz gehalten wird. Andererseits lassen die Erwartungen einer positiven Wertentwicklung im Inflationsverlauf eine zumindest relative Besserstellung der Ertrag-Risiko-Relation vermuten. Die Wirtschaftssubjekte werden demnach eine — über den Zuwachs aufgrund der Einkommenssteigerung hinausgehende — erhöhte Realvermögensbildung in dieser Vermögensform anstreben.

Dazu ist jedoch ein erheblicher Kapitaleinsatz notwendig, so daß wahrscheinlich die Bezieher höherer Einkommen in den privaten Haushalten diese Vermögensanlage in verstärktem Umfang ausnutzen[83]. Jedoch bietet sich in zunehmendem Maße für den „kleinen" Sparer die Möglichkeit, über den Erwerb von Immobilienzertifikaten mittelbar Grundbesitz zu erwerben und so an dessen Realwertsteigerungen teilzunehmen[84]. Diese Immobilienfonds haben in der Bundesrepublik bis

---

[82] Ein weiteres Risiko in der BRD besteht zur Zeit darin, wie in Zukunft der Wertzuwachs steuerlich behandelt wird. Hier können sich in der Übergangsphase von einer Besteuerungsform zu einer anderen erhebliche Auswirkungen auf das Anlageverhalten ergeben.

[83] Vgl. dazu M. Euler: Ausgewählte Vermögensbestände privater Haushalte am Jahresende 1969, in: WiSta 1970, S. 611.

[84] Vgl. dazu o. V.: Grundbesitz per Zertifikat, in: Wirtschaftswoche / Der Volkswirt, Nr. 11 vom 12. 3. 1971, S. 64 ff.

jetzt regelmäßig ein jährliches Gesamtergebnis erwirtschaftet, das über der Inflationsrate lag.

Ähnliches gilt für den Erwerb von eigenem Wohnraum. Auch hier ergibt sich infolge kontinuierlich steigender Baupreise eine erhebliche Wertsteigerung schon bestehenden Wohnraumes. Dies wird deutlich sichtbar anhand der Mietenentwicklung (Tabelle 3). So ist der Index für Wohnungsmieten in der Bundesrepublik von 1962 bis 1971 um 78,5 Prozent gestiegen. Selbst wenn man einen Teil dieser Wertsteigerung dem kriegsbedingten Wohnungsdefizit zurechnet, so bleibt dennoch zu vermuten, daß diejenigen Vermögensbestände, die in der Form von Gebäuden und Wohnraum gehalten werden, inflationsbedingt kaum an Realwert einbüßen und daher ebenfalls einen guten Schutz gegen die Geldentwertung bieten.

Noch deutlicher wird dies, wenn wir den nominalen Verkehrswertzuwachs von Gebäude- und Wohnraumbesitz am Preisindex für Neubauten messen. Es ergibt sich zwischen 1962 und 1971 ein nominaler Wertzuwachs in Höhe von 59,0 Prozent (Tabelle 3). Im gleichen Zeitraum erhöhten sich die Lebenshaltungskosten — gemessen am Preisindex für Lebenshaltung — um 30,4 Prozent, d. h. die Geldwertverschlechterung wurde mehr als ausgeglichen durch die Nominalwertsteigerung; Vermögensteile, die in dieser Form von Immobilien angelegt wurden, konnten somit an Realwert gewinnen.

Berücksichtigt man außerdem die Finanzierungsart dieser Vermögensaktiva, dann entwickelt sich das Bild für den Immobilienbesitz noch günstiger. Der Fremdmittelbedarf dieser Gruppe von Aktiva ist in der Bundesrepublik sehr hoch, er beträgt durchschnittlich 77 Prozent, d. h. fast vier Fünftel dieser Sachvermögensbildung ist fremdfinanziert[85]. Da man davon ausgehen kann, daß ein Großteil mit zinsverbilligten Darlehen bzw. mit Krediten finanziert wurde, deren Verzinsung nicht dem tatsächlichen gleichwertigen Nominalzins (dem Realzins zuzüglich der tatsächlichen Inflationsrate) entsprach, ergibt sich daraus eine um so höhere prozentuale Wertsteigerung, die allein dem Besitzer dieser Vermögensaktiva zufällt.

Geht man davon aus, daß die Entwicklung in der Bundesrepublik durch Sondereinflüsse wie das kriegsbedingte Wohnungsdefizit hervorgerufen wurde, so zeigt doch ein Blick auf andere Staaten, daß der Immobilienbesitz allgemein einen sehr guten Schutz gegen inflationäre Entwicklungen bietet.

Die Ergebnisse der Einkommens- und Verbrauchsstichprobe aus dem Jahre 1969 deuten darauf hin, daß Haus- und Grundbesitz für die

---

85 Vgl. G. Köble, a.a.O., S. 101.

Tabelle 3

	Preisindex für Lebenshaltung 4-Personen-Arbeitnehmer-Haushalt mit mittlerem Einkommen des alleinverdienenden Haushaltsvorstandes	Preisindex für Neubau und Instandhaltung von Wohnbauten (Jahresdurchschnitt)		
	Gesamtlebenshaltung[a)]	Wohnungsmieten[b)]	Neubau[c)]	Instandhaltung[d)]
1962	100,0	100,0	100,0	100,0
1963	103,0	105,6	104,6	104,3
1964	105,4	112,1	108,6	109,0
1965	109,0	118,5	112,6	114,5
1966	112,8	129,7	116,1	118,3
1967	114,4	138,2	113,8	116,8
1968	116,1	148,4	118,8	121,4
1969	119,3	161,9	124,5	126,6
1970	123,7[d)]	168,5[d)]	143,1[e)]	142,0[e)]
1971	130,4[d)]	178,5[d)]	159,0[e)]	156,8[e)]

a) *Quelle:* Statistisches Jahrbuch für die Bundesrepublik Deutschland 1970, Wiesbaden 1970, S. 431. — b) Bei den neben Altbauwohnungen erfaßten Neubauwohnungen handelt es sich um solche, die im Rahmen des sozialen Wohnungsbaus erstellt wurden. — c) *Quelle:* Statistisches Jahrbuch für die Bundesrepublik Deutschland 1970, Wiesbaden 1970, S. 425. — d) *Quelle:* Statistisches Jahrbuch für die Bundesrepublik Deutschland 1972, Wiesbaden 1972, S. 458. — e) *Quelle:* Statistisches Jahrbuch für die Bundesrepublik Deutschland 1972, Wiesbaden 1972, S. 450.

meisten privaten Haushalte nicht ständige Einkünfte erbringen sollen[86], wenn man von Landwirten und Selbständigen absieht, die zwar aus Berufsgründen überproportional am Haus- und Grundbesitz vertreten sind[87], bei denen jedoch eine genaue Trennung von betrieblicher und privater Nutzung recht schwierig erscheint. Insgesamt gesehen ist die Gruppe von Wirtschaftseinheiten sehr klein, die allein aus Gründen des Geldwertes ihr Vermögen teilweise in Haus- und Grundeigentum anlegt. Solange diese ihren Wohnraum selbst nutzen, schlägt die inflationsbedingte Steigerung des Verkehrswertes noch nicht zu Buche. Hier steht der Erhöhung des Verkehrswertes eine Steigerung der kalkulatorischen Miete gegenüber.

Welche Reaktionen der Wirtschaftssubjekte sind zu erwarten? Steigen die Preise für die Erstellung von Wohn- bzw. Geschäftsräumen in gleicher Weise wie bisher mit einer höheren Rate als der Preisindex der Lebenshaltungskosten, dann bietet das Eigentum an Wohnraum und Geschäftsräumen einen guten Schutz gegen die inflatorische Entwicklung. Die Ertragsaussichten und damit der erwartete Ertrag wird von der Geldentwertung — berücksichtigt man, daß die Bauten zu einem erheblichen Teil fremdfinanziert werden — sicherlich positiv beeinflußt, solange die Inflation nicht vollständig im Zinssatz antizipiert wird.

Das Risiko solcher Vermögensobjekte liegt hauptsächlich im Problem begründet, sie wieder in Geld umwandeln zu können. Dies hängt jedoch weniger von der Geldwertentwicklung als von der Konjunkturphase ab, in der das Vermögensobjekt verkauft werden soll. Dabei ist zu erwarten, daß das Streben der Wirtschaftssubjekte nach inflationssicheren Vermögensanlagen sogar eher zu einem Absinken des Liquiditätsrisikos im Inflationsprozeß führt, selbst bei schlechter mit Preisniveauerhöhungen verbundener Konjunkturlage die Immobilien an Wert gewinnen. Es werden wohl hauptsächlich die Wertzuwachsraten schwanken, was insgesamt eine kontinuierliche Verbesserung des Ertrag-Risiko-Verhältnisses mit sich bringt.

Diese Entwicklung ruft eine vermehrte Anlage von Vermögensteilen im Bereich des Haus- und Grundbesitzes hervor, wobei über den Erwerb von Immobilienzertifikaten auch kleinere Beträge — je nach der Art des Immobilienfonds mit oder ohne Rückgaberecht — teilweise sogar ohne Liquiditätsrisiko in dieser Vermögensform angelegt werden können. Es ist zu erwarten, daß längerfristige Anlage im Inflationsprozeß den Anteil dieser Vermögenstitel am Gesamtportfolio zunehmen lassen wird.

---

86 Vgl. M. Euler: Ausgewählte Vermögensbestände privater Haushalte am Jahresende 1969, S. 611.

87 Vgl. derselbe, ebenda, S. 611, Tabelle 8.

3.3.4. Zusammenfassung

Bezüglich der realen Vermögensaktiva wurde deutlich, daß diese kaum dem Geldwertrisiko ausgesetzt sind, wenn von den Auswirkungen einer nur unvollkommen überwälzbaren Kosteninflation abgesehen wird. Ihr Nominalwert steigt c. p. mit dem Preisniveau, so daß sich direkt aus einem Inflationsprozeß kaum negative Auswirkungen für ihren realen Wert ableiten lassen. Dies bedeutet jedoch nicht, daß der Inflationsprozeß keine Auswirkungen auf deren realen Wert haben kann; es ist durchaus denkbar, daß der Geldentwertungsprozeß andere, diesen Formen immanente Risikoquellen und damit indirekt auch den Wert des Realvermögens berührt.

Dennoch kann man bezüglich des nominellen Ertrages realer Vermögensformen erwarten, daß dieser tendenziell im Ausmaß der Preisniveausteigerungen zunimmt, bei einigen Anlageformen bedingt durch deren Knappheit sogar überproportional ansteigt. Überschreitet die inflationäre Entwicklung einen bestimmten Schwellenwert mit der Folge einer „Flucht in die Sachwerte“, dann kann sich für die Besitzer realer Aktiva ein überproportionaler Anstieg des nominellen Wertes bzw. des Ertrages und somit eine Realwertsteigerung ergeben. Eine derartige Entwicklung wird im wesentlichen von den Auswirkungen der Inflation auf die monetären Vermögensaktiva beeinflußt.

Die hauptsächlichen Risiken des Produktivvermögens — so wurde gezeigt — bestehen im konjunkturabhängigen Auslastungsrisiko, hinsichtlich der anderen realen Vermögensformen vor allem im Liquiditätsrisiko als Folge mangelnder Mobilität bzw. Fungibilität. Beide Risiken sind nicht unabhängig von einander, denn auch die Liquidisierbarkeit von realen Vermögenstiteln ist in gewissem Umfang konjunkturabhängig. Insofern ist eine gewisse generelle Gleichläufigkeit der Ertragsentwicklung im Bereich der realen Vermögensaktiva zu erwarten. Als Folge davon läßt sich mittels Diversifikation innerhalb dieser speziellen realen Vermögensformen das Gesamtrisiko der Gruppe nur begrenzt verringern. Im wesentlichen sind diese Risiken jedoch unabhängig von der Geldwertentwicklung, der Inflationsprozeß berührt die Risikoquellen dieser Anlageformen kaum, soweit die Konjunkturentwicklung von der Geldwertentwicklung unabhängig ist.

Inwieweit das Risiko der realen Vermögensaktiva das Gesamtrisiko des Portefeuilles beeinflußt, hängt wiederum von den Wirkungen der Geldentwertung auf die monetären Vermögensbestandteile ab. Wie sich zeigte, geht von einer inflationären Entwicklung kaum ein Einfluß auf das Risiko des Realvermögens aus, so daß diese Vermögenskomponente auch kaum einen inflationsbedingten Einfluß auf das Portfoliorisiko ausüben dürfte. Sollte jedoch ein Prozeß der Geldwertverschlechterung das Risiko der monetären Vermögensaktiva generell erhöhen, so trägt eine Vermögensanlage in reale Aktiva dazu bei, den Risikoeinfluß des monetären Vermögens zu reduzieren, da über eine Mischung von Aktiva mit unabhängigen Risikoquellen eine Reduktion des Gesamtrisikos möglich ist. Inwieweit diese Situation eintritt, gilt es im folgenden Abschnitt zu klären, der sich mit den Wirkungen einer Inflation auf das Geldvermögen befaßt.

3.4. Auswirkungen von Geldwertveränderungen auf monetäre Aktiva

3.4.1. Vorbemerkungen

In diesem Abschnitt soll dargestellt werden, in welchem Umfang Ertrag und Risiko der verschiedenen Geldvermögensformen von einem inflationären Prozeß berührt werden. Dabei sei unter Geldvermögen die Summe der nominell fixierten Forderungen eines Wirtschaftssubjektes verstanden.

Von einer Werterhaltung wird auch in diesem Zusammenhang nur dann gesprochen, wenn c. p. der Nominalwert dieser einzelnen Vermögensaktiva im Ausmaß des als Geldwertmaßstab dienenden Preisindex ansteigt bzw. ein entsprechender Ausgleich über den Ertrag des Aktivums erzielt wird.

Als spezielle Arten der Geldvermögensbildung werden im folgenden betrachtet die Kassenhaltung der Wirtschaftssubjekte als unverzinsliche Form monetären Vermögens sowie die verzinslichen Aktiva Spareinlagen, festverzinsliche Wertpapiere u. ä., die jedoch keine getrennte Darstellung erfahren sollen, da das Problem der Geldwertänderung für diese Formen letztlich darin besteht, ob die Inflationsrate in der Verzinsung ihre volle Berücksichtigung findet oder nicht.

Hinsichtlich des Risikos der verschiedenen Formen monetären Vermögens ist zu sagen, daß sämtliche Arten durch ihre Koppelung an den Nominalwert dem Risiko der Geldwertänderung unterliegen. Dieses besteht in der Unsicherheit über den realen Ertrag dieser Vermögensformen, d. h. in der Unsicherheit, ob die zukünftige Preisniveausteigerungsrate von der gegenwärtigen abweicht. In einer Situation mit stabilem Preisniveau stellt sich hinsichtlich des Geldvermögens somit die Frage, ob in der Zukunft mit einer Veränderung des Preisniveaus zu rechnen ist. Bei Vorliegen eines Inflationsprozesses besteht die Unsicherheit darin, ob sich dieser in der Zukunft beschleunigt oder abschwächt. Diese allen Formen des monetären Vermögens gemeinsame

Risikoquelle führt neben anderen Faktoren zu einer mehr oder weniger starken Substitutionsbeziehung innerhalb der monetären Aktiva.

Die Enge der Substitutionsbeziehung hängt wiederum von den übrigen Risiken der jeweiligen Anlageform ab. So ist das Zinsrisiko nur bei den verzinslichen Formen des Geldvermögens gegeben und variiert mit der Länge der Anlageperiode bzw. der Laufzeit des entsprechenden Titels. Ein weiteres individuelles Risiko der einzelnen monetären Aktiva stellt das Konkursrisiko dar, das bei staatlichen Wertpapieren nicht im gleichen Ausmaß vorhanden ist wie bei privaten Forderungstiteln, wenn auch der zweimalige Währungsschnitt in Deutschland das Gegenteil andeutet.

Besonders betroffen von einer Geldentwertung sind in der Regel die privaten Haushalte, da sie in großem Umfang an der Geldvermögensbildung beteiligt sind.

Betrachten wir exemplarisch die Verhältnisse in der Bundesrepublik, so zeigt sich, daß allein zwischen 1960 und 1970 die monetäre Vermögensbildung der privaten Haushalte um mehr als das Dreifache zugenommen und den weitaus größten Teil zur gesamten Geldvermögensbildung beigetragen hat (Tabelle 4). Den Hauptanteil davon bildeten mit 50 Prozent die Spareinlagen, in weitem Abstand gefolgt von den übrigen Arten der Geldvermögensbildung.

Mit Ausnahme der Periode 1965 bis 1968 leistete auch die öffentliche Hand einen erheblichen Beitrag zur Geldvermögensbildung in der Bundesrepublik (Tabelle 5). Der Unternehmenssektor hingegen wies im genannten Zeitraum zwar brutto eine erhebliche Geldvermögensbildung auf, befand sich jedoch insgesamt in einer Netto-Schuldnerposition (Tabelle 6).

Die durchschnittliche dreiprozentige Geldentwertungsrate pro Jahr in diesem Zeitraum traf am stärksten die privaten Haushalte, während der Unternehmenssektor infolge seiner Netto-Schuldnerposition einen entsprechenden realen Wertzuwachs verzeichnen konnte, denn seine Verbindlichkeiten nahmen im genannten Zeitraum jährlich um real 3 Prozent ab. Diese Aussage gilt jedoch uneingeschränkt nur, wenn die Verzinsung monetärer Vermögensobjekte keinen Ausgleich für die Geldwertminderung beinhaltet, d. h. nicht dem Realzins zuzüglich der tatsächlichen Inflationsrate entspricht, eine Situation, die im genannten Zeitraum in der Bundesrepublik zu beobachten war[88].

---

[88] Vgl. Tabelle 7, so betrug im genannten Zeitraum die Verzinsung der Spareinlagen mit gesetzlicher Kündigungsfrist abzüglich der Inflationsrate 0,4 Prozent.

Tabelle 4: **Geldvermögensbildung der privaten Haushalte in der BRD 1960—1971 in Mrd. DM**

	1960	1961	1962	1963	1964	1965	1966	1967	1968	1969	1970	1971
Bargeld/Sichteinlagen	1,7	2,5	1,3	1,4	2,6	2,6	2,0	1,3	2,4	3,7	4,0	5,9
Termineinlagen	0,0	0,1	0,0	0,0	0,0	0,0	0,1	0,3	1,4	1,9	1,5	2,1
Spareinlagen	7,2	6,5	8,4	11,0	13,2	17,0	17,3	17,4	20,7	20,6	21,2	27,6
Geldanlagen bei Bausparkassen	1,9	1,9	1,8	2,1	2,1	3,2	4,3	2,6	2,4	3,8	5,1	5,2
Geldanlagen bei Versicherungen	2,5	2,9	3,3	3,8	4,0	4,3	4,9	6,1	6,6	7,3	7,6	10,0
Erwerb festverzinslicher Wertpapiere	1,1	1,3	2,7	3,4	5,4	4,5	2,9	2,8	3,1	5,4	9,7	7,1
Erwerb von Aktien	1,4	2,4	0,8	0,0	0,6	2,4	0,8	1,3	1,5	3,4	1,7	1,6
Sonstige Forderungen	0,1	0,1	0,0	0,1	0,1	0,0	0,0	0,1	0,1	0,1	0,1	0,1
Bruttogeldvermögensbildung	15,9	17,6	18,4	21,8	27,9	34,0	32,2	31,7	38,2	46,1	50,4	59,6
Kreditaufnahme	1,3	1,1	0,8	0,9	1,1	1,1	0,6	1,1	2,8	4,1	4,1	6,3
Nettogeldvermögensbildung	14,6	16,5	17,6	20,9	26,8	32,9	31,6	30,6	35,4	42,0	46,3	53,3

Quelle: Diverse Monatsberichte der Deutschen Bundesbank.

Tabelle 5: **Geldvermögensbildung der öffentlichen Hand in der BRD 1960—1971 in Mrd. DM**

	1960	1961	1962	1963	1964	1965	1966	1967	1968	1969	1970	1971
Bargeld/Sichteinlagen	1,7	1,8	0,5	—0,4	—0,9	—1,0	—0,7	1,0	1,4	1,2	3,8	4,5
Termineinlagen	0,3	1,2	0,5	0,2	—0,5	—0,7	4,1	3,1	3,0	6,3	4,3	5,0
Spareinlagen	0,7	0,7	0,9	0,7	0,5	0,4	0,4	0,7	0,9	0,3	—0,6	—0,4
Sonstige an Banken gegebene Mittel	2,4	4,4	3,3	3,0	2,7	2,2	—	—	—	—	—	—
Erwerb von Geldmarktpapieren	0,8	0,0	—0,8	—0,1	—0,1	0,0	0,6	0,0	0,1	—0,2	1,3	—0,5
Erwerb festverzinslicher Wertpapiere	1,3	1,3	1,6	1,7	1,7	1,9	0,0	—1,2	0,2	0,1	0,4	2,0
Erwerb von Aktien	0,9	—0,7	0,2	0,2	0,3	0,0	0,4	0,5	0,3	0,3	0,3	0,7
Sonstige Forderungen	3,8	4,3	2,7	4,2	7,1	3,4	2,3	4,6	1,8	2,8	7,2	4,2
Bruttogeldvermögensbildung	11,8	13,0	8,9	9,6	10,9	6,3	6,6	8,6	7,8	10,9	16,6	15,5
Kreditaufnahme	2,1	3,1	3,6	5,9	6,4	8,4	7,2	15,0	12,8	2,6	7,9	12,7
Nettogeldvermögensbildung	9,7	9,9	5,3	3,7	4,5	—2,1	—0,6	—6,4	—5,0	8,3	8,7	2,8

Quelle: Verschiedene Monatsberichte der Deutschen Bundesbank.

Tabelle 6: **Geldvermögensbildung der Unternehmungen in der BRD 1960—1971 in Mrd. DM**

	1960	1961	1962	1963	1964	1965	1966	1967	1968	1969	1970	1971
Bargeld/Sichteinlagen	1,2	4,3	2,4	3,0	2,8	2,8	0,2	7,3	2,7	5,6	9,3	11,8
Termineinlagen	0,1	—0,4	0,4	1,0	1,2	0,4	3,2	4,1	9,8	6,4	7,2	10,9
Spareinlagen	0,2	0,2	0,2	0,1	0,2	0,3	0,1	0,3	0,4	0,1	—0,2	0,4
Sonstige an Banken gegebene Mittel	2,9	2,6	2,3	3,3	2,9	2,7	—	—	—	—	—	—
Geldanlage bei Bausparkassen/ Versicherungen	1,1	1,3	1,0	0,9	1,3	1,8	0,9	0,7	1,1	1,5	1,3	1,4
Erwerb von Geldmarktpapieren	0,2	—0,1	—0,2	0,2	—0,3	0,0	0,0	0,2	0,0	0,0	—0,1	—
Erwerb festverzinslicher Wertpapiere	0,3	1,1	0,2	0,5	0,6	0,9	0,6	0,3	1,7	1,2	0,5	0,6
Erwerb von Aktien	1,2	0,6	0,7	0,3	0,7	1,6	1,2	1,3	1,0	2,7	3,1	2,1
Sonstige Forderungen	1,0	1,4	0,0	0,6	1,1	0,8	0,7	1,7	0,7	2,6	3,1	1,9
Bruttogeldvermögensbildung .	8,1	11,0	7,0	9,8	10,4	11,3	6,8	15,9	17,4	20,0	24,1	29,1
Kreditaufnahme	28,7	36,3	31,2	34,4	41,5	48,8	39,7	32,6	40,1	66,3	83,5	91,5
Nettogeldvermögensbildung ..	—20,6	—25,3	—24,2	—24,5	—31,1	—37,5	—32,9	—16,7	—22,7	—46,3	—59,4	—62,4

Quelle: Verschiedene Monatsberichte der Deutschen Bundesbank.

Tabelle 7

	Zinsen für Spareinlagen mit gesetzlicher Kündigungsfrist[a)] (1)	Jährliche Inflationsraten in der BRD[b)] (2)	reale Verzinsung (= 1—2) (3)
1962	3,25	2,9	0,35
1963	3,25	3,0	0,25
1964	3,25	2,4	0,85
1965	3,5	3,6	—0,10
1966	4,0	3,8	0,20
1967	3,7	1,7	2,00
1968	3,5	1,6	1,90
1969	4,0	3,2	0,80
1970	4,85	4,0	0,85
1971	4,5	6,7	—2,20
∅ 1962/71	3,7	3,29	0,41

a) *Quelle:* Monatsberichte der Deutschen Bundesbank. Nach Zinsfreigabe 31. 3. 67 häufigster Wert.
b) *Quelle:* Statistisches Jahrbuch für die Bundesrepublik Deutschland.

Diese Ergebnisse für die Bundesrepublik lassen die Bedeutung der Inflationswirkungen im Bereich des Gegldvermögens erkennen die im folgenden Abschnitt beginnend mit der Kassenhaltung analysiert werden sollen.

3.4.2. Auswirkungen von Geldwertänderungen auf die Kassenhaltung der Wirtschaftssubjekte

Zur Kassenhaltung der Wirtschaftssubjekte werden in der Regel Bargeld und Sichteinlagen als unverzinsliche Formen des Geldvermögens sowie Geldsubstitute in der Form kurzfristiger verzinslicher Anlagen (z. B. Termindispositionen) gerechnet. In Zeiten eines stabilen Geldwertes handelt es sich bei diesen Formen um ertragslose bzw. gering verzinste aber auch relativ risikolose Anlagen. Ein inflationärer Prozeß führt dazu, daß nun in Höhe der Inflationsrate ein negativer realer Ertrag eintritt, der bei Fortbestand des Geldentwertungsprozesses auch für die Zukunft reale Ertragseinbußen erwarten läßt, die zumindest bei den verzinslichen Formen der Kassenhaltung durch einen inflationsbedingten Zinsaufschlag gemindert werden können.

Vollzieht sich der Prozeß der Geldwertverschlechterung nicht gleichmäßig, sondern mit nicht vorhersehbaren variierenden Inflationsraten, so tritt neben die reale Ertragseinbuße auch noch das Risiko in Form der Unsicherheit über die sich tatsächlich ergebende Geldentwertung. Eine solche Entwicklung führt zu einer erheblichen Verschlechterung der Ertrag-Risiko-Relation der Geldhaltung. Für das Gesamtportfolio heißt dies, daß keine risikolose Form des Vermögens mehr existiert.

Nun erscheint es schon in Zeiten eines stabilen Geldwertes nicht ohne weiteres plausibel, warum die Wirtschaftseinheiten eine zinslose Liquiditätshaltung durchführen, wenn gleichzeitig verzinsliche Formen des Geldvermögens denselben Zweck zu erfüllen scheinen. Dies gilt besonders dann, wenn sich der Geldwert permanent verschlechtert und die größten Realwertverluste im Bereich der unverzinslichen Formen von Bargeld und Sichteinlagen auftreten. Es müssen also bestimmte Gründe dafür vorliegen, daß die Wirtschaftssubjekte überhaupt liquide Mittel in ihr Portefeuille aufnehmen. Wie hinsichtlich der anderen Formen der Vermögensbildung kann auch die Kassenhaltung (Liquiditätshaltung) als eine Anlageentscheidung der Wirtschaftssubjekte aufgrund bestimmter Motive gesehen werden. Diese Entscheidung zur Geldhaltung und der Einfluß der Geldwertveränderung auf diese Motive sei im folgenden näher erläutert.

Gehen wir zunächst vom einfachsten Fall aus, daß nur zwei monetäre Aktiva — Geld und festverzinsliche Wertpapiere — existieren, zwischen denen das Wirtschaftssubjekt zu wählen hat (Keynessche Geldnachfragetheorie), so läßt sich die Kassenhaltung (Geldhaltung) aus drei Motiven erklären[89]: Dies sind einmal das Transaktionsmotiv begründet in „the need of cash for current transaction of personal and business exchanges“[90], das Vorsichtsmotiv aufgrund „the devise for security as to the future cash equivalent of a certain proportion of total resources“[90]. Als drittes Motiv kommt das Spekulationsmotiv hinzu, „i.e. the object of securing profit from knowing better than market what future will bring forth“[90].

Einzelwirtschaftlich begründet sich das Transaktionsmotiv durch den Umfang und die zeitliche Verteilung von Zahlungsein- und -ausgängen[91]. Bei gegebenem Zahlungsrhythmus wird daher die Höhe der Transaktionskasse vom Einkommen (Haushalte) bzw. vom Umsatz (Unternehmen) bestimmt; gesamtwirtschaftlich ergibt sich eine feste Beziehung zwischen Transaktionskasse und Volkseinkommen, die einer institutionell fixierten Konstanten sehr nahe kommt.

„Das Keynessche Vorsichtsmotiv läßt sich unter einzelwirtschaftlichen Gesichtspunkten damit erklären, daß Zeitpunkt und Umfang der laufenden Zahlungsvorgänge unsicher sind[92].“ Aus diesem Grund kann der Finanzierungsbedarf nicht mit letzter Sicherheit geplant werden. Auch hier erscheint es vernünftig anzunehmen, daß dieser Teil der Trans-

89 Vgl. J. M. Keynes: The General Theory of Employment, Interest and Money, 14. Aufl., London 1964, S. 170 ff.

90 Derselbe, a.a.O., S. 170.

91 Derselbe, ebenda, S. 195 f.

92 H. J. Jarchow: Von Keynes zur portfolio selection, in: Der Volkswirt, Nr. 6 vom 7. 2. 1969, S. 36.

aktionskasse positiv mit dem Zahlungsvolumen, gesamtwirtschaftlich also mit dem Volkseinkommen verbunden ist.

Wir können somit aufgrund des Transaktions- und Vorsichtsmotives für die Geldhaltung (M_t) erwarten, daß ein inflationärer Prozeß zu einer Erhöhung der nominellen Kassenhaltung um den Preisniveauanstieg führt, denn die aus diesen Motiven resultierende Kassenhaltung soll einen bestimmten Anteil des Transaktionsvolumens ausmachen. Allerdings kann die Relation von M_t/Y im Laufe des Inflationsprozesses kleiner werden, wenn sich die Zahlungssitten wandeln. In diesem Falle würde sich die Transaktionskasse nicht im vollen Ausmaß der Geldentwertung verändern.

Das dritte Motiv der Geldhaltung (Spekulationsmotiv) ist abhängig von den Zinserwartungen der Wirtschaftssubjekte und deren „Normalzins"-Vorstellungen[93]. Erwarten sie bei den Wertpapieren über den Zinsertrag hinausgehende Kursverluste, so halten sie Geld, erwarten sie Kursgewinne, so erwerben sie Wertpapiere. "In this theory 'what matters is not the *absolute* level of r, but the degree of divergence from what is considered a fairly *safe* level of r'. Individuals' views about the rate of interest are likely to be dispersed about some norm ϱ[94]." Die spekulative Geldnachfrage läßt sich somit schreiben als abnehmende Funktion der Differenz ($r - \varrho$):

$$M_s^d = f(r - \varrho), \text{ wobei } f'(r - \varrho) < 0.$$

Die Reaktion der Wirtschaftseinheiten auf einen inflationären Prozeß hängt bezüglich des Spekulationsmotivs nun davon ab, wie die Zinserwartungen (r) und der als normal angesehene Zins (ϱ) auf den Geldentwertungsprozeß reagieren. Wird die Inflation seitens der Wirtschaftssubjekte nicht antizipiert, dann bleibt die spekulative Geldnachfrage (M_s) unverändert, denn weder der Marktzins (r) noch der Normalzins (ϱ) enthalten irgendeinen Inflationsaufschlag.

Das gleiche gilt für die vollständige Antizipation durch sämtliche Wirtschaftssubjekte. In diesem Falle spiegeln sowohl r als auch ϱ die Inflationsrate wider. Da die spekulative Geldhaltung jedoch von der Differenz beider Größen abhängt, werden die Wirtschaftssubjekte in ihrer spekulativen Geldhaltung nicht reagieren.

Anders im Falle einer unvollständig antizipierten Geldentwertung, die sich ja dadurch auszeichnet, daß ein Teil der Wirtschaftssubjekte

---

[93] Vgl. A. D. Bain: The Control of the Money Supply, Harmondsworth, Middlesex, England 1970, S. 74 ff.

[94] Derselbe, a.a.O., S. 75.

frei von Geldillusion ist und Inflationserwartungen im Handeln berücksichtigt; da sich die Erwartungen an den beobachteten Zinssätzen ausrichten, führt eine unvollständig antizipierte Inflation dazu, daß der erwartete Marktzins (r) nicht die volle Inflationsrate wiedergibt. Wirtschaftseinheiten, die die inflationäre Entwicklung nicht oder in geringerem Maße als der Durchschnitt antizipieren, werden ihre Normalzinsvorstellungen relativ unverändert lassen, d. h. ϱ bleibt relativ konstant. Durch das inflationsbedingte Ansteigen des nominellen Marktzinses (r) wächst für diese Gruppe die Differenz ($r - \varrho$), sie werden verstärkt Wertpapiere halten und damit die Kasse abbauen. Diejenigen, die eine höhere Inflationsrate als der Durchschnitt antizipieren, werden ihre Kassenhaltung verstärken, da sich die für die spekulative Geldnachfrage entscheidende Differenz aufgrund der Erhöhung ihrer Normalzinsvorstellung verringert hat.

Diese Aussagen gelten jedoch nur für eine Situation, wie sie die Keynessche Geldnachfragetheorie kennzeichnet, in der es im monetären Bereich nur die beiden Anlagealternativen Geld und Wertpapiere gibt. Diese „Beschränkung auf ein repräsentatives Wertpapier mag vertretbar sein, wenn die effizienten Wertpapierkombinationen stets die gleiche Struktur aufweisen“[95]. Eine Diversifizierung läßt sich nicht erklären, zumal mittels sicherer Erwartungen kein Risiko im Sinne von Unsicherheit über die zukünftige Entwicklung vorhanden ist. Weiterhin ist die Vereinfachung, die Geldsubstitute unberücksichtigt zu lassen, heute nicht mehr aufrechtzuerhalten, da diese eine zunehmende Bedeutung für die Kassenhaltung gewinnen.

So wurde die Theorie der Kassenhaltung in einem nächsten Schritt in Richtung auf einen Portfolioansatz verfeinert[96]. Ausgehend von einer weiteren Differenzierung der Formen monetären Vermögens läßt sich die durch das Transaktionsmotiv bestimmte Kassenhaltung als Anlageentscheidung der Wirtschaftssubjekte auffassen. Die Form der Kassenhaltung braucht nicht mehr allein in der unverzinslichen Geldhaltung zu erfolgen, sondern ein Teil kann vorübergehend verzinslichen Anlageformen wie Termineinlagen und Wertpapieren zugeführt werden. Auf diese Weise können die Opportunitätskosten der Kassenhaltung (entgangener Zins) reduziert werden. Die Höhe des optimalen, verzinslich angelegten Betrages ergibt sich dabei aus zwei Komponenten, einmal dem Zins auf Alternativaktiva und zum anderen den Kosten,

---

95 H. J. Jarchow, a.a.O., S. 38.

96 Vgl. W. J. Baumol: The Transactions Demand for Cash: An Inventory Theoretic Approach, in: QJE Vol. 66 (1952), S. 545 ff.; J. Tobin: The Interest-Elasticity of Transactions Demand for Cash, in: REStat Vol. 38 (1956), S. 241 ff.

die in Abhängigkeit von der Häufigkeit und dem Volumen entstehen, in der die Aktiva in Geld umgewandelt werden. „Das Optimierungsproblem lautet dann: Umwandlungsbetrag bzw. -häufigkeit sind so zu bestimmen, daß die Summe aus Monetisierungs- und Alternativkosten ein Minimum ergibt[97].“ Aus diesem Zusammenhang läßt sich eine negative Verknüpfung von Zins und Transaktionskasse ableiten.

Wie reagiert eine so motivierte Transaktionskassenhaltung auf eine Geldwertverschlechterung? Zum einen wird inflationsbedingt das Transaktionsvolumen zunehmen. “A doubling of *all* prices (Including the ‘broker’s fee’) is like a change in the monetary unit, and may be expected to double the demand for cash balances[98].” Gleichfalls erhöhen sich im Inflationsprozeß die Monetisierungskosten, was zu einer reduzierten Haltung von verzinslichen Aktiva für Transaktionszwecke führt. Da jedoch inflationsbedingt höhere Nominalbeträge kurzfristig angelegt werden können, erhöhen sich damit die Monetisierungskosten pro anzulegender Geldeinheit tendenziell nur unterproportional zur Inflationsrate[99]. Dies führt dann zu einer unterproportionalen Ausdehnung der Bargeldhaltung, die um so geringer sein wird, je stärker die Geldentwertung im Nominalzins berücksichtigt ist, was zu steigenden Alternativkosten der Geldhaltung führt. Bei einer inflationären Entwicklung kann man somit erwarten, daß die transaktionsbedingte Haltung von Bargeld unterproportional zur Preisniveausteigerung wächst.

Auch das zweite Motiv der Kassenhaltung — das Vorsichtsmotiv — läßt sich als Anlageentscheidung der Wirtschaftssubjekte erklären[100]. Wiederum steht das Wirtschaftssubjekt vor der Frage, ob es unverzinsliches Geld oder verzinsliche Formen des Geldvermögens als Sicherheitsreserve halten soll. Die Entscheidung darüber ist bestimmt durch (1) die Kosten der Illiquidität — wie beispielsweise ungünstige Kreditbedingungen, wenn die Anlage nicht rechtzeitig liquidisiert werden kann, und Kursverluste bei Wertpapieren — (2) die Verzinsung der alternativen Anlagemöglichkeiten (Alternativkosten der Geldhaltung) und (3) den Zeitpunkt und Umfang der Zahlungsvorgänge. Das Wirtschaftssubjekt wird nur soviel Kasse in der Form von Geld halten, daß bei gegebenem Finanzierungsvolumen und gegebener Finanzierungsstruktur die Alternativ- und Illiquiditätskosten minimiert werden. Man kommt dann zu dem Ergebnis, daß steigende Zinssätze bzw. sinkende

---

97 H. J. Jarchow, a.a.O., S. 36.

98 W. J. Baumol, a.a.O., S. 547, Fußnote 5.

99 Vgl. derselbe, ebenda, S. 550 f.

100 Vgl. zum folgenden E. L. Whalen: A Rationalization of the Precautionary Demand for Cash, in: QJE Vol. 80 (1966), S. 314 ff.

Illiquiditätskosten tendenziell die optimale Vorsichtskasse in Form der unverzinslichen Geldhaltung abnehmen lassen und umgekehrt.

So wird im Inflationsprozeß die durch das Vorsichtsmotiv bestimmte Geldhaltung proportional zur Inflationsrate zunehmen, sofern alle Preise — auch die Illiquiditäts- und Alternativkosten — um die Geldentwertungsrate steigen, da sich die positiven und negativen Effekte für die Kassenhaltung ausgleichen. Wird die Inflation jedoch im Zins nicht voll berücksichtigt, dann ergibt sich infolge relativ gestiegener Illiquiditätskosten eine im Vergleich zur Inflationsrate überproportionale Zunahme der Bargeldhaltung.

Wurden in diesen Ansätzen zunächst nur alternative Anlagemöglichkeiten im Bereich der Kassenhaltung berücksichtigt, so erfolgt in der Portfolio-Selection-Theory eine Ausweitung der Betrachtung auf sämtliche Anlageformen im monetären wie auch realen Bereich. Die Nachfrage nach Bargeld und Sichteinlagen ist nicht mehr das Ergebnis einzelner spezieller Motive der Geldhaltung, sondern ergibt sich aus einer allgemeinen, an Ertrag und Risiko sämtlicher Anlageformen ausgerichteten Portfolioentscheidung der Wirtschaftssubjekte[101]. Damit wird die Geldnachfrage ein integraler Bestandteil eines umfassenden Vermögenskonzeptes[102].

Erklärte man im einfachsten Fall die Liquiditätspräferenz aus den sicheren Erwartungen der Anleger über die zukünftige Zinsentwicklung und den Unsicherheiten im Hinblick auf den Zahlungsrhythmus (Keynes), so leitet sie sich im Vermögenskonzept allein aus der Unsicherheit über die Ertragsentwicklung der einzelnen Anlageformen ab, unabhängig davon, aus welchen Quellen diese Unsicherheit stammt[103]. Es entscheidet die Ertrag-Risiko-Relation von Bargeld und Sichteinlagen im Vergleich zu derjenigen der anderen monetären und realen Aktiva über die Enge der Substitutionsbeziehungen und damit darüber, ob die Geldhaltung im inflationären Prozeß anteilsmäßig am Portfolio zu- oder abnimmt.

---

101 Vgl. J. Tobin: Liquidity Preference as Behaviour Towards Risk, S. 65—68; M. Friedman: Die Quantitätstheorie des Geldes, eine Neuformulierung, in: M. Friedman: Die optimale Geldmenge, München 1970, S. 77 ff.

102 Der Umfang dessen, was zum Vermögen gerechnet wird und in die Anlageentscheidung eingeht ist unterschiedlich, obgleich der Ansatz der Analyse in der Regel relativ ähnlich ist. Während beispielsweise Tobin monetäre und reale Vermögensobjekte unterscheidet, wobei die realen Vermögensformen die physischen Güter umfassen, geht Friedman von einem weitergehenden Vermögensbegriff aus, der auch das „menschliche“ Vermögen miteinschließt. (Vgl. M. Friedman: Die Quantitätstheorie des Geldes, eine Neuformulierung, a.a.O., S. 80.)

103 Vgl. J. Tobin: Liquidity Preference as Behaviour Towards Risk, S. 71 ff.

Eine Geldentwertung führt in jedem Falle zu einer negativen Entwicklung des monetären Ertrages unverzinslicher Aktiva; schwanken die Inflationsraten, so wird die Höhe dieses negativen Ertrages unsicher. Zusätzlich erhöht sich das Risiko der Anlageform. Eine Geldentwertung wird daher immer die Ertrag-Risiko-Relation dieser Vermögensaktiva verschlechtern, dies umso mehr, je höher die Inflationsrate ist und je mehr diese variiert. Daher kann man erwarten, daß die Wirtschaftssubjekte in einer derartigen Situation den Anteil der unverzinslichen Formen des Geldvermögens am Portfolio zugunsten der verzinslichen Formen reduzieren.

Allerdings wird die Geldhaltung nicht völlig abgebaut. Der Grund ist darin zu suchen, daß die Ertragsdifferenzen der verschiedenen Vermögensaktiva in einer Situation des Portfoliogleichgewichts tendenziell die Risikounterschiede der einzelnen Aktiva widerspiegeln. Die Tatsache der Unverzinslichkeit des Geldes liegt mit darin begründet, daß es vom Risiko der Geldwertveränderung abgesehen, keinem der speziellen Risiken der übrigen Vermögensaktiva unterliegt. Der Inflationsprozeß führt nun dazu, daß zumindest hinsichtlich der Beziehung von Geld zu den übrigen Aktiva die Ertragsdifferenzen nicht mehr den Risikounterschieden entsprechen; die Geldhaltung ist nun dem Geldwertrisiko ausgesetzt, aber allein nur diesem, während die Inflation bei den anderen Formen des Geldvermögens noch als zusätzliche Risikoquelle auftritt. Das hat zur Folge, daß der Anteil der Geldhaltung am Portefeuille bedingt durch die Geldwertverschlechterung reduziert wird, da nun in gewissem Umfang verzinsliche Substitute einen Teil der Geldfunktionen übernehmen.

Betrachtet man die verschiedenen Ansätze zur Erklärung der Geldhaltung, so kommt man übereinstimmend zu dem Ergebnis, daß zwar in jedem Falle eine gleichläufige Entwicklung zwischen Geldhaltung und Geldentwertung zu erwarten ist, daß jedoch die inflationäre Entwicklung immer zu einem verringerten Anteil des Geldes am Gesamtportfolio führt.

3.4.3. Auswirkungen von Geldwertveränderungen auf die verzinslichen Formen des Geldvermögens

Bei der Analyse der Auswirkungen von Geldwertänderungen auf die verzinslichen Formen des Geldvermögens muß unterschieden werden zwischen einer im Zeitablauf variablen und einer festen Verzinsung. Variabel ist die Verzinsung dann, wenn der Zinssatz während der Laufzeit der Forderung geändert werden kann, ohne daß das Schuldner-Gläubiger-Verhältnis aufgelöst werden muß. Ein fester Zins liegt hingegen vor, wenn die Verzinsung zu Beginn des Schuldner-Gläubiger-Verhältnisses festgelegt wird und für die gesamte Laufzeit so unverändert bestehen bleibt.

Wie wirkt sich nun eine Inflation auf die festverzinslichen Formen des Geldvermögens aus? Als Beispiel sei der Erwerb eines mit einem bestimmten Zins ausgestatteten Wertpapiers gewählt. Zum Anlagezeitpunkt erwirbt das Wirtschaftssubjekt ein solches Papier mit einem nominell festen Coupon-Zins. Dies ist dann die nominelle Verzinsung, die das Wirtschaftssubjekt während des gesamten Anlagezeitraumes erhält. Tritt während dieser Periode eine Marktzinsänderung ein, dann ändert sich der Kurswert des Papiers dergestalt, daß für einen neuen Erwerber die effektive Nominalverzinsung — Coupon-Zins bezogen auf den Kurswert — dem neuen Marktzins entspricht. Dies bedeutet, daß ein steigender Marktzins bei festem Coupon-Zins zu einem Kursverlust für das Wirtschaftssubjekt führt, das vor Beendigung der Wertpapierlaufzeit sein Engagement lösen möchte.

Erfolgt der Erwerb in einer Zeit stabilen Preisniveaus, so daß nominale und reale Verzinsung gleich sind, führt eine später auftretende Geldentwertung zu einem realen Verlust für den Wertpapierbesitzer (Gläubiger). Dieser Verlust tritt unabhängig davon ein, ob die Inflationsrate im herrschenden Nominalzins berücksichtigt wird oder nicht.

Im Falle der Geldwertstabilität sind Nominalzins (i), reale Verzinsung der monetären Aktiva und Realzins (r) gleich, sofern von der Risikokomponente der einzelnen Aktiva abgesehen wird. Tritt eine Geldwertverschlechterung ein, und wird die Preissteigerungsrate ($\dot{p}$) im Nominalzins antizipiert, so setzt sich dieser zusammen aus:

$$i = r + r\dot{p} + \dot{p} = r + \dot{p}\,(1 + r)$$

Wurde das Wertpapier in Zeiten stabilen Geldwertes mit einem Nominalzins r erworben, der in diesem Fall gleich der realen Verzinsung war, so ergibt sich nun im Inflationsverlauf eine reale Ertragseinbuße in Höhe von $\dot{p}\,(1 + r)$. Die nominelle Verzinsung beträgt weiterhin r, die reale jedoch nur noch $r - \dot{p}\,(1 + r)$.

Dauerte die Inflation zum Zeitpunkt des Forderungserwerbes bereits an und ist sie über die Antizipation der Wirtschaftssubjekte im Nominalzins enthalten, tritt solange keine reale Ertragseinbuße ein, als sich die Inflationsrate im Zeitablauf nicht erhöht, denn die nominelle Verzinsung entspricht in diesem Fall dem Realzinssatz zuzüglich der Inflationsrate, d. h. $i = r + \dot{p}\,(1 + r)$[104].

---

104 Vgl. H. Timm: Der Einfluß von Geldwertsicherungsklauseln auf Geldangebot und -nachfrage und auf die schleichende Inflation, in: JfNuSt Bd. 180 (1967), S. 316.

Dabei kann die Größe r als die eigentliche reale Verzinsung des überlassenen Kapitals angesehen werden. Die Größe $\dot{p}(1 + r)$ — die Entschädigung für den Kaufkraftverlust — stellt eine versteckte reale Kapitalrückzahlung dar. Es bleibt dem Schuldner zwar die nominale Kreditsumme über die gesamte Laufzeit erhalten, die reale Kreditsumme sinkt jedoch im Ausmaß der Inflationsentschädigung. Am Ende der Laufzeit zahlt der Schuldner die nominelle Summe zurück, die er vom Gläubiger erhalten hat. Real jedoch hat sich diese Schuld verringert[105].

Ändert sich aber im Zeitablauf die Inflationsrate, dann variiert die reale Verzinsung ebenfalls. Steigt sie über das antizipierte Ausmaß hinaus an, kommt es zu realen Ertragseinbußen und damit zu einer Verschlechterung der Ertrag-Risiko-Relation.

Ist die Verzinsung flexibel, so führt die Geldentwertung nicht zwangsläufig zu einer Realertragsminderung. Ob es dazu kommt, hängt davon ab, inwieweit die inflationäre Entwicklung voll in der Nominalzinshöhe berücksichtigt wird, und sofern dies der Fall ist, ob der Zins sofort auf die Geldentwertung reagiert.

Die erste Frage ist ein Problem der Geldillusion und der richtigen Antizipation von Geldwertänderungen durch die Wirtschaftssubjekte. Sofern Geldillusion vorhanden ist, werden die Zinssätze auf eine Geldwertverschlechterung nicht reagieren. Die Wirtschaftseinheiten betrachten den herrschenden Nominalzins als angemessene Entschädigung für den Kaufkraftverzicht. Liegt keine Geldillusion vor, dann entscheidet die richtige Antizipation darüber, ob der Nominalzins für monetäre Aktiva den Inflationsverlust deckt oder nicht.

Antizipieren die Wirtschaftssubjekte die inflationäre Entwicklung richtig, so sind sie nur zum Erwerb von monetären Aktiva bereit, wenn die Geldentwertung vollständig in deren Verzinsung berücksichtigt wird, d. h. der Nominalzins dem Realzins zuzüglich der tatsächlichen Inflationsrate entspricht. Eine vollständige Antizipation wird jedoch in der Realität kaum vorzufinden sein, da vollkommene Voraussicht der Wirtschaftssubjekte nicht gegeben ist. Aus der Vermutung, daß auch die Informationen für die Bildung von Erwartungen bei den einzelnen Wirtschaftssubjekten unterschiedlich sind, läßt sich außerdem ableiten, daß bestenfalls die durchschnittliche Inflationserwartung im Nominalzins enthalten sein wird.

Aus diesem Grunde kommt es im Inflationsprozeß auch für die Anlageformen, die mit einer variablen Verzinsung ausgestattet sind, ten-

---

[105] Vgl. K. Lubasch: Die volkswirtschaftlichen Wirkungen von Geldwertsicherungsklauseln, Berlin 1964, S. 32.

denziell zu Realertragseinbußen und damit zu einer Verschlechterung ihrer Ertrag-Risiko-Relation. Variieren die Inflationsraten, und ist es dem einzelnen Wirtschaftssubjekt unmöglich, sich aus der Vergangenheit Erwartungswerte hinsichtlich der zukünftigen Geldwertentwicklung zu bilden, so führt dies über die Risikosteigerung zu einer weiteren Verschlechterung dieser Relation.

Das zweite Problem, die Frage eines trotz Antizipation verzögerten Anpassens des Zinses an die Geldwertentwicklung, hat seine Ursachen in institutionell bedingten Verzögerungen der Informationsverbreitung (Aufbereitung des zur Bestimmung des Geldwertes nötigen Zahlenmaterials usw.) und der Dauer der Verhaltensanpassung bei den Wirtschaftssubjekten. Diese Faktoren ließen sich aber durch eine rückwirkende Zinsanpassung zum größten Teil wieder ausgleichen.

3.4.4. Zusammenfassung

Insgesamt zeigt sich, daß das Geldvermögen in seinen verschiedenen Formen am stärksten von einer inflationären Entwicklung betroffen ist, so daß in erster Linie in diesem Bereich der Vermögensbildung mit stärkeren Reaktionen seitens der Wirtschaftssubjekte zu rechnen ist.

Besonders stark berührt die Geldentwertung die unverzinsliche Form der Kassenhaltung, da in diesem Falle die Möglichkeit eines Inflationsausgleiches über die Höhe der Verzinsung nicht gegeben ist. Ähnliches gilt für sämtliche festverzinsliche Formen des Geldvermögens, da in der Verzinsung nur diejenigen Inflationsraten Berücksichtigung finden, die zu Beginn des Anlagezeitraumes von den Wirtschaftssubjekten im Durchschnitt für die Zukunft erwartet werden. Jede über diese — zum Zeitpunkt der Anlage antizipierte Inflationsrate — hinausgehende Geldwertverschlechterung führt zu einer Verminderung des Realertrages. Kommt hinzu, daß der Inflationsprozeß unter Schwankungen verläuft, dann erhöht sich außerdem das Risiko dieser Vermögensobjekte, da nun die Antizipation der zukünftigen Inflationsraten schwieriger wird, die Wirtschaftssubjekte also mit einer wesentlich weiteren Streuung der Erträge rechnen müssen. Die Folge ist eine erhebliche Verschlechterung des Ertrag-Risiko-Verhältnisses, die Reaktionen im Bereich der monetären Aktiva auslöst.

Eine variable Verzinsung schwächt den negativen Effekt ab, denn der Nominalertrag variiert im Zeitablauf. Jedoch selbst hier ergibt sich nur dann kein Inflationsverlust, wenn der Nominalzins um die Inflationsrate höher als der Realzins ist, denn dann sind die realen Erträge sämtlicher Vermögensformen gleich. Es hat sich jedoch gezeigt, daß dies in den seltensten Fällen erwartet werden kann. Zwar wird die Ertragseinbuße im Zuge des Inflationsprozesses geringer ausfallen, aber insgesamt ist auch bei diesen Formen der Geldvermögensbildung eine inflationsbedingte Verschlechterung der Ertrags-Risiko-Relation wahrscheinlich, wenn auch nicht in dem starken Ausmaß wie bei den festverzinslichen Aktiva des Geldvermögens.

Berücksichtigen wir, daß im Bereich des Realvermögens kaum mit einer Verschlechterung dieser Relation, eher mit einer Verbesserung zu rechnen ist, so ergibt sich, daß die Wirtschaftssubjekte überwiegend im Bereich des monetären Vermögens zu reagieren beginnen, um die Diskrepanzen in den Ertrag-Risiko-Relationen der verschiedenen Aktiva auszugleichen.

3.5. Die Portfolioreaktionen der Wirtschaftssubjekte auf Geldwertveränderungen

3.5.1. Vorbemerkungen

Wurde in den vorangegangenen Abschnitten die Auswirkungen der Inflation auf die wichtigsten monetären und realen Vermögensformen mit dem Ergebnis abgeleitet, daß das Geldwertrisiko überwiegend die monetären Aktiva trifft, die realen jedoch kaum berührt, soll im folgenden die Portfolioreaktion der Wirtschaftssubjekte auf einen Inflationsprozeß aufgezeigt werden. Da diese davon abhängt, ob die Wirtschaftssubjekte die Inflation als solche erkennen, muß unterschieden werden in solche Wirtschaftseinheiten, die frei von Geldillusion sind, und solche, die ihr noch unterliegen. Daneben kann auch die Motivation der Vermögensbildung von gewisser Bedeutung für die Art der Reaktion auf eine Geldwertverschlechterung sein, so daß es sinnvoll erscheint — soweit nötig —, die Reaktionsweisen für einzelne Motive aufzuzeigen[106].

3.5.2. Der Einfluß der Geldentwertung auf die Vermögensdisposition der geldillusionsfreien Wirtschaftssubjekte

Bei der Behandlung der Inflationswirkungen auf die Kassenhaltung wurde schon angedeutet, in welcher Richtung Reaktionen der Wirtschaftssubjekte zu erwarten sind. Unabhängig davon, welcher Ansatz zur Erklärung der Geldhaltung herangezogen wird, immer ergibt sich, daß der Anteil der Geldhaltung im Inflationsprozeß mehr oder weniger reduziert wird. Allerdings hängt die Entwicklung im einzelnen Portfolio davon ab, welche Gestalt die individuellen Inflationserwartungen

---

106 Vgl. zum folgenden H. Timm, a.a.O., S. 315 ff.

im Vergleich zur am Markt zu beobachtenden durchschnittlichen Inflationserwartung haben.

Geht man davon aus, daß die Entscheidungen über die Geldhaltung aufgrund ganz bestimmter Motive wie Transaktions-, Vorsichts- und Spekulationsmotiv erfolgt, so ist bei einer nicht im Nominalzins antizipierten Inflation im Hinblick auf das Transaktionsmotiv zwar eine zur Inflationsrate proportionale Erhöhung der Geldhaltung zu erwarten, die durch das Spekulationsmotiv begründete Geldhaltung bleibt jedoch unberührt.

Insgesamt nimmt der Anteil der Geldhaltung am Portefeuille ab. Wird die Inflationsrate voll im Nominalzins berücksichtigt, dann sinkt der Anteil der Geldhaltung am Portfolio um so stärker ab, je mehr verzinsliche Formen des Geldvermögens die Liquiditätsfunktion des Geldes ebenso befriedigen können.

Ist die Inflationsrate nur unvollständig im Nominalzins antizipiert, dann führt dies bei Wirtschaftssubjekten mit geringeren als im Zins berücksichtigten Inflationserwartungen zu einer Senkung der spekulativen Geldhaltung, da diese infolge der geringeren Inflationserwartung bei ihrer Anlageentscheidung von einem Anstieg der realen Verzinsung ausgehen. Der Anteil der Geldhaltung am Portfolio dieser Wirtschaftseinheiten sinkt.

Ein anderes Ergebnis tritt bei denjenigen Wirtschaftssubjekten ein, die eine höhere Inflationsrate als der Markt erwarten. Für sie ist die reale Verzinsung des monetären Vermögens gesunken, folglich werden sie wenig Veranlassung sehen, ihre aus den genannten Motiven resultierende Kassenhaltung von der unverzinslichen Form der Geldhaltung in verzinsliche Aktiva umzuschichten, so daß der Anteil der Geldhaltung am Portfolio bei dieser Gruppe im Zuge der inflationären Entwicklung c. p. weniger abnimmt als bei der zuerst dargestellten.

Erklärt man die Geldhaltung nicht mehr aufgrund einzelner spezieller Motive, sondern als Bestandteil einer allgemeinen, an Ertrag und Risiko sämtlicher Anlageformen ausgerichteten Portfolioentscheidung, so ergibt sich im Inflationsprozeß eine Verringerung des Anteils von Bargeld und Sichteinlagen am gesamten Geldvermögen. Dies liegt begründet in der Verschlechterung der Ertrag-Risiko-Relation dieser Vermögensform im Vergleich zu den übrigen Aktiva.

Je mehr sich die Inflationsrate im Nominalzins widerspiegelt, um so mehr werden die Wirtschaftssubjekte bestrebt sein, die unverzinslichen Formen der Geldhaltung durch verzinsliche Aktiva zu substitutieren. Eine derartige Tendenz ist nur bei den Wirtschaftseinheiten abgeschwächt, die — obschon frei von Geldillusion — eine höhere Inflationsrate als der Markt erwarten.

Tendenziell kommen somit alle diese Erklärungsansätze zu dem Ergebnis, daß der Anteil von Bargeld und Sichteinlagen am Geldvermögen zugunsten der kurzfristigen, verzinslichen Formen monetären Vermögens abgebaut wird. Dieser Prozeß wird um so stärker ausfallen, je mehr der Zins einen Inflationsaufschlag enthält. Ist dieser bei den einzelnen monetären Aktiva unterschiedlich, dann werden innerhalb des Geldvermögens c. p. die Formen verstärkt gewählt, die durch ihre Nominalverzinsung am besten gegen die Inflation geschützt sind.

Hinsichtlich des Einflusses der Geldentwertung auf die Anlageentscheidungen im Bereich der verzinslichen monetären Aktiva werden, soweit es bezüglich der Verhaltensweisen notwendig erscheint, verschiedene Motive der Vermögensbildung wie Ertrags- und Zweckmotive berücksichtigt.

Gehen wir zunächst vom Idealfall aus, daß die Geldentwertung von den Wirtschaftseinheiten richtig antizipiert wird und im Nominalzins ihre Berücksichtigung findet, d. h. daß der Nominalzins sich aus Realzins zuzüglich der Inflationsrate zusammensetzt. In diesem Falle verschlechtert sich die Ertrag-Risiko-Relation der einzelnen Geldvermögensformen mit Ausnahme von unverzinslichem Bargeld und Sichteinlagen nicht, es findet folglich keine Umschichtung zwischen monetärem und realem Vermögen statt; das gewünschte Portfolio weicht im Inflationsprozeß von dem bei Geldwertstabilität bevorzugten nur durch eine verminderte Haltung an unverzinslichen monetären Aktiva ab. Die Relation zwischen monetärem und realem Vermögen bleibt unverändert, denn — abgesehen von den Risiken — entspricht die reale Verzinsung der monetären Aktiva dem Realzins.

Dieses Ergebnis stellt sich jedoch kaum bei variierenden Inflationsraten ein, wenn eine vollständige Antizipation der künftgen Geldentwertungsrate unmöglich ist. Jedes Wirtschaftssubjekt bildet sich zwar bestimmte Vorstellungen über die zukünftige Geldwertentwicklung, es wäre aber ein großer Zufall, wenn diese bei allen Wirtschaftseinheiten gleich wären. Im Marktzins spiegelt sich dann nur die durchschnittlich antizipierte Inflationsrate der Wirtschaftssubjekte $\dot{p}^e_m$ wider. Der nominelle Marktzins (i_m) hat dann die Höhe:

$$i_m = r\,(1 + \dot{p}^e_m) + \dot{p}^e_m$$

wobei (r) der Realzins ist, der bei Geldwertstabilität dem Nominalzins des Geldvermögens entspricht. Für die Reaktionen der Wirtschaftseinheiten ist nun von Bedeutung, wie ihre Inflationserwartungen im Vergleich zur durchschnittlichen Inflationserwartung des Marktes ausgeprägt sind.

Wirtschaftssubjekte, die von den gleichen Inflationserwartungen wie der Markt ausgehen, werden in gleichem Umfang Geldvermögen bilden wie bei Preisniveaustabiltät, denn für sie enthält der Marktzins (i_m) genügend Kompensation für die zu erwartenden Inflationsverluste, entspricht also dem erwarteten gleichgewichtigen Nominalzins. Für diese Gruppe von Wirtschaftseinheiten verschlechtert sich daher die erwartete Ertrag-Risiko-Relation der monetären Aktiva nicht, sofern sich der Inflationsprozeß ohne schwankende Inflationsraten vollzieht, die ja eine Risikoerhöhung darstellen. Sie sieht daher keine Veranlassung, in ihren Portfolios den Anteil der monetären Aktiva zugunsten der realen zu verringern. Sofern sie in der nächsten Periode in ihren Erwartungen enttäuscht wird und diese revidiert, können sich auch für diese Gruppe von Wirtschaftseinheiten vom Markt abweichende Inflationserwartungen ergeben.

Denjenigen Wirtschaftssubjekten, die eine höhere als vom Markt antizipierte Inflationsrate erwarten, bietet der Marktzins keinen ausreichenden Ausgleich für die bei den monetären Aktiva erwarteten Inflationsverluste, d. h. der Marktzins ist niedriger als der erwartete gleichgewichtige Nominalzins. Für sie verschlechtert sich die Ertrag-Risiko-Relation des Geldvermögens zum einen durch die erwartete reale inflationsbedingte Ertragseinbuße — die Ertragserwartung sinkt — und zum anderen bei variierenden Inflationsraten durch die Unsicherheit über die zukünftige Geldentwertungsrate — das Risiko nimmt zu. Die erwartete reale Ertragseinbuße beim Geldvermögen erhöht die Ertragsdifferenz zwischen realen und monetären Aktiva. Andererseits verringern sich die Risikounterschiede zwischen diesen beiden Vermögensarten, da das Geldvermögen durch das Inflationsrisiko zusätzlich mehr belastet wird als das Realvermögen. Dies läßt erwarten, daß die genannte Gruppe von Wirtschaftssubjekten ihr monetäres Vermögen zugunsten einer verstärkten Anlage im realen Bereich abbaut, was auch den Erwerb langlebiger Konsumgüter mit einschließt. Sie bildet weniger Geldvermögen, bietet so im Inflationsprozeß weniger Geld zur Anlage im Bereich der monetären Anlageformen an als bei Preisniveaustabilität.

Eine dritte Gruppe von Wirtschaftseinheiten ist der Ansicht, daß die Inflationsrate nicht die Höhe erreicht, die der Markt insgesamt erwartet. Diese geht also von einem niedrigeren gleichgewichtigen Nominalzins aus und sieht in der Höhe des Marktzinses während des Inflationsprozesses eine Steigerung der realen Verzinsung, rechnet somit trotz Geldentwertung mit einem höheren Ertrag der monetären Anlageformen. Ob sich damit auch die erwartete Ertrag-Risiko-Relation verbessert, hängt von der erwarteten Risikoentwicklung ab. Da diese Wirtschaftssubjekte von einer geringeren Inflationsrate als der Markt ausgehen, ist auch anzunehmen, daß sie zumindest keine größeren Schwankungen der Inflationsrate als der Durchschnitt der Wirtschaftssubjekte erwarten, so daß eine Verbesserung der erwarteten Ertrag-Risiko-Relation unterstellt werden kann. Somit werden diese Wirtschaftseinheiten zu einer umfangreicheren Geldvermögensbildung bereit sein.

Eine gewisse Modifikation kann sich seitens derjenigen Wirtschaftssubjekte ergeben, die ihre Geldvermögensbildung mit dem Ziel betreiben, später reale Aktiva zu erwerben, seien es ganz bestimmte Güter (Zwecksparen) oder ein noch nicht näher definiertes Güterbündel wie der Lebensstandard (Vorsorgesparen). Das monetäre Vermögen dient nur als Durchgangsstation für eine spätere Umschichtung des Portfolios hin zu Realanlagen, dient somit allein der Akkumulation des zum Erwerb der realen Aktiva notwendigen Betrages, der innerhalb einer bestimmten Zeit durch eigene Geldvermögensbildung und deren Verzinsung aufgebracht werden soll.

Diese Motivation der Geldvermögensbildung nimmt in den privaten Haushalten eine bedeutende Stellung ein[107]. Aber auch im Unternehmenssektor dient die Bildung von Geldvermögen in der Regel der vorübergehenden Akkumulation zum Zwecke des Erwerbs von Produktionsmitteln zu einem späteren Zeitpunkt.

Wie reagieren diese Wirtschaftseinheiten auf einen Inflationsprozeß? Deckt der Nominalzins die erwarteten Inflationsverluste ab, werden sie ihre Geldvermögensbildung nicht verändern, da ihr Sparziel durch den Inflationsprozeß nicht gefährdet wird; nomineller Sparbetrag und nomineller Zins reichen aus, um das gewünschte Gut zum gewünschten Zeitpunkt erwerben zu können, sofern die Preisentwicklung der gewünschten Güter zur Geldwertentwicklung parallel verläuft.

Diejenigen, die eine höhere Inflationsrate erwarten, als sie im Marktzins berücksichtigt ist, sehen ihr Sparziel gefährdet und reagieren in

---

[107] So hat eine Erhebung über Sparmotive, Sparziele und Sparneigung privater Haushalte im Rahmen der Einkommens- und Verbrauchsstichprobe 1969 ergeben, daß das konsumbezogene Sparen, wie das Sparen für Urlaubs- und Erholungsreisen, für die Anschaffung größerer Einrichtungs-, Gebrauchs- oder Schmuckgegenstände und den Erwerb von Haus- und Grundbesitz in der Häufigkeit der Nennung an dritter, vierter und fünfter Stelle lagen. Dies deutet darauf hin, daß dem Zwecksparen heute eine wesentliche Bedeutung zukommt. Dabei zeigt sich, daß die Motivation des Zwecksparens, gemessen an den Nennungen, mit steigendem Einkommen zunimmt, wobei sich jedoch der Zweck, für den hauptsächlich gespart wird, von Einkommensgruppe zu Einkommensgruppe ändert. Dominiert in den unteren Einkommensgruppen eindeutig das Sparen für die Urlaubsreise, so tritt bei den besser verdienenden Haushalten der Wunsch nach Wohnraum immer mehr in den Vordergrund.

Vgl. dazu M. Euler: Sparmotive, Sparziele und Sparneigung privater Haushalte, in: WiSta 1971, S. 137 ff.

gleicher Weise wie auf eine Preiserhöhung für die gewünschten Güter. Obwohl sich die erwartete Ertrag-Risiko-Relation des monetären Vermögens für sie verschlechtert hat, bilden sie verstärkt Geldvermögen, um die gewünschten Güter dennoch erwerben zu können. Paradoxerweise werden sie um so stärker monetäres Vermögen bilden, je weniger im Nominalzins ein Inflationsausgleich berücksichtigt wird. Diejenigen Zwecksparer, die eine erhöhte Inflationsrate erwarten, werden somit im Inflationsprozeß mehr Geld zur Anlage in monetäre Vermögensformen anbieten.

Sofern jedoch die Preissteigerungen über einen bestimmten Schwellenwert hinausgehen, ist zu erwarten, daß diese Gruppe ihre Sparziele fallen läßt bzw. ihr Anspruchsniveau reduziert, so daß bei einer Verschärfung des Inflationsprozesses ab einer gewissen Inflationsrate auch hier eine Verminderung der monetären Vermögensbildung eintreten kann. Die Überschreitung des Schwellenwertes führt dazu, daß diese Wirtschaftssubjekte wie die übrigen auf die Verschlechterung der Ertrag-Risiko-Relation mit einer Reduzierung der Geldvermögensbildung reagieren.

Wird eine geringere Inflationsrate erwartet, als der Marktzins sie widerspiegelt, dann reagieren die Zwecksparer mit einer verringerten Geldvermögensbildung, da das beabsichtigte Sparziel nun leichter erreichbar erscheint.

Überwiegt insgesamt die Gruppe derjenigen Wirtschaftssubjekte, die von einer höheren Inflationsrate ausgehen, als sie vom Markt erwartet wird, dann kommt es im Verlaufe des Inflationsprozesses zu einer Reduzierung der monetären Anlagen, sofern nicht diejenigen Individuen mit der zweckorientierten Motivation der Geldvermögensbildung diese Entwicklung zumindest teilweise kompensieren. Ist dies nicht der Fall, geht das Geldkapitalangebot zurück. Diese Situation hat Timm wohl im Auge, wenn er schreibt: „Normalerweise wird jedoch zu erwarten sein, daß viele der nicht in der Geldillusion befangene Sparer in der Ungewißheit über die Inflationsrate einen so großen Realwertverlust ihrer Ersparnisse und Zinsen fürchten, daß sie vor einem Angebot auf dem Geldanleihe-Markt zurückscheuen[108].“

Es ist jedoch auch der Fall denkbar, daß diejenigen Wirtschaftseinheiten überwiegen, die eine geringere Inflationsrate als der Markt antizipieren. In einer solchen Situation wird das Geldkapitalangebot, d. h. die Geldvermögensbildung der gesamten Gruppe, im Inflationsprozeß höher sein als bei Geldwertstabilität. Voraussetzung ist jedoch, daß die Wirtschaftssubjekte mit anderer Motivation der Geldvermögens-

---

108 H. Timm, a.a.O., S. 317.

bildung durch ihr verringertes Geldkapitalangebot diese Entwicklung nicht ausgleichen.

3.5.3. Der Einfluß der Geldentwertung auf die Vermögensdisposition der Wirtschaftssubjekte mit Geldillusion

Wir hatten geldillusionsbehaftetes Verhalten als ein solches gekennzeichnet, das Veränderungen von Preisrelationen und Preisniveau nicht in die Entscheidung miteinbezieht. Wirtschaftssubjekte mit einem derartigen Verhalten orientieren sich infolge mangelnder Kenntnis des Geldentwertungsprozesses an den nominalen Werten des Geldvermögens, gehen also davon aus, daß die nominelle Verzinsung der monetären Aktiva gleich dem Realzins ist. Sie betrachten somit den Marktzins als den erwarteten gleichgewichtigen Nominalzins und reagieren entsprechend auf dessen Variationen.

Die Größe dieser Gruppe wird entscheidend vom Stadium abhängen, in dem sich die Inflation befindet. Zu Beginn eines Inflationsprozesses und/oder bei Vorliegen einer relativ geringen Entwertungsrate wird der Anteil dieser Gruppe an allen Wirtschaftssubjekten recht groß sein, somit ihr Verhalten determinierend wirken. Mit zunehmender Dauer der Geldentwertung und der Höhe der Inflationsrate werden sich immer mehr Wirtschaftssubjekte von der Geldillusion lösen, so daß mit zunehmender Länge und Intensität des Inflationsprozesses die Bedeutung dieser Verhaltensweisen abnehmen dürfte. Dennoch erscheint es gerade im Hinblick auf den Verlauf einer inflationären Entwicklung notwendig, das Verhalten unter Geldillusion etwas genauer zu analysieren.

Sofern Gruppen von Wirtschaftseinheiten vorhanden sind, die nicht der Geldillusion unterliegen, beispielsweise weil sie auf ein bestimmtes Ziel hin sparen, dessen Preis sie bei ihren Anlageentscheidungen berücksichtigen, wird der Zins nur die durchschnittlich erwartete und nicht die aktuelle Inflationsrate widerpiegeln. Er wird so einen gewissen Inflationsaufschlag enthalten, auf den die Wirtschaftssubjekte mit Geldillusion in ihrer Vermögensdisposition reagieren.

Die Erhöhung des Marktzinses veranlaßt sie zunächst einmal zu einem Abbau der unverzinslichen Kassenhaltung. Unterstellt man, daß ihrem Verhalten die Keynesschen Kassenhaltungsgewohnheiten zugrundeliegen, so erhöht sich für sie infolge des inflationsbedingten Nominalanstiegs die Differenz zwischen Marktzins und Normalzins, was zu einem Abbau der spekulativen und damit der gesamten Kassenhaltung führt.

Gehen wir von den portfolio-theoretischen Ansätzen der Kassenhaltung aus, so ergibt sich hier aus der inflationsbedingten Nominalzinssteigerung ebenfalls ein Abbau der Kassenhaltung, da sich für die geldillusionsbehafteten Wirtschaftssubjekte die Zinssteigerung als Verbesserung der Ertrag-Risiko-Relation der verzinslichen monetären Aktiva darstellt.

Die inflationsbedingte Zinserhöhung verbessert so insgesamt die Ertrag-Risiko-Relation des monetären Vermögens für diese Wirtschaftssubjekte, die das Geldwertrisiko ihrer monetären Aktiva in den Entscheidungen nicht berücksichtigen. Sie werden folglich ihre Vermögensstruktur tendenziell zugunsten der monetären Aktiva ändern. Ob es damit jedoch zu einer Zunahme des realen Angebots auf dem Geldanleihemarkt kommt, hängt vom Ausmaß der Geldvermögensbildung dieser Gruppe ab. Sofern infolge der inflationsbedingten Marktzinssteigerung ihre Geldvermögensbildung stärker als die Inflationsrate zunimmt, wird es zu einer Erhöhung des realen Angebots auf dem Geldanleihemarkt seitens dieser Gruppe kommen; im anderen Falle stagniert bzw. verringert sich ihr reales Angebot auf dem Geldanleihemarkt trotz erhöhter nomineller Geldvermögensbildung.

Soweit sind nun die Wirkungen der Inflation auf die Vermögensdispositionen der einzelnen Wirtschaftseinheiten abgeleitet. Im folgenden sollen diese Ergebnisse in ihrer Gesamtheit betrachtet werden, d. h. welche Konsequenzen sich aus der unterschiedlichen Reaktion auf die Geldentwertung für die Geldvermögensbildung insgesamt ergeben.

3.5.4. Auswirkungen einer inflationären Entwicklung auf dem Geldanleihemarkt

Für die Summe der Wirtschaftssubjekte läßt sich Genaues nur sagen, wenn die Größe der Gruppen mit den unterschiedlichen Sparmotiven bekannt ist. Wie sich die Aufteilung in der Bundesrepublik darstellt, zeigt eine Erhebung über Sparmotive, Sparziele und Sparneigung privater Haushalte. Von den befragten 19,2 Mio. Haushalten erklärten rund 75 Prozent, ihre Geldvermögensbildung sei ganz oder teilweise zur Finanzierung bestimmter Vorhaben vorgesehen (Tabelle 8). Dies zeigt schon recht deutlich die Dominanz des Zwecksparens in der Bundesrepublik. Innerhalb des Zwecksparens halten sich Vorsorgesparen und Sparen zum Erwerb von Konsumgütern die Waage. Erst mit weitem Abstand folgen die „automatische" Geldvermögensbildung (14,2 % der Haushalte) und die Geldvermögensbildung unter Ertragsgesichtspunkten (4,2 % der Haushalte). Diese Dominanz des Zwecksparens läßt für die Bundesrepublik vermuten, daß bei Überschreiten eines Schwellenwertes der Preissteigerungen die Geldillusion relativ schnell abgebaut wird, die Wirtschaftssubjekte ihr Anlageverhalten sehr schnell ändern.

Es hängt somit sehr von der speziellen Motivstruktur und den Erfahrungen mit der Geldwertentwicklung in einer Volkswirtschaft ab,

Tabelle 8

Sparmotive und Sparziele privater Haushalte

Sparmotive/Sparziele	Haushalte insgesamt
Bestimmte Sparvorhaben allein	17,1
Bestimmte Sparvorhaben und sonstige Motive	39,5
Sonstige Motive allein	43,4
Haushalte mit Ersparnisbildung insgesamt	100,0
und zwar sparten:	
für Hauskauf oder -bau, Eigentumswohnung, Grundstück	16,7
für Kraftfahrzeug	11,2
für größere Einrichtungs-, Gebrauchs-, Schmuckgegenstände	20,7
für Urlaubsreisen	23,7
für Übernahme oder Ausbau des eigenen Betriebs. u. ä.	1,3
für sonstige größere Vorhaben	9,3
zur Sicherung der Altersversorgung, auch des Ehepartners	27,1
zur Sicherung der Zukunft der Kinder	14,3
als Vorsorge gegen Notfälle	48,0
zur Erzielung von Ansehen und Gewinn	4,2
„automatisch"[a)]	14,2
aus sonstigen Gründen, ohne genaue Vorstellungen[b)]	14,6

a) Weil es unnötig gewesen wäre, die vorhandenen Mittel ganz für die Lebenshaltung auszugeben.

b) Die Anteilswerte ergeben zusammen mehr als 100 %, weil Mehrfachnennungen ausdrücklich zugelassen waren. Im Durchschnitt nannte jeder Haushalt zwei Sparmotive bzw. -ziele.

Quelle: M. Euler: Sparmotive, Sparziele und Sparneigung privater Haushalte, in: Wista 1971, S. 138, Tabelle 1.

wie die Wirtschaftseinheiten in ihrem Anlageverhalten auf eine Geldentwertung reagieren. Insgesamt ist jedoch generell zu erwarten, daß die Anzahl der Wirtschaftssubjekte, die im inflationären Prozeß eine Vermögensumschichtung zugunsten der realen Aktiva vornimmt, mit der Höhe der Geldentwertungsrate ansteigt. Wie vorher aufgezeigt, gibt es gewisse, in den Volkswirtschaften unterschiedliche Schwellenwerte, von denen ab die meisten Wirtschaftseinheiten beginnen, verstärkt reale Aktiva zu erwerben, sei es in der Form langlebiger Konsumgüter, Aktien, Grundstücke usw. Andererseits wird dieser Zug zum Realvermögen um so stärker abgeschwächt, je mehr die aktuelle Geldentwertungsrate im Zinssatz Berücksichtigung findet, so daß bei einer gegebenen Inflationsrate mit steigendem Zins das reale Angebot auf dem Geldanleihemarkt zunehmen, bei gegebenem Zins und steigender Inflationsrate abnehmen dürfte.

Diese Entwicklung ergibt grafisch folgendes Bild[109]:

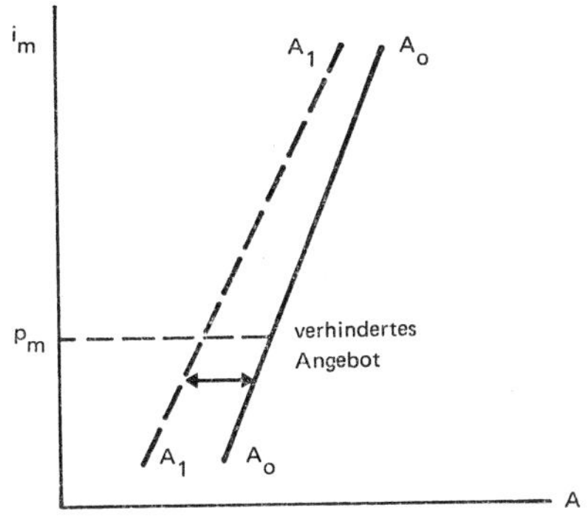

Figur 7

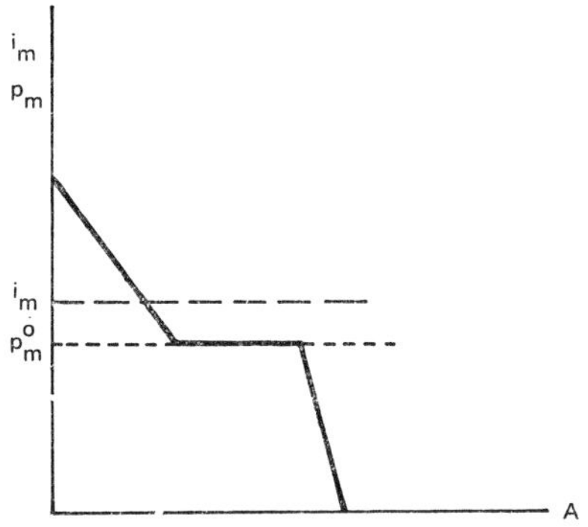

Figur 8

Das reale Angebot auf dem Geldanleihemarkt in Abhängigkeit vom Marktzins (i_M) sei in Fig. 7 bei Preisniveaustabilität dargestellt durch die Gerade A_oA_o[110]. Bezeichnen wir die Inflationsrate mit (p_m), dann gibt A_1A_1 das reale Angebot auf dem Geldanleihemarkt — aggregiert über die verschiedenen Gruppen von Wirtschaftssubjekten mit unterschiedlichen Motiven der Geldvermögensbildung — in Abhängigkeit vom Zins und einer gegebenen Inflationsrate (p_m) wieder. Mit steigendem Zins (i_m) und gleichbleibender Inflationsrate (p_m) wird das inflationsbedingt verhinderte reale Angebot auf dem Geldanleihemarkt immer geringer. Dies ergibt sich aus der Zunahme der Geldvermögensbildung derjenigen, die mit dem Vermögensbesitz ein bestimmtes Einkommen erzielen wollen, und derer, die mit Geldillusion behaftet den Nominalzins als einen Realzins ansehen. Beide Gruppen werden mit steigendem Marktzins bei konstanter Inflationsrate mehr sparen, während das Aufkommen der Zwecksparer auf dem Geldanleihemarkt mit einem steigenden Zins zurückgeht. Hinzu kommt noch ein mit dem Zins zunehmendes Angebot der Gruppe von Wirtschaftssubjekten auf dem Geldanleihemarkt, die — frei von Geldillusion — eine geringere Inflationsrate als der Markt für wahrscheinlich halten und daher mit steigendem Zins ihre Vermögensstruktur zugunsten der Finanzaktiva verändern.

In Fig. 8 ist die Angebotsfunktion auf dem Geldanleihemarkt in Abhängigkeit von der Inflationsrate (p_m) und bei konstantem Nominalzins in Höhe von (i_m) dargestellt. Die Geldvermögensbildung wird an-

---

109 Vgl. H. Timm, a.a.O., S. 323.

110 Aus Gründen der einfacheren Darstellung sei ein linearer Zusammenhang zwischen Geldvermögensbildung und Zins für monetäre Aktiva angenommen.

fangs nur geringfügig zurückgehen, da die Zwecksparer bei sinkendem Realzins zunächst mit erhöhter Spartätigkeit reagieren, während die übrigen geldillusionsfreien Wirtschaftssubjekte ihr Angebot auf dem Geldanleihemarkt reduzieren. Die Wirtschaftseinheiten, die noch der Geldillusion unterliegen, reagieren überhaupt nicht, da der Marktzins unverändert geblieben ist.

Überschreitet die Inflationsrate jedoch den Schwellenwert (p_m^0), dann ist die Gruppe der Zwecksparer nicht mehr zum Erwerb von Finanzaktiva bereit, sie revidiert ihre Sparziele und schichtet in Realaktiva um. Die Folge ist eine erhebliche Reduzierung des realen Angebots auf dem Geldanleihemarkt. Bei weiter steigender Inflationsrate und daher sinkendem Realzins geht nun das reale Angebot auf dem Geldanleihemarkt, d. h. die Bereitschaft zum Erwerb von Finanzaktiva, schneller zurück als vor Erreichen der kritischen Grenze, da nun der hemmende Einfluß wegfällt, der von der anomalen Reaktion der Zwecksparer ausging.

Diese Entwicklung hat erhebliche Konsequenzen für die Wirtschaftseinheiten, die in einer Schuldnerposition stehen und auf dem Geldanleihemarkt als Nachfrager nach Geld, d. h. als Anbieter von Finanzaktiva auftreten[111].

Im inflationsfreien Zustand werden Realaktiva dann gehalten, wenn ihr Ertrag zumindest dem einer Anlage in Finanzaktiva (Opportunitätskosten) zuzüglich dem Entgelt für das Risiko entspricht, das das Wirtschaftssubjekt bei einer Aufnahme dieser Vermögensobjekte ins Portefeuille zu tragen hat. Das heißt nichts anderes, als daß der Realzins mindestens die Höhe des Kalkulationszinsfußes haben muß, der sich aus den Opportunitätskosten — der realen Verzinsung monetärer Aktiva — und dem Risikoaufschlag zusammensetzt.

Für die negative Geldvermögensbildung entscheidend ist, wie sich der Inflationsprozeß auf den Kalkulations- und den Realzins auswirkt. Welche Entwicklung ist möglich? Zunächst müssen wir auch hier zwischen geldillusionsfreien und geldillusionsbehafteten Wirtschaftseinheiten unterscheiden.

Da im Inflationsprozeß ein gewisser Anstieg des nominellen Marktzinssatzes wahrscheinlich ist, werden die geldillusionsbehafteten Wirtschaftseinheiten nicht mehr als Anbieter von Finanzaktiva auf dem Geldanleihemarkt auftreten, da in ihren Augen der Realzins niedriger als die reale Verzinsung der Finanzaktiva ist, die für diese Wirtschaftssubjekte dem nominellen Marktzins entspricht. Sie sind nicht mehr bereit, sich zum Zwecke des Erwerbs von Realvermögen zu verschulden, sondern halten lieber Finanzaktiva.

111 Vgl. zum folgenden H. Timm, a.a.O., S. 319 f.

Diese Gruppe erkennt nicht, daß ihr — sofern sie den Erwerb von Realaktiva über die Kreditaufnahme vornehmen wollte — die Inflation eine Realwertsenkung ihrer Verbindlichkeiten beschert, die in realer Betrachtungsweise einer Senkung der Opportunitätskosten gleichkommt, wenn die tatsächliche Inflationsrate größer als die vom Markt antizipierte ausfällt. Mit steigendem Marktzins werden diese Wirtschaftseinheiten verstärkt von der Angebotsseite des Geldanleihemarktes auf dessen Nachfrageseite überwechseln und ihre Portefeuilles zugunsten von Finanzaktiva umschichten.

Für die Reaktion der geldillusionsfreien Wirtschaftssubjekte ist von Bedeutung, welche Inflationsrate sie im Vergleich zum Markt erwarten. Wird die inflationäre Entwicklung zumindest teilweise im Marktzins für Finanzaktiva antizipiert, dann bedeutet dies für den Investor zunächst eine Erhöhung des monetären Kalkulationszinssatzes[112], denn bei Erwerb von Realvermögen durch Kreditaufnahme ist der Marktzins als Kostengröße im Kalkulationszins enthalten. Erwartet der Investor bei gleichbleibendem Realzins des zu erwerbenden Aktivums eine höhere Inflationsrate als der Markt sie im Nominalzins antizipiert, so wird er verstärkt Realvermögen bilden wollen. Für diese Wirtschaftseinheiten erscheint eine negative Geldvermögensbildung zugunsten des Erwerbes von Realaktiva solange lohnend, als die vom Markt antizipierte Geldentwertungsrate geringer als die von ihnen erwartete ist. Solange sind nämlich für sie die realen Kosten des Kredits (also die reale Verzinsung monetärer Aktiva) geringer als der Realzins, daher werden sie trotz steigendem Marktzins verstärkt als Anbieter von monetären Aktiva auf dem Geldanleihemarkt auftreten, da sie mit einem inflationsbedingten Schuldnergewinn rechnen.

Dieser die realen Aktiva begünstigende Fall verstärkt sich noch und damit auch die Nachfrage nach Realvermögen, wenn das Wirtschaftssubjekt zusätzlich mit einem inflationsbedingt höheren Realzins rechnen kann. Dies ist bei Investitionen in das Produktionskapital dann gegeben, wenn die Erlöspreise inflationsbedingt stärker steigen als die Preise für die Produktionsfaktoren. Eine derartige Entwicklung verstärkt die Geldnachfrage auf dem Geldanleihemarkt, also das Angebot an verzinslichen Finanzaktiva.

Gleiches gilt für den Erwerb anderer Realaktiva wie langlebiger Konsumgüter. Sofern erwartet werden kann, daß die Preissteigerung für das Gut größer ist als die im Zins für monetäre Aktiva antizipierte Inflationsrate, lohnt es sich, das Vermögen zugunsten der Realaktiva

---

[112] Dies gilt sowohl für Fremd- wie für Eigenfinanzierung. Bei Fremdfinanzierung steigen die Zinskosten, bei Eigenfinanzierung die Opportunitätskosten.

umzuschichten. Damit steigt das Angebot an Finanzaktiva seitens dieser Wirtschaftssubjekte, die eine über der vom Markt antizipierten Inflationsrate liegende Preissteigerungsrate erwarten. Je mehr die Zinshöhe die tatsächliche Inflationsrate widerspiegelt, um so stärker wird diese Tendenz abgeschwächt. Bei richtiger Antizipation ist die Nachfrage nach Geld bzw. das Angebot an Finanzaktiva dieser Gruppe genauso groß wie bei Preisniveaustabilität, da nun kein Schuldnergewinn mehr zu erwarten ist. Denn abgesehen von Risikounterschieden entspricht nun der Realzins der realen Verzinsung bzw. der Marktzins dem tatsächlichen und erwarteten gleichgewichtigen Nominalzins.

Diejenigen Wirtschaftseinheiten, die eine geringere Inflationsrate als der Markt erwarten, werden ihre Portefeuilles zugunsten der Finanzaktiva umstrukturieren, da für sie deren reale Verzinsung gestiegen ist, sie treten als Anbieter von Geld bzw. Nachfrager von verzinslichen monetären Finanzaktiva auf.

Insgesamt kann man sagen, daß bei einer Inflationsrate, die schneller als der Marktzins steigt, die „Flucht in die Sachwerte“ immer größer wird, d. h. das Angebot an Finanzaktiva auf dem Geldanleihemarkt immer mehr zunimmt. Dies liegt darin begründet, daß der Anteil der geldillusionsfreien Wirtschaftssubjekte, die eine geringere Inflationsrate als der Markt antizipieren, mit zunehmender Geldentwertung tendenziell abnimmt. Hinzu kommt, daß im Zuge dieser Entwicklung auch die Zahl der geldillusionsbehafteten Wirtschaftseinheiten zurückgeht, also immer weniger Wirtschaftssubjekte Nominal- und Realzins gleichsetzen.

Mit steigender Inflationsrate passen sich die Inflationserwartungen allmählich der tatsächlichen Geldentwertung an. Dies führt zu höheren Nominalzinsforderungen, sollen die Finanzaktiva weiter gehalten werden; durch das verstärkte Angebot an derartigen Titeln bei einer tendenziell zurückgehenden Nachfrage kommt es zu Kurssenkungen, der Nominalzins steigt. Wird die Inflationsrate auf diese Weise allmählich im Nominalzins antizipiert, nimmt die Nachfrage auf dem Geldanleihemarkt wieder zu. Das Gleichgewicht — bei einem um die Inflationsrate über dem Realzins liegenden Nominalzins — spielt sich wieder ein, wenn die inflationäre Entwicklung voll im Zins für monetäre Aktiva antizipiert wird, denn dann entsprechen sich Realzins und reale Verzinsung.

Das setzt jedoch voraus, daß sämtliche Wirtschaftssubjekte frei von Geldillusion sind und die Inflationsrate richtig antizipieren. Solange jedoch der Inflationsprozeß mit variierenden Inflationsraten verbunden ist, wird dieses Gleichgewicht immer ein unerreichbares Ziel bleiben, da keine genaue Erwartungsbildung möglich ist.

So zeigt sich auf dem Geldanleihemarkt, daß mit zunehmender, nicht antizipierter Geldentwertungsrate die Nachfrage nach monetären Aktiva bei steigendem Angebot zurückgeht. Je mehr jedoch der Zins die Geldentwertung berücksichtigt, um so stärker wird diese Entwicklung abgeschwächt. Dies bedeutet für Wirtschaftssubjekte, die bei der Bildung von Realvermögen auf die Kreditaufnahme — also den Absatz von monetären Aktiva — angewiesen sind, wie beispielsweise der Unternehmenssektor, daß sie sich in ihrer Finanzierungsweise im Inflationsprozeß möglicherweise umstellen müssen. Entweder sie finanzieren ihre Realvermögensbildung verstärkt über Eigenmittel, was nur möglich ist, wenn im Inflationsprozeß die Erlöserpreise stärker als die Kostenpreise steigen[113]; oder sie beteiligen andere Wirtschaftssubjekte an der Realkapitalbildung, indem sie ihnen Eigentumsanteile am Realvermögen verkaufen, beispielsweise in Form von Aktien.

3.5.5. Zusammenfassung

In diesem Abschnitt haben wir die Auswirkungen des Inflationsprozesses auf die Nachfrage nach den verschiedenen realen und monetären Aktiva untersucht. Diese ergeben sich aus dem Streben der Wirtschaftssubjekte, durch eine möglichst umfangreiche Diversifikation ihres Portfolios eine weitgehende Risikostreuung zu erreichen. Hauptsächliche Bestandteile des Portefeuilles sind dabei (1) das Geld, (2) kurzfristige Finanzaktiva, (3) langfristige Finanzaktiva, (4) Aktien und (5) Realkapital, bestehend aus Investitions- und langlebigen Konsumgütern. Diese Aktiva unterliegen teilweise verschiedenartigen Risiken, von denen uns in erster Linie der Aspekt der Realwertsicherung und die Auswirkung von Geldwertänderungen auf die Zusammensetzung des Portefeuilles interessierte[114].

Es wurde gezeigt, daß das optimale Portfolio eines Wirtschaftssubjektes dann erreicht ist, wenn der Ertrag des Portefeuilles unter Berücksichtigung des von den individuellen Präferenzen bestimmten Risikogrades sein Maximum erreicht hat. Anders formuliert, die Bedingungen für ein optimales Portfolio sind dann erfüllt, wenn sämtliche im Portefeuille gehaltenen Aktiva den gleichen marginalen Gesamtertrag abwerfen, der sich aus einer pekuniären und einer nicht peku-

---

113 Eine solche Entwicklung wäre möglich, wenn ein inflationsbedingter Lohnlag aufgrund der höheren Reagibilität der Erlöspreise bestünde. Sofern jedoch die Gewerkschaften in ihren Lohnforderungen zukünftig erwartete Preissteigerungen vorwegnehmen und diese Lohnforderungen auch durchsetzen können, existiert der Lohnlag nicht mehr, und der inflationsbedingte Selbstfinanzierungsspielraum ist reduziert.

114 Vgl. zum folgenden E. M. Claassen: Probleme der Geldtheorie, Berlin—Heidelberg—New York 1970, S. 135 ff.

niären Komponente zusammensetzt. Unter dem nichtpekuniären Ertrag wird dabei der Nutzen verstanden, den ein Aktivum durch Zahlungssicherheit, Wertsicherheit, Ersparnis von Transaktionskosten usw. stiftet[115]; dabei umfaßt der Begriff der Wertsicherheit sowohl den Aspekt der Nominalwertsicherheit als auch der Realwertsicherheit. Dieser nichtpekuniäre Ertrag spiegelt somit letztlich den Kehrwert des Risikos der einzelnen Aktiva wider. Je höher das Risiko, desto geringer ist der nichtpekuniäre Ertrag anzusetzen. Grafisch ist dieser Zusammenhang in Fig. 9 dargestellt[116].

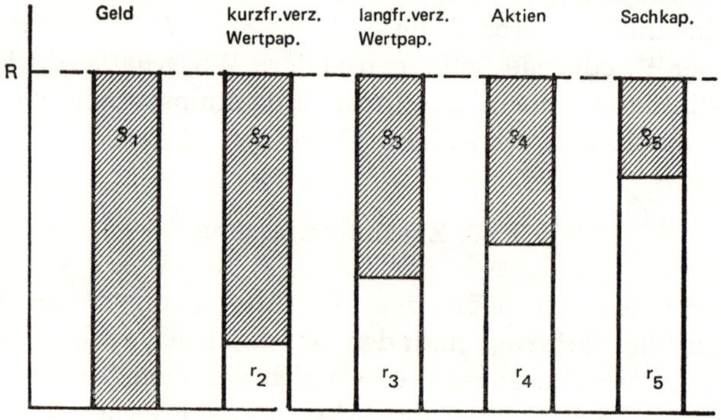

Figur 9

Die Optimierung in der Portfoliozusammensetzung bedeutet, daß die marginalen Ertragssätze der einzelnen im Portfolio enthaltenen Aktiva (R_i) — bestehend aus dem nichtpekuniären Ertrag (ϱ_i) und dem pekuniären (r_i) — einander gleich sind. Ein Inflationsprozeß verändert nun den marginalen Gesamtertrag der einzelnen Aktiva unterschiedlich, so daß eine Portfolioumschichtung der Wirtschaftssubjekte ausgelöst wird, die dann ihr Ende findet, wenn die Gesamtertragssätze sämtlicher im Portefeuille befindlichen Aktiva einander wieder gleich sind. Dieser Ausgleich kann sowohl über die nichtpekuniären Erträge — also Variationen im Risiko — als auch über die pekuniären erfolgen.

Für Wirtschaftssubjekte, die der Geldillusion unterliegen, ändert sich in den Erträgen der Aktiva zunächst nichts. Führen jedoch die Reaktionen der geldillusionsfreien Wirtschaftseinheiten zu veränderten marginalen Gesamterträgen einzelner Aktiva, dann löst diese Entwicklung ebenfalls Reaktionen der geldillusionsbehafteten Wirtschaftseinheiten aus. Zu erwarten ist ein Anstieg des Nominalzinses, der für diese den marginalen Gesamtertrag der Finanzaktiva steigen läßt, da

---

115 Vgl. E. M. Claassen, a.a.O., S. 136.
116 Vgl. derselbe, a.a.O., S. 144, Abb. 4.

der Inflationsprozeß nicht erkannt und insofern eine Verringerung des nichtpekuniären Ertrages (ein Risikoanstieg) nicht gesehen wird. Diese Wirtschaftssubjekte werden, solange sie die Inflation nicht erkennen, verstärkt monetäre Aktiva in ihre Portefeuilles aufnehmen, was wiederum die Tendenz hat, den inflationsbedingten Zinsanstieg zu reduzieren.

Für die geldillusionsfreien Wirtschaftssubjekte bedeutet der Verlust der Realwertsicherheit bei den Finanzaktiva eine Verringerung des nichtpekuniären Ertrages (einen Risikoanstieg). Am stärksten davon betroffen ist dabei die Bargeldhaltung. Solange der negative Nutzen der Realwertminderung noch kleiner ist als der positive Nutzen der Zahlungsmittelfunktion und der Ersparnis von Transaktionskosten, wird das Wirtschaftssubjekt immer — wenn auch vermindert — Geldhaltung betreiben. Die überschüssige Kassenhaltung wird abgebaut durch die Nachfrage nach anderen Aktiva. Auf diese Weise steigt dann wiederum der Grenznutzen der verbliebenen Geldhaltung aus Zahlungssicherheit und Ersparnis von Transaktionskosten an.

In dem Prozeß werden diese Wirtschaftseinheiten auch den Anteil der anderen monetären Aktiva am Portfolio vermindern, da sich auch bei diesen eine Einbuße des nichtpekuniären Ertrages (ein Risikoanstieg) ergibt. Sie werden versuchen, verstärkt reale Aktiva zu erwerben, da diese unberührt vom Inflationsprozeß keine Einbußen des marginalen Gesamtertrages hinnehmen müssen[117].

Über die Umstrukturierung ergibt sich für die Besitzer von festverzinslichen Aktiva neben der Minderung des nichtpekuniären Ertrages eine zusätzliche Reduzierung des pekuniären Ertrages dadurch, daß andere Wirtschaftssubjekte nur gegen eine höhere Verzinsung bereit sind, Finanzaktiva zu erwerben. Dies bedeutet für den Verkäufer einen Kursverlust und damit eine realisierte Ertragseinbuße. Solange jedoch Gruppen vorhanden sind, die der Geldillusion unterliegen bzw. eine niedrigere Inflationsrate als der Markt erwarten, wird der Zins nicht voll die Inflationsrate berücksichtigen, was zu einer verstärkten Kreditnachfrage — einem verstärkten Angebot an Finanzaktiva — seitens solcher Wirtschaftseinheiten kommt, die eine höhere Inflationsrate als der Markt erwarten und über die Schuldnerposition einen zusätzlichen Inflationsertrag erzielen wollen.

---

[117] Dies gilt jedoch nicht uneingeschränkt für den Erwerb von Realaktiva in der Form von Produktivvermögen. Sofern die Geldentwertung auf den Typ der kosteninduzierten Inflation zurückgeht, können sich negative Auswirkungen für den Realkapitalertrag ergeben, wenn es nicht gelingt, die Erlöspreise im selben Ausmaß anzuheben, in dem die Kosten steigen. Die Wirtschaftssubjekte werden dann, sofern die pekuniären Ertragseinbußen beim Realkapital größer sind als die Ertragseinbußen beim Finanzvermögen, den Anteil derartiger Realaktiva am Portfolio reduzieren.

Die verstärkte Nachfrage nach Realaktiva wird auf der anderen Seite — sofern diese Güter nicht beliebig vermehrbar sind — deren Preis in die Höhe treiben, womit wiederum eine Abnahme der pekuniären Erträge dieser Vermögensformen verbunden wäre, sofern sie neu erworben werden müssen. Sind sie bereits im Portfolio, so steigt ihr Wert, ihr pekuniärer Ertrag hat sich verbessert.

Insgesamt führt die Portfolioreaktion im inflationären Prozeß dazu, daß der Anteil der Finanzaktiva infolge der Ertragseinbuße sinkt, der Wert der im Portfolio enthaltenen Realaktiva entsprechend zunimmt. Wird die Inflation richtig antizipiert und in der Zinshöhe vollständig berücksichtigt, so reduzieren die Wirtschaftseinheiten allein den Anteil der Geldhaltung zugunsten der übrigen Aktiva, wobei sich die Struktur zwischen den anderen monetären und realen Aktiva kaum verändern dürfte, denn die Aufteilung der abgebauten Kassenhaltung erfolgt so, daß die Grenzerträge bei allen im Portfolio befindlichen Vermögensobjekten gleich sind. Gewisse Strukturverschiebungen ergeben sich nur, wenn die Grenzerträge auf die Erhöhung des jeweiligen Bestandes eines Aktivums unterschiedlich reagieren.

Vollzieht sich dieser Geldentwertungsprozeß unter variierenden Inflationsraten, so ist eine eindeutige Erwartungsbildung über die zukünftige Entwicklung nicht möglich. Die Wirtschaftseinheiten werden zwar Finanzaktiva im Portefeuille halten, um die zukünftigen Inflationsrisiken auf sämtliche Aktiva zu verteilen und damit das Portfoliorisiko zu vermindern, der Anteil dieser Vermögensobjekte am Gesamtportfolio hängt jedoch davon ab, ob die individuelle Einschätzung der zukünftigen Entwicklung positiv oder negativ von der des Marktes abweicht.

Ergibt sich eine Flucht in die Sachwerte, hat dies zur Folge, daß die Nachfrage nach Finanzaktiva hinter deren Angebot zurückbleibt. Dies führt zu Kurseinbußen und Realwertverlusten derjenigen, die die Titel in ihrem Portefeuille haben, während für den Neuanleger auf diese Weise der pekuniäre Ertrag dieser Vermögensform zunimmt. Solange jedoch der aus der Vermögensumschichtung zu erwartende Mehrertrag die durch die Zinssteigerung bedingten Kursverluste nicht decken kann, werden die Besitzer der betroffenen Aktiva kaum zu einer Umstrukturierung ihres Vermögens bereit sein. Je weiter die Kurse fallen bzw. der Zins steigen muß, um die Anlage in monetäre Aktiva wieder attraktiv zu machen, um so mehr Besitzer von Finanzaktiva werden in der genannten Weise betroffen. Aus diesem Grunde ist im Inflationsprozeß damit zu rechnen, daß das Zinsniveau nicht im Ausmaß der Geldentwertung ansteigt.

Somit sind Formen der Realkapitalbildung aufgrund inflationärer Zusatzerträge profitabel, die unter Preisniveaustabilität Verluste bringen würden. Dies ist dann der Fall, wenn der pekuniäre Ertrag des Realaktivums auf dem inflationsbedingten Schuldnergewinn beruht. Es kann so zu Fehlallokationen von Ressourcen kommen, und zwar um so eher, je mehr Wirtschaftssubjekte der Geldillusion verhaftet sind, und je weniger der Zins auf Finanzaktiva die Inflationsrate widerspiegelt.

Sofern man davon ausgeht, daß der Hauptteil der Vermögensbildung im Bereich der privaten Haushalte über den Erwerb von Finanzaktiva, im Unternehmenssektor jedoch über die Realkapitalbildung vollzogen wird, führt der Inflationsprozeß trotz Reaktionen der Wirtschaftssubjekte solange zu unerwünschten Einkommensumverteilungen, als Wirtschaftssubjekte der Geldillusion unterliegen und die Inflationsrate nicht richtig antizipieren.

Wird im Inflationsprozeß die Geldillusion zunehmend abgebaut und erwerben nun die privaten Haushalte statt Finanz- überwiegend Realaktiva, so gehen davon zwei Wirkungen aus. Einmal führt eine derartige Entwicklung dazu, daß der Unternehmenssektor entweder mehr Realkapital über die Beteiligungsfinanzierung vornehmen muß, was negative Auswirkungen auf die Investitionsbereitschaft haben kann, oder aber daß er verstärkt Fremd- durch Selbstfinanzierung substituiert und damit die inflationäre Entwicklung noch verschärft. Zum anderen kann sich der Inflationsprozeß auch noch dadurch beschleunigen, daß die verstärkte Realvermögensbildung der privaten Haushalte über eine Erhöhung des Konsumtivvermögens erfolgt.

Die Frage, die sich nun stellt, geht dahin, wie eine derartige Entwicklung zu vermeiden ist, wenn man davon ausgehen muß, daß in der Realität Freiheit von Geldillusion und richtige Antizipation der künftigen Entwicklung nicht vollständig realisierbar sind. Einen Versuch zur Überwindung dieser Inflationsfolgen stellen die Indexklauseln (Geldwertsicherungsklauseln) dar. Sie sollen im nächsten Kapitel zunächst hinsichtlich ihrer Ausgestaltungsmöglichkeiten charakterisiert werden, um der Frage nachgehen zu können, welche der möglichen Formen für die Geldwertsicherung in Frage kommen. Ist dies geklärt, können ihre einzelwirtschaftlichen Wirkungen im Inflationsprozeß untersucht werden.

C. Die Neutralisierung der Inflationswirkungen über eine Geldwertsicherung

1. Gleitklauseln als Instrumente zur Sicherung vor Inflationswirkungen

Die Aufgabe der Geldwertsicherungsklauseln besteht darin, Tauschwertänderungen des Geldes bei monetär fixierten Forderungen zu berücksichtigen. Dies kann durch die Bindung der Geldforderung an den Preis eines Gutes oder Güterbündels, aber auch durch die Bindung an eine Gütermenge erfolgen. Der Gläubiger einer monetären Forderung soll durch eine derartige Klausel in die Lage versetzt werden, unabhängig von der Geldwertentwicklung die gleiche Gütermenge nach Ablauf des Kreditzeitraumes kaufen zu können wie zum Zeitpunkt der Kreditvergabe. Dies bedeutet letztlich, daß der monetäre Kredit durch eine Anwendung von Sicherungsklauseln zu einem Realkredit umgewandelt wird. De facto ist nicht mehr eine bestimmte Geldmenge ausgeliehen und bei Fälligkeit zurückzuzahlen, sondern der Kredit besteht in einer realen Gütermenge. Ein derartiges Vorgehen ist dann nötig, wenn die Wirtschaftseinheiten nominell keinen Ausgleich für eine Geldentwertung erhalten.

Liegt ein stabiler Geldwert vor, dann entspricht eine Geldsumme vor der Kreditvergabe und nach Ablauf der Kreditfrist der gleichen realen Gütermenge. In diesem Falle ist eine Sicherung über Gleitklauseln unnötig; dies gilt ebenso, wenn die Wirtschaftssubjekte die Geldwertentwicklung richtig antizipieren, so daß sie bei der Verzinsung der Geldschuld schon die zukünftige inflationäre Entwicklung mit berücksichtigen. Ist dies nicht der Fall, dann werden die monetären Aktiva in einem gewissen Umfang entwertet, so daß es u. a. eine Forderung der Gerechtigkeit ist, einen Ausgleich für diese Entwertung zu schaffen.

Man kann somit generell sagen, daß bei der Anwendung von Geldwertsicherungsklauseln Schuldner und Gläubiger übereinkommen, „... daß nicht mehr ein bestimmter Geldbetrag in inländischer Währung geschuldet wird, sondern der Gegenwert einer bestimmten Güter- oder Devisenmenge in Geldeinheiten“[1]. Es wird also nicht wie beim nicht-

---

1 K. Lubasch, a.a.O., S. 12.

wertgesicherten Kredit ein bestimmter Geldbetrag, sondern eine bestimmte Gütermenge verliehen[2].

Da bei einem stabilen Geldwert der reale Gegenwert der Finanzaktiva unverändert bleibt, läßt es sich nicht direkt ableiten, ob der Schuldner bzw. der Gläubiger an einer bestimmten Geldmenge oder anderen realem Gegenwert orientiert ist. Geht man davon aus, daß das Wesentliche eines Kredites die Überlassung der Kaufkraft für eine bestimmte Zeit ist, die über den Zins entgolten werden soll, so darf man wohl unterstellen, daß beide Partner hinter der verliehenen Geldmenge die güterliche Seite des Kredites sehen.

Beim Schuldner — dem Anbieter von Finanzaktiva — kann man in der Regel davon ausgehen, daß er den Kredit nur aufgenommen hat, weil er selbst nicht über die nötige Kaufkraft verfügt, sich mit eigenen Mitteln die gewünschten Güter zu verschaffen. Er ist vor allem an der Überlassung der Kaufkraft interessiert und bereit, dafür einen Zins zu zahlen. Gleiches kann man auch für den Gläubiger unterstellen. Er bildet i. d. R. Geldvermögen nicht um seiner selbst willen, als letzte Verwendung steht immer die Umwandlung in reale Güter im Hintergrund. Verzichtet er heute darauf, seine Kaufkraft wahrzunehmen und das Geld in Güter umzutauschen, so doch nur, weil er davon ausgeht, daß er mittels der Zinsentschädigung später eine höhere Geldsumme zum Erwerb von Gütern zur Verfügung hat. Man kann so mit einer gewissen Berechtigung beim Schuldner wie beim Gläubiger eine „reale Motivation" bei der Kreditaufnahme bzw. -vergabe unterstellen. Berücksichtigt man dies, so liegt der Wertsicherung eine konsequente Handlungsweise zugrunde[3].

Die Erfassung von Geldwertänderungen über die Bindung eines nominellen Betrages an den Preis eines Gutes bzw. Güterbündels bedeutet nicht, daß die Wertsicherung ein Zurückgehen auf die alte Naturaltauschwirtschaft darstellt, denn die Funktion des Geldes als Tauschmittel bleibt unangetastet. Der Schuldner zahlt nach Ablauf des Kreditzeitraumes nicht eine bestimmte Gütermenge zurück, sondern die Anzahl der Geldeinheiten, die dieser Gütermenge zum Zeitpunkt der Tilgungsfälligkeit entspricht. Die Wertsicherung von monetären Forderungen bedeutet letztlich nur die Aufgabe der Wertaufbewah-

---

2 Vgl. derselbe, ebenda.

3 Sofern die Wirtschaftssubjekte der Geldillusion nicht unterliegen, wäre es absonderlich und ein Bruch in ihrem Verhalten, wenn sie nicht in realen Größen dächten und agierten. Auch bei Geldillusion betrachten sie Mark als gleich Mark aufgrund ihrer güterwirtschaftlichen Vorstellungen, denn sie sind der Ansicht, daß sie heute für den Geldbetrag die gleiche Gütermenge bekommen wie für den gleichen Betrag vor einiger Zeit. Die als unverändert angesehenen realen Größen führen dazu, daß auch der Wert der Geldeinheit als konstant unterstellt wird.

rungsfunktion des Geldes, da diese bei Preisniveausteigerungen nicht mehr erfüllt wird. Die Realwertsicherung der monetären Aktiva ist gefährdet. Welches Gut anstelle des Geldes die Wertaufbewahrungsfunktion übernehmen soll, wird von den Wirtschaftseinheiten entschieden.

Von den Geldwertsicherungsklauseln, die das Risiko der Preisniveauänderungen ausschalten sollen, lassen sich noch die Preisgleitklauseln unterscheiden, die bestimmte Preisrelationen fixieren sollen[4]. Ihre Aufgabe besteht darin sicherzustellen, daß die gütermäßige Relation zwischen den Leistungen der Vertragspartner im Vertragszeitraum die gleiche bleibt, auch wenn sich die Preisrelationen auf dem Markt verändern.

Soll ein Gläubiger durch den Schuldner gegen das Geldwertrisiko vollständig geschützt werden, so muß die Wertsicherung des Kredites zwei Größen umfassen, einmal die Sicherung des hingegebenen Kapitals mittels einer Geldwertsicherungsklausel — um damit den realen Gegenwert der Kreditsumme unverändert zu erhalten — und zum anderen die Sicherung des Preises für die zeitweise Überlassung von Kaufkraft — des Zinses — über eine Preisgleitklausel. Der Unterschied zwischen Geldwertsicherungs- und Preisgleitklausel besteht im wesentlichen darin, daß letztere Preisrelationen (Stromgrößen) gegen inflationsbedingte Verschiebungen absichern soll, während die Geldwertsicherungsklausel einen fixierten monetären Betrag (Bestandsgröße) vor Schwankungen seines Realwertes schützen will.

Damit ist jedoch nicht gesagt, daß nicht auch die Absicherung eines Bestandes über eine Preisgleitklausel möglich ist. Dies hängt von der Ausgestaltung des Kreditverhältnisses ab. Erfolgt die Wertsicherung über eine Preisgleitklausel, d. h. der Inflationsausgleich wird auf den Zins aufgeschlagen, dann wird die Trennung zwischen Kapitalbestand und Gegenleistung für dessen Überlassung (Verzinsung) verwischt[5].

Die Zinszahlung enthält in diesem Fall neben dem eigentlichen Entgelt für die Kaufkraftüberlassung noch einen Tilgungsbestandteil (eine Bestandsgröße), der dem als Inflationsausgleich gezahlten Zinsaufschlag entspricht. Der Schuldner hat am Ende der Kreditperiode dann nur den ausgeliehenen nominellen Betrag zu tilgen, der bei einer Geldwertverschlechterung während der Kreditperiode nur noch eine geringere Kaufkraft repräsentiert. Die innerhalb der Kreditperiode zu erwartende Kaufkraftminderung wird ausgeglichen durch die im Zins enthaltenen Rückzahlungsanteile.

---

[4] Vgl. derselbe, a.a.O., S. 13.

[5] Vgl. derselbe, a.a.O., S. 14.

2. Ausgestaltungsmöglichkeiten von Wertsicherungsklauseln

2.1. Die Bindung an ein bestimmtes Gut

Der Zweck von Wertsicherungsklauseln, unerwünschte Verschiebungen des Preisniveaus zu eliminieren, kann auf zweierlei Weise angestrebt werden. Die eine besteht in einer Koppelung der Klausel an einen ganz bestimmten Preis — also ein ganz bestimmtes Gut —, die andere in einer Bindung an einen Maßstab des Preisniveaus — also ein Güterbündel. Der zugrundegelegte Wertmaßstab übernimmt dann jeweils die Wertaufbewahrungsfunktion des Geldes.

Im folgenden seien nun die Möglichkeiten und Probleme untersucht, die sich ergeben, erfolgt die Wertsicherung über die Bindung an ein einzelnes Gut. Voraussetzung einer solchen Bindung ist, daß das Gut seinen realen Wert — zumindest während der Kreditperiode — nicht verändert, damit jederzeit die gleiche Gütermenge gegen dieses spezielle Gut eingetauscht werden kann. Ist ein solches Gut vorhanden, dann würde sich sein nomineller Wert immer um die Inflationsrate erhöhen, die Veränderung des Preises wäre ein guter Maßstab für die Variation des Geldwertes. Dies bedeutet aber, daß ein einzelnes Gut nur dann einen geeigneten Wertmaßstab darstellt, wenn keine Nachfrage- und Angebotsverschiebungen auftreten, da solche Einflüsse die Knappheitssituation dieses Gutes und damit auch seinen realen Wert und nominellen Preis ändern.

Denn ein idealer Maßstab für die Geldwertentwicklung erfordert, „daß sich auch im Zeitablauf seine Knappheit nicht ändert, d. h. seine Austauschrelation gegenüber den anderen Gütern ändert sich nur durch Veränderungen der Knappheit der anderen Güter und nicht durch Änderungen der Knappheit des Wertmaßstabes“[6].

Gold war ein solches Gut, das früher zur Wertsicherung häufig verwandt wurde[7]. Die Kreditvergabe wurde derart an das Gold gebunden, daß nach Ablauf der Kreditperiode eine Geldsumme zurückgezahlt werden mußte, die der Goldmenge entsprach, die die Kreditsumme zu Beginn des Kreditverhältnisses repräsentierte. Der Kredit bestand also letztlich in der Gewährung einer bestimmten Goldmenge für einen festgelegten Zeitraum. Der Grund für die Wahl des Goldes lag darin, daß es durch seine Knappheit als Wertaufbewahrungsmittel par excellence angesehen wurde.

Neben den Goldklauseln fanden Devisenklauseln als Wertsicherung eine weite Verbreitung, die die Kreditschuld an den Kurs bestimmter

---

6 K. Lubasch, a.a.O., S. 43.

7 Vgl. K. M. F. Edelmann: Die Wertsicherung der französischen Anleihen, in: Österreichisches Bank-Archiv 1958, S. 72 ff.

Devisen banden. Solche Klauseln stellen insofern keinen absoluten Maßstab zur Messung des Geldwertes dar, als sie die Inflationsrate nur relativ zu dem Land messen, dessen Devisen zugrundegelegt werden. Dies bedeutet, daß nur soweit eine Berücksichtigung der Geldwertverschlechterung erfolgt, als diese sich auf die Devisenkurse auswirkt. Eine Geldwertsicherung erfolgt somit nur in dem Umfang, in dem sich das inländische Preisniveau schneller als das ausländische verändert. Die Bindung an die Devisenkurse hat außerdem nur dann einen Sinn, wenn flexible Wechselkurse vorliegen, die in ihren Relationen allein von den Kaufkraftparitäten bestimmt sind.

Eine solche Form der Wertsicherung dürfte nur bei einer wirklich galoppierenden Inflation von Bedeutung sein, weil sich dann der Kaufkraftverlust zum größten Teil auch im Devisenkurs widerspiegelt. Ansonsten zeigen die Devisenkurse nur die veränderten Knappheitsrelationen der in der Außenwirtschaft gehandelten Güter, die aber nicht auch zwangsläufig auf dem Binnenmarkt angeboten und nachgefragt werden müssen.

Eine weitere, ebenfalls oft benutzte Möglichkeit ist die Bindung an ein bestimmtes Produkt, dessen Preis zum Maßstab der Geldwertverschlechterung wird. So wurden beispielsweise in Frankreich Energieanleihen an den Energiepreis gebunden[8]. Stieg dieser Preis, so erhöhte sich im selben Umfang auch die Verzinsung und/oder — je nach Ausgestaltung — auch die Kapitalrückzahlung. Letztlich handelt es sich jedoch bei dieser Art der Wertsicherung über den Preis eines Gutes, das der Kreditnehmende selbst herstellt, um eine Art Gewinnbeteiligung für den Gläubiger. Dies wird besonders deutlich, wenn die Verzinsung und/oder Kapitalprämie an die Dividende oder direkt an den Geschäftsgewinn gebunden wird, wie dies in Frankreich bei den „obligation participante" der Fall war[9]. Derartige Wertsicherungsklauseln erfüllen nur dann ihren Zweck, wenn der Kreditgeber erwarten darf, daß der spezielle Preis, der Unternehmensgewinn oder die Dividende genau der Entwicklung des allgemeinen Preisniveaus bzw. der Preise folgt, die in seinem angestrebten Warenkorb von Bedeutung sind.

Insgesamt bieten sich viele Möglichkeiten, die Geldwertsicherung eines monetären Aktivums über die Bindung an ein Gut vorzunehmen. Es ergibt sich — abgesehen von den spezifischen Problemen spezieller Formen — immer die Frage, inwieweit die wertmäßige Entwicklung eines Gutes überschaubar ist. Je mehr es den Vertragsparteien überlassen ist, welches Gut zur Sicherung des Realwertes einer Forderung

---

8 Vgl. K. M. F. Edelmann, a.a.O., S. 75.

9 Vgl. derselbe, ebenda.

herangezogen werden soll, je vielfältiger die verwandten Sicherungen sich gestalten, um so weniger wird der Kreditgeber in der Lage sein, die Marktbedingungen zu überblicken. Es besteht letztlich die Gefahr, daß die Markttransparenz auf dem Kreditmarkt verloren geht und damit der Vorteil der Wertbeständigkeit der Anlageform durch die zunehmende Intransparenz mehr als ausgeglichen wird[10, 11].

Hinzu kommt weiterhin, daß es dem Wirtschaftssubjekt als individuellem Kreditgeber schwer fallen dürfte genau abzuschätzen, ob das Gut, das als Grundlage der Wertsicherung dienen soll, auch tatsächlich über die Kreditdauer seinen Wert behält und es zur angestrebten Wertsicherung kommt. Als Beispiel für die möglichen Gefahren sei nur auf die Entwicklung des Goldpreises in den letzten Jahren hingewiesen.

Ist bei der Wertsicherung mittels einzelner Güter die Gefahr sehr groß, daß sich im Laufe der Kreditperiode bzw. Besitzes von Finanzaktiva die Knappheitsrelationen doch ändern, so würde bei einer generellen Benutzung von Gold- und Devisenklauseln allerdings die Markttransparenz bestehen bleiben. Es kann auf mittlere und längere Sicht jedoch kaum davon ausgegangen werden, daß sich die Knapp-

---

10 Vgl. B. I. Cohen: Indexed Debt in Underdeveloped Countries, in: PF Vol. 21 (1966), S. 453: „..., that the market place found it difficult to compare the great variety of complex index clauses, and so indexed bonds might have been considered less liquid than ordinary bonds."

11 Für die Bundesrepublik regelt § 3 des Währungsgesetzes die Zulassung derartiger Klauseln, wobei die Bestimmung lautet:

„Geldschulden dürfen nur mit Genehmigung der für die Erteilung von Devisengenehmigungen zuständigen Stelle in einer anderen Währung als in Deutscher Mark eingegangen werden. Das gleiche gilt für Geldschulden, deren Betrag in Deutscher Mark durch den Kurs einer solchen anderen Währung oder durch den Preis oder die Menge von Feingold oder von anderen Gütern oder Leistungen bestimmt werden soll*."

Das Genehmigungsverfahren fällt unter den Aufgabenbereich der Deutschen Bundesbank, die dazu wiederum gewisse Grundsätze veröffentlicht hat, nach denen sie bei der Genehmigung bzw. Ablehnung von Wertsicherungsklauseln vorgeht**. Danach sind genehmigungsfrei solche Bindungen der Geldschuld an Devisen, Gold oder andere Güter, bei denen eine Veränderung der Vergleichsgröße nicht automatisch zu einer entsprechenden Anpassung der Geldschuld führt, sondern nur neue Verhandlungen über die Höhe der zurückzuzahlenden Geldschuld fordern, wobei das Verhandlungsergebnis offen sein muß (Leistungsvorbehalt)***.

Sofern jedoch gemäß der Sicherungsklausel die Geldschuld automatisch an die Veränderung der Vergleichsgröße angepaßt werden muß, werden solche Klauseln von der Bundesbank nicht genehmigt, wenn es sich um Geldschulden aus Darlehen, Schuldverschreibungen, Kapital- und Rentenversicherungen, Bankguthaben, kurz um Zahlungsverpflichtungen aus dem Geld- und Kapitalverkehr handelt****.

* Abgedruckt bei W. Dürkes: Wertsicherungsklauseln, 7. völlig neu bearb. Aufl., Heidelberg 1966, S. 24. — ** Mitteilung der Deutschen Bundesbank Nr. 1018/64 geändert durch Mitteilung 1006/69; o. V.: Geldwertsicherungsklauseln, in: Monatsberichte der Deutschen Bundesbank, April 1971, S. 29. — *** Vgl. W. Dürkes, a. a. O., S. 29 ff. — **** Mitteilung der Deutschen Bundesbank Nr. 1018/64, geändert durch Mitteilung 1006/69, S. 29.

heitsrelationen nicht ändern. Aus diesem Grunde erscheint eine Wertsicherung über ein einzelnes Gut nur für sehr kurzfristige Zeiträume, die in ihrer Entwicklung überschaubar sind, sinnvoll. Allerdings ist es dann wiederum fraglich, ob sich bei derart kurzen Abschnitten eine Wertsicherung lohnt, da die Geldwertänderung unter Umständen zu geringfügig ist.

2.2. Die Wertsicherung über einen Index

Das Risiko, daß sich im Maßstab der Geldwertentwicklung auch veränderte Knappheitsrelationen widerspiegeln, wird weitgehend umgangen, wenn die Wertsicherung über eine Indexgröße erfolgt. Diese gibt die im Zeitablauf durchschnittlichen Veränderungen von mehreren Größen wieder und stellt somit die zeitliche relative Veränderung von Durchschnittsgrößen dar. Hinsichtlich der Verwendung von Indices als Wertsicherungsmaßstäbe kann man zwei Gruppen unterscheiden, die „produktionsorientierten"[12] und die monetären Indices[13]. Beide können auch in der Form gemischter Indices auftreten, die aber im weiteren Verlauf nicht untersucht werden sollen, da sie nur eine Kombination der beiden ersten Gruppen darstellen.

Die produktionsorientierten Indices legen die Entwicklung eines Wirtschaftszweiges der Wertsicherung zugrunde[14]. Ein solcher Maßstab ist beispielsweise ein Index, der die Produktionsentwicklung eines Wirtschaftszweiges aufzeigt. Beispiel dafür sind die Bons der Electricité de France 1953, bei denen die Produktionsentwicklung Grundlage der Wertsicherung gewesen ist[15]. Ein ähnlicher Maßstab — ein Produktivitätsindex — fand bei den Bons des Charbonnages de France 1952 Verwendung, wo die Produktivitätsentwicklung der französischen Kohleindustrie die Basis der Wertsicherung ihrer Kreditaufnahme war. Auch Umsatzindices fallen unter den Bereich solcher produktionsorientierten Formen der Wertsicherung.

Diese Art von Indices ist jedoch nur in der Lage, die Entwicklung im Bereich spezieller Unternehmen aufzuzeigen, kann also nur dann eine vollständige Wertsicherung gewährleisten, wenn dieses spezielle Unternehmen bzw. dieser Unternehmenssektor in der Lage ist, mit der allgemeinen wirtschaftlichen Entwicklung Schritt zu halten, bzw. wenn der Erwerber des Finanzaktivums dieses nach Ablauf der Anlagezeit gegen ein Gut dieses speziellen Bereiches einzutauschen beabsichtigt.

---

[12] Unter "produktionsorientiert" wollen wir verstehen, daß es sich um Größen handelt, die aus dem Produktionsbereich stammen.

[13] Vgl. K. M. F. Edelmann, a.a.O., S. 77.

[14] Vgl. derselbe, ebenda.

[15] Vgl. derselbe, ebenda.

Produktionsorientierte Indices sind somit eher ein Indikator für die wahrscheinliche Gewinnentwicklung eines Produktionszweiges, einer Unternehmung; die Verknüpfung einer Geldschuld mit dieser Entwicklung, also eine Art Gewinnbeteiligung, kann aber durchaus als Form der Wertsicherung angesehen werden.

Insgesamt besteht bei diesen Indies immer das Problem, daß die Gütermenge, die der Kreditgeber letztlich gesichert haben will, aus anderen als den Produktionsbereichen stammen wird, denen der Kredit zufließt. Somit werden Verschiebungen der Knappheits- und damit Wertrelationen zwischen den Gütern des kreditierten Produktionsbereiches und dem Warenkorb des Kreditgebers kaum übereinstimmen mit den wahrscheinlichen Wertänderungen der Güter im Warenkorb des Kreditgebers, so daß von einer vollständigen Wertsicherung nicht gesprochen werden kann. Solche Indices mögen in Sonderfällen gute Maßstäbe für Wertänderungen sein, in der Regel sind sie es wohl kaum.

Die häufigste Methode der Indexbindung monetärer Aktiva ist die Realwertsicherung mittels monetärer Indices, Preisindices. Dabei stellt sich die Frage, welcher der vielen Indices am besten zur Wertsicherung heranzuziehen wäre. Unabhängig von der speziellen Art haben alle Preisindices die Aufgabe, die durchschnittlichen Veränderungen von Preisen im Zeitablauf wiederzugeben, wofür sie ein konstantes Mengenschema zur Gewichtung benötigen.

Damit wird jedoch unterstellt, daß die im Gewichtungsschema enthaltenen Güter über den gesamten Berechnungszeitraum — zumindest bis zu einer Neufestsetzung der Gewichte — unverändert bleiben. Es können somit keine neuen Güter in den Warenkorb des Index aufgenommen werden, ebensowenig darf sich die Qualität der im Index enthaltenen Güter ändern[16]. Preissenkungen, die aufgrund von Produktionsfortschritten möglich, aber nicht durchgeführt werden, sind als faktische Preissteigerungen im Index nicht berücksichtigt, so daß man insgesamt von einer gewissen Fehleinschätzung der Preisindices ausgehen muß.

Der ideale Wertmaßstab wäre ein Preisindex, der sich auf die ganz spezielle Situation des Gläubigers bezöge, also auf die individuelle Schuldner-Gläubiger-Beziehung abstellte. Eine solche Regelung ist jedoch im allgemeinen nicht möglich, da die endgültige Verwendung der monetären Aktiva meist unbekannt ist, unter Umständen das Wirtschaftssubjekt selbst noch keinen genauen Verwendungszweck angeben kann. Dennoch läßt sich aus dem wirtschaftlichen Sektor,

---

16 Sobald Qualitätsänderungen mit Preisvariationen verbunden sind, ergibt sich die Schwierigkeit, die Preisänderung der Qualitätsvariation bzw. der Geldwertveränderung zuzurechnen.

aus dem der Erwerber der monetären Aktiva kommt, tendenziell auf die endgültige Verwendung des monetären Vermögens schließen. Handelt es sich beispielsweise um den Erwerb von Finanzaktiva seitens der privaten Haushalte, dann kann in der Regeln eine konsumtive Verwendung in der Form eines späteren Erwerbs langlebiger Konsumgüter bzw. Verbrauchsgüter unterstellt werden. Handelt es sich um ein Unternehmen, dann dürfte die Anlage in Finanzaktiva eine Zwischenstation für den späteren Erwerb von Produktionsgütern sein.

Der private Haushalt wird daher zur Wertsicherung des Kredits, der monetären Aktiva mit fixiertem Ertrag am besten einen Preisindex der Lebenshaltung wählen, wobei aus den verschiedenen Formen der ausgewählt werden sollte, der die soziologischen Faktoren des Haushalts — beispielsweise Haushaltszusammensetzung — am genauesten berücksichtigt[17]. Dieser Index macht deutlich, welche Auswirkungen die Preisänderungen bei den von den Haushalten zur Lebenshaltung herangezogenen Güter und Dienstleistungen auf die Haushaltsausgaben haben[18]. Daher wird dieser Index auch weithin als Inflationsmaßstab verwandt. Da er von sehr vielen statistischen Institutionen berechnet wird, ist er allen zugänglich und somit gut zur Wertsicherung zu verwenden.

Die Benutzung der Lebenshaltungskostenindices unterstellt aber, daß die Vermögensbildung allein zum Zwecke der späteren Konsumtion erfolgt. Wird jedoch das monetäre Vermögen — aus welchen Gründen auch immer — um seiner selbst willen gehalten, dann erscheint es problematisch, die Wertsicherung über einen Index der Lebenshaltungskosten vorzunehmen. Es wäre dann wohl besser ein Index zu wählen, der das Spektrum der Preise sämtlicher Güter und Dienstleistungen erfaßt, die auf dem Binnenmarkt einer Volkswirtschaft angeboten werden.

Dies vermutet man beim Preisindex des Bruttosozialprodukts (zu Marktpreisen), von dem man annehmen sollte, daß er die Preisentwicklung der gesamten Produktionsleistung einer Volkswirtschaft enthält[19]. Er scheint gedanklich sämtliche Einzelpreise einer Volkswirtschaft zu umfassen und daher auch am genauesten die durchschnittlichen Veränderungen des Preisniveaus aufzuzeigen.

---

17 Es müßte dann beispielsweise je nach Gläubiger der Index für den 4-Personen-Arbeitnehmer-Haushalt mit höherem oder mittlerem Einkommen zugrundegelegt werden bzw. der Index für einen 2-Personenhaushalt von Rentnern und Sozialhilfeempfängern.

18 Vgl. G. Köble, a.a.O., S. 31.

19 Vgl. zum folgenden H. Bartels: Preisindices in der Sozialproduktsberechnung, in: WiSta 1963, S. 15 ff.

Aus der Art seiner Berechnung als Differenz zwischen dem Warenkorb der letztlich verwendeten Güter einerseits und dem Warenkorb der eingeführten Waren und Dienstleistungen andererseits ergibt sich jedoch, daß der Preisindex des Sozialprodukts „weder die Preisentwicklung der Gesamtheit der Umsätze im weitesten Sinne noch die der Güterumsätze bzw. Umsätze von Gütern aus der laufenden Produktion" zeigt[20].

Er beruht nicht auf den addierten Umsätzen von Gütern, sondern ist das Ergebnis einer Nettorechnung, bei der sämtliche im Produktionsprozeß verwendeten Waren und Dienstleistungen ausgeschaltet werden, und bezieht sich somit letztlich nicht auf eine Summe von Gütern, sondern auf die von den inländischen Faktoren erbrachten Leistungen. Hinzu kommt noch, daß er die Leistungen inländischer Produktionsfaktoren enthält, die in den Export fließen, somit der Vermögensbildung nicht mehr zur Verfügung stehen. Andererseits werden aber die Importpreise für ausländische Güter nicht berücksichtigt, die der inländischen Vermögensbildung verfügbar sind. Aufgrund dieser Charakteristika erscheint der Preisindex des Sozialprodukts wenig zur Sicherung des Realwertes monetärer Aktiva geeignet.

Besser ist der „Preisindex der letzten inländischen Verwendung"[21] — d. h. des letzten Verbrauches und der Investition —, der die Entwicklung der Absatzpreise aufzeigt. Er umfaßt neben den inländischen auch die importierten Güter, so daß deren Preisentwicklung mitberücksichtigt wird. Sein Nachteil besteht in der Miterfassung des Staates.

Die Problematik ergibt sich aus dem Umstand, daß der Staat seine Leistungen größtenteils unentgeltlich abgibt, und wo dies nicht der Fall ist, kein Markt und damit auch kein Preis existiert, der in die Indexberechnung eingehen könnte. In einer Annäherung werden deshalb die Kosten der Leistungserstellung als „Preis" der staatlichen Leistungen angesetzt. Durch die geringen Möglichkeiten zu Produktivitätssteigerungen haben beispielsweise Lohnerhöhungen erhebliche Auswirkungen auf die Preisentwicklung des Staatsverbrauches, was wiederum die Kosten der staatlichen Leistungen in die Höhe treibt. Daraus ergibt sich, daß die Berechnung der Preisentwicklung für die staatlichen Leistungen, die auf direktem Wege erfolgt, mit der Berechnung in anderen produzierenden Bereichen, wo sie indirekt von der Güterseite her vorgenommen wird, nicht vergleichbar ist. Wahrscheinlich ist daher die für die Wertschöpfung des Staates und für den Staatsverbrauch (zu Herstellungskosten) ausgewiesene Preissteigerung

---

20 H. Bartels, a.a.O., S. 15.

21 Vgl. H. Bartels, a.a.O., S. 16.

im Vergleich zu den Ansätzen in der übrigen Volkswirtschaft überhöht[22].

Eine weitere Grundlage zur Abschätzung der Geldwertveränderung über einen Index bietet der Preisindex des privaten Verbrauches[23]. Dieser unterscheidet sich vom Index der Lebenshaltungskosten im wesentlichen dadurch, daß alle Haushalte und privaten Organisationen ohne Erwerbscharakter erfaßt werden. Als Einkaufspreisindex könnte er daher eine gute Grundlage für eine Wertsicherung abgeben, sofern der letzte Zweck der Geldvermögensbildung in einer späteren Umwandlung in Realvermögen gesehen wird.

Ist der Erwerber eines finanziellen Aktivums ein Unternehmen, so ist in der Regel als endgültige Verwendung die Umwandlung dieses Aktivums in reale Produktionsgüter vorgesehen. Als Grundlage der Realwertsicherung müßte in diesem Falle dann ein Index der Produktionsgüterpreise bzw. der Investitionsgüterpreise herangezogen werden.

Zusammenfassend läßt sich somit feststellen, daß eine Wertsicherung dann am genauesten durchzuführen ist, wenn die Wirtschaftseinheiten ganz bestimmte Vorstellungen über die Verwendung der Mittel nach Ablauf der Anlageperiode haben. Die Wertsicherung könnte dann über einen ganz speziellen Preisindex erfolgen, so daß die Wirtschaftssubjekte nach Ablauf der Anlageperiode die gleiche Menge der gewünschten Güter erwerben könnten wie zum Zeitpunkt des Erwerbes der monetären Forderung.

Sind solche spezifischen Warenkörbe nicht bekannt, weiß die Wirtschaftseinheit unter Umständen noch nicht, welcher Verwendung die monetären Aktiva nach Ablauf der Anlageperiode zugeführt werden sollen, dann müßte die Wertsicherung über einen allgemeinen Preisindex vorgenommen werden, der die durchschnittliche Preisentwicklung möglichst vieler Verwendungsmöglichkeiten aufzeigt, wie beispielsweise der Preisindex der letzten inländischen Verwendung, der jedoch um die Entwicklung der Preise für die Staatsleistungen korrigiert werden müßte. Ist zumindest bekannt, daß eine konsumtive Verwendung angestrebt wird, dann erscheint es zweckmäßig, den Index der Lebenshaltungskosten bzw. des privaten Verbrauchs zugrundezulegen.

Ist der richtige Maßstab der Geldwertveränderung gefunden, dann entscheidet die Ausgestaltung der Indexklausel darüber, ob eine Realwertsicherung erreicht wird oder nicht[24].

---

22 Vgl. derselbe, ebenda.

23 Vgl. derselbe, a.a.O., S. 16 f.

24 Hinsichtlich der Genehmigungspraxis derartiger Klauseln seitens der Bundesbank ist festzustellen, daß generell keine Genehmigungen für Zahlungsverpflichtungen aus dem Geld- und Kapitalverkehr vorgenommen wer-

2.3. Realwertsicherung von Finanzaktiva über sonstige Klauseln

Bis jetzt haben wir uns im wesentlichen mit Wertsicherungsklauseln beschäftigt, die „ohne jedes weitere Zutun der Vertragsparteien selbsttätig zu einer Anpassung der wertgesicherten Geldforderung an alle Veränderungen der Vergleichsgröße, d. h. des Wertmessers", führen[25]. Diese Art von Sicherungsklauseln ist prinzipiell bei sämtlichen Formen monetärer Aktiva anwendbar. Neben diesen eigentlichen Wertsicherungsklauseln gibt es jedoch noch ähnliche Vereinbarungen, die nicht unmittelbar und automatisch zu einer Anpassung der gesicherten Geldforderung führen müssen. Es ist die Form der Realwertsicherung, die bei Kreditbeziehungen im Unternehmenssektor eine gewisse Rolle spielt, der sogenannte Leistungsvorbehalt[26].

Dieser liegt dann vor, wenn „allgemein oder bei Vorliegen bestimmter Voraussetzungen die Möglichkeit einer Neufestsetzung der Geldschuld durch die Vertragspartner oder einen Dritten besteht ..."[27]. Dies besagt, daß sich eine Veränderung der Vergleichsgröße nur mittelbar auf die Geldforderung auswirkt, denn sie ist nur die Voraussetzung für eine *mögliche* — aber nicht zwangsläufig eintretende —, in der Höhe völlig unbestimmte Änderung der Geldschuld[28].

Der Leistungsvorbehalt besagt nur, daß es bei Änderungen der Bezugsgröße zu neuen Verhandlungen über die Höhe der Geldforderung kommt. Es bleibt „... die Höhe des zu zahlenden Betrages zunächst unbestimmt, jedoch bestimmbar; die Veränderung der Bezugsgröße bildet nur die Voraussetzung für die Änderung der Leistung, deren Höhe alsdann auf Grund von Verhandlungen der Entwicklung der Bezugsgröße angepaßt und neu festgesetzt werden muß"[29].

---

den, wenn die Klausel eine automatische Anpassung der Geldforderung an Veränderungen der Lebenshaltungskosten oder anderer zukünftiger Preise vorsieht. Denn die Bundesbank befürchtet, daß „... bei der Vielzahl derartiger Klauseln bis hin zu indexgesicherten Anleihen, Sparguthaben und Krediten die Währungsordnung wie auch die Abwicklung des Geld- und Kapitalverkehrs nachträglich beeinflussen würde*.

Außerhalb des Geld- und Kapitalverkehrs werden derartige Indexklauseln auch nur in bestimmten Fällen und bei langfristigen Verträgen zugelassen, wobei dem Index der Lebenshaltungskosten die Hauptbedeutung zukommt, „... als dieser Index im Vergleich zu anderen Wertmessern wegen seiner relativen Ausgeglichenheit Geldwertänderungen am ehesten zutreffend wiedergibt und keine speziellen, unter Umständen besonders hohen Preissteigerungen überträgt**.

* o. V.: Geldwertsicherungsklauseln, S. 27. — ** o. V.: Geldwertsicherungsklauseln, S. 27.

25 W. Dürkes, a.a.O., S. 29.

26 Vgl. derselbe, a.a.O., S. 30 ff.

27 U. Gorniak: Wertsicherungsklauseln, Informationsdienst der Sparkassen und Girozentralen, Stuttgart 1967, S. 11.

28 Vgl. W. Dürkes, a.a.O., S. 30.

29 Urteil des BGH vom 15. 5. 1963, zitiert bei W. Dürkes, a.a.O., S. 30.

Neben dem Leistungsvorbehalt bedient sich die Praxis auch sogenannter Spannungsklauseln, d. h. „Vereinbarungen, die eine Verbindlichkeit in Beziehung zu dem Preis oder Wert von Gütern oder Leistungen setzen, die mit der vom Gläubiger zu erbringenden Leistung gleichartig sind“[30]. Häufig finden derartige Klauseln bei Gehalts- und Ruhegeldvereinbarungen Anwendung, in denen bestimmt wird, daß das zu zahlende Gehalt bzw. Ruhegeld dem vergleichbarer Positionen entsprechen soll[31]. Diese Form der Wertsicherung wird deshalb Spannungsklausel genannt, da die Höhe der Forderung immer einen gewissen Abstand — eine bestimmte Spanne — zur Bezugsgröße haben soll.

Beide Formen der Wertsicherung sind im Geld- und Kapitalverkehr kaum anwendbar; sofern sie Anwendung finden, führen sie jedoch nicht zu einem „Indexautomatismus“[32].

Nachdem nun die verschiedenen Formen der Wertsicherungsklauseln vorgestellt worden sind, muß nun in einem nächsten Schritt geklärt werden, wie die technische Ausgestaltung derartiger Vereinbarungen sein sollte, damit sie dem beabsichtigten Zweck voll entsprechen.

2.4. Bedingungen für die Erfolgsaussichten von Wertsicherungsklauseln

Die Wertsicherung monetärer Aktiva über Wertsicherungsklauseln kann nur dann erfolgreich sein, wenn die gewählten Maßgrößen auch die tatsächliche Entwicklung widerspiegeln und bis zur Beendigung des Schuldverhältnisses Gültigkeit besitzen.

Sind sämtliche denkbaren Formen der Wertsicherung zugelassen, so ist es eine Frage der individuellen Verhandlungen, welche Größe der Wertsicherungsklausel als Maßstab zugrundegelegt werden soll. Man kann erwarten, daß die Vertragsparteien zur Absicherung ihres speziellen Rechtsverhältnisses die Bezugsgröße verwenden, von der sie glauben, daß sie am ehesten die Geldwertverschlechterung anzeigt, die für sie speziell relevant ist. Vermutlich führt das jedoch zu einer unüberschaubaren Flut verschiedenster Realwertsicherungen. Dadurch würde die Fungibilität der Forderungstitel doch sehr weit eingeschränkt — ebenso die Funktionsfähigkeit des Kapitalmarktes —, denn die Ansichten über den jeweiligen Inflationsmaßstab dürften sehr differieren. Dies kann jedoch nicht der Sinn einer Realwertsicherung mone-

---

[30] o. V.: Geldwertsicherungsklauseln, S. 26.

[31] Vgl. ebenda.

[32] Aus diesem Grunde sind derartige Wertsicherungsvereinbarungen genehmigungsfrei, da die Bundesbank keine Gefahr für die Geldwertstabilität sieht.

tärer Aktiva sein. Aus diesem Grunde dürften nur bestimmte Arten von Wertsicherungsklauseln zugelassen werden.

Ungeeignet erscheint dabei eine Abstellung auf bestimmte Sachgüter incl. Gold, da hier Sondereinflüsse zu Entwicklungen führen können, die der Geldentwertung in keiner Weise entsprechen und daher zu unbilligen Ergebnissen für Schuldner oder Gläubiger führen müßten. Gleiches gilt für die Devisenklauseln. Abgesehen davon, daß sie nur die Differenz zwischen inländischer und ausländischer Inflationsrate wiedergeben, somit nur eine relative Wertsicherung darstellen, umfassen sie nur die Preisentwicklung der Außenhandelsgüter, wobei von Devisenspekulationen außerdem noch Sondereinflüsse ausgehen können. Schließlich sind die Devisenklauseln aus dem Grunde abzulehnen, daß sie aufgrund ihrer binnenländischen Auswirkungen die Wechselkurspolitik erheblich behindern. Denn jede Veränderung von Wechselkursen hätte über die Wertsicherungsklauseln erhebliche Auswirkungen auf die binnenwirtschaftlichen Kreditbeziehungen.

„In Frage käme nur die Abstellung auf einen geeigneten Durchschnitt von Preisen einer Vielzahl von Gütern“[33], also einen Preisindex, etwa in der Form des Index für Lebenshaltungskosten oder des Preisindex für das gesamte Sozialprodukt. Voraussetzung für eine Wertsicherung auf dieser Basis ist jedoch das Vertrauen der Wirtschaftssubjekte auf die Richtigkeit der meist von staatlichen Stellen errechneten Indices. Es besteht die latente Gefahr, sofern der Regierung selbst an der Einführung einer Wertsicherung gelegen ist, etwa weil sie glaubt, mittels wertgesicherter Anleihen ihren Finanzbedarf besser decken zu können, daß sie den Index manipuliert, um über seinen geringen Anstieg keinen großen Ausgleich für die Geldwertverschlechterung gewähren zu müssen. Bei erheblichem Ansteigen der Bezugsgröße wird sie immer versucht sein, diese zu manipulieren[34].

Möglichkeiten zur Manipulation gibt es sehr viele. So kann durch einen generellen Preisstopp versucht werden, jegliche Veränderung eines Preisindex zu unterbinden, womit die Wertsicherung nicht mehr möglich, solange der Preisstopp wirkt, jedoch auch nicht notwendig wäre. Sehr beliebt ist die Manipulation des Preisindex für Lebens-

---

[33] R. Stucken: Was stimmt nicht mit unserem Gelde, Hamburg 1967, S. 85.

[34] Dies hat sich in den meisten Staaten gezeigt, die eine Indexbindung zuließen.

Vgl. dazu B. J. Cohen, a.a.O., S. 449 ff.; A. v. Gadolin: Die Kapitalmärkte der nordischen Inflationsländer, in: ZfgesKw 1958, S. 883 ff.; H. Garding: Finnlands Kampf gegen die Inflation, Berlin 1966; J. Hein: A Note on the Use of Index Clauses Abroad, in: JoF Vol. 15 (1960), S. 546 ff.; A. A. Rozental: Variable-Return Bonds — The French Experience, in: JoF Vol. 14 (1959), S. 520 ff.; A. Rubner: The Abdication of the Israeli Pound as a Standard of Measurement for Medium and Long-term Contracts, in: REStud Vol. 28 (1960—61), S. 69 ff.

haltung, sofern dieser als Grundlage der Wertsicherung dient. Durch eine entsprechende Wahl des Basisjahres, durch verstärkte Subventionierung der Wirtschaftszweige, deren Produkte erhebliche Preissteigerungen aufweisen, durch Veränderungen im Gewichtungsschema dergestalt, daß die Produkte, deren Preise erheblich steigen, ein geringeres Gewicht im Lebenshaltungskostenindex bekommen, läßt sich der wahre Preisanstieg erheblich verzerren und somit die Funktion der Wertsicherungsklauseln unterminieren. Denn derartige Klauseln erfüllen nur dann ihren Zweck, wenn sie nicht manipuliert werden und über die volle Anlageperiode der monetären Aktiva Gültigkeit besitzen.

Für die Fungibilität von wertgesicherten Finanzaktiva kann es nun von Bedeutung sein, wann die Wertsicherungsklausel zu einer Anpassung des Forderungsbetrages führt. Wie schon weiter oben ausgeführt, ist es notwendig, daß die Wertsicherung sowohl den Kapitalbestand als auch die Verzinsung desselben umfaßt. Bezeichnen wir mit $(\dot{p})$ die Inflationsrate, mit (K) den Kapitalbestand und mit (r) die reale Verzinsung für die Überlassung des Kapitalbestandes, dann erfordert die vollständige Wertsicherung eine Summe aus Tilgungs- und Zinszahlung in der Höhe von $K(1 + \dot{p}) + rK(1 + \dot{p})$[35]. Je nachdem, wie sich dieser Betrag auf die Zeit verteilt, kann die Fungibilität der monetären Aktiva größer oder kleiner sein, da jedes Wirtschaftssubjekt erst nach erfolgter Berichtigung um den Geldwertbestand bereit ist, die Aktiva auch wieder zu verkaufen.

Generell gibt es zwei Möglichkeiten der Anpassung des Kreditbetrages. Die eine besteht darin, den Ausgleich für die Geldentwertung entsprechend dem Indexstand zum Tilgungszeitpunkt zusammen mit der Rückzahlung vorzunehmen. Die Verzinsung entspricht während der Laufzeit der realen Verzinsung bezogen auf die jeweils um die Geldentwertung berichtigte Nominalsumme.

Beispiel: Bei einer emittierten Anleihe erhöht sich die Schuldsumme, wenn der maßgebende Preisindex um einen bestimmten Prozentsatz gestiegen ist im selben Ausmaß. Angenommen, der Preisindex steigt um 3 Punkte, dann erhöht sich die Schuldsumme einer Anleihe von DM 1 000,— auf DM 1 030,—. Bei einer konstanten 5 %igen Verzinsung wächst damit der Zinsertrag von DM 50,— auf DM 51,50 an. Bleibt es bei dieser Preisniveauerhöhung gegenüber dem Emissionszeitpunkt, dann ist die Anleihe mit 1 030,— zu tilgen. Es bleibt somit im Zeitablauf die Schuld güterwirtschaftlich gesehen unverändert, die Nominalwertsumme hingegen wird den jeweiligen Veränderungen des Preisniveaus angepaßt.

Die Fungibilität derart gesicherter Finanzaktiva kann von den zeitlichen Abständen der Anpassung des Kreditbetrages beeinflußt

---

35 Vgl. H. Timm, a.a.O., S. 313.

werden. Je größer der Zeitraum ist, für den eine Anpassung vorgenommen wird, um so geringer wird die Fungibilität der Forderungstitel c. p. sein, da die Wirtschaftseinheiten tendenziell die Titel solange halten, bis die Anpassung erfolgt ist, um nicht einen Kaufkraftverlust hinnehmen zu müssen.

Dieser hemmende Faktor wird noch durch das Ausmaß der Geldwertveränderung verstärkt. Ist diese im Zeitablauf sehr gering, so ist der Verlust aus einer Nichtanpassung ebenfalls gering, der Anpassungszeitraum spielt nur eine untergeordnete Rolle. Bei höheren Inflationsraten kann er zusammen mit dem Ausmaß der Geldwertverschlechterung gewisse hemmende Auswirkungen auf die Fungibilität der Geldforderungstitel haben.

Dieser Tendenz kann man entgegenwirken, indem die Anpassung automatisch nach Überschreiten eines bestimmten Mindestanstiegs des Index erfolgen muß. Dennoch bleibt die Gefahr bestehen, daß sich auch bei einer derartigen Regelung eine gewisse Verringerung der Fungibilität ergibt. Dies muß jedoch kein Dauerzustand sein; haben die Wirtschaftseinheiten erst einmal gelernt, daß die Kurse festverzinslicher Wertpapiere infolge von Geldwertänderungen ähnlich den Aktien schwanken können, dann ist zu erwarten, daß bestehende Minderungen der Fungibilität wieder abgebaut werden.

Eine andere Möglichkeit besteht darin, daß die Nominalsumme über den Kreditzeitraum konstant bleibt und am Ende der Kreditperiode getilgt wird. Durch Sinken des Geldwertes ermäßigt sich diese Schuld jedoch güterwirtschaftlich. Der Ausgleich dafür ist über einen im Vergleich zur ersten Möglichkeit erhöhten Nominalzins zu entrichten. Diese Art der Wertsicherung entspräche der Situation eines — infolge richtiger Antizipation — um die erwartete Inflationsrate erhöhten Zinssatzes. Die über die Kreditperiode zu entrichtenden Zinszahlungen enthalten nicht nur das Entgelt für die Kaufkraftüberlassung, sondern auch noch eine gewisse Tilgung. „Soll die Tauschwertminderung ausgeglichen werden, muß anfangs — in gleichbleibender Kaufkraft gerechnet — mehr gezahlt werden, d. h. güterwirtschaftlich gerechnet ist in den Zinszahlungen ein Anteil aus der Bestandsgröße in Form verschleierter Kreditrückzahlung enthalten[36].“ Dies führt dazu, daß sich die Zahlungslasten bei dieser Art der Wertsicherung anders als im Falle eines Inflationsausgleichs am Ende der Kreditperiode verteilen, denn nun führt beispielsweise eine 3 %ige Geldwertverschlechterung bei einem Zins von 5 % zu einer Zinserhöhung auf 8 %. Diese Unterschiede seien nochmals an einem Beispiel dargestellt[37].

---

[36] K. Lubasch, a.a.O., S. 33.

[37] Vgl. derselbe, a.a.O., S. 30 ff.

Von zwei Krediten, die gleichzeitig vergeben werden, enthält der eine die Realwertsicherung über die Tilgung der andere über die Verzinsung. Die Summe sei bei beiden DM 1 000,— und die Laufzeit 10 Jahre. Bei einer jährlichen Inflationsrate von 4 % und einem reinen Zins von 4 % (reale Verzinsung) beträgt der Zins für den ersten Kredit 4 % auf eine sich jährlich um 4 % erhöhende Kreditsumme für den letzten hingegen 8 % auf eine gleichbleibende Kreditsumme von DM 1 000,—.

Der Kreditnehmer, dessen Wertsicherung über die Tilgung erfolgt, hat jedes Jahr 4 % auf die sich durch die Geldentwertung um 4 % erhöhende Kapitalsumme zu zahlen, was einen langsam steigenden nominellen Zinsbetrag ergibt. Am Ende des zehnten Jahres muß er dann die Kreditsumme zuzüglich des durch die Geldentwertung bedingten Aufschlages zahlen.

Der Kreditnehmer mit der Realwertsicherung über den Zins zahlt jedes Jahr den gleichen, höheren nominellen Zinsbetrag von DM 80,— zum jeweils herrschenden Preisniveau und tilgt am Ende des zehnten Jahres DM 1 000,—. Bei einer Sicherung über den Zins muß somit eine höhere jährliche Zahlung in Kauf genommen werden, während bei einer Wertsicherung über die Tilgung erst am Ende der Kreditperiode der eigentliche Ausgleich für die Geldentwertung zu entrichten ist.

Erfolgt die Kreditsicherung über den Nominalzins, muß kaufkraftmäßig zu Beginn der Kreditperiode mehr bezahlt werden als bei einer Wertsicherung über die Tilgung. Allerdings wird dies ausgeglichen durch die Abnahme der realen Belastung im Zuge der fortschreitenden Geldentwertung.

Diese letztgenannte Art der Wertsicherung dürfte die Fungibilität von umlaufenden festverzinslichen Aktiva weniger berühren, da sich die Verzinsung jeweils um die Inflationsrate erhöht, die Wirtschaftssubjekte keine Anpassung der nominellen Kreditsumme abwarten müssen, so daß auf diese Weise weniger eine mögliche vorübergehende Einschränkung der Fungibilität bei Einführung von Wertsicherungsklauseln zu befürchten ist.

Zusammenfassend ergibt sich, daß die Wertsicherungsklauseln nur dann ihren Zweck erfüllen, wenn sie frei von irgendwelchen Manipulationen über die volle Laufzeit der Schuldverhältnisse bzw. des Forderungstitels Gültigkeit besitzen. Ein gewisser Nachteil kann sich jedoch bezüglich der Fungibilität in der Übergangszeit nach Einführung von wertgesicherten monetären Aktiva ergeben, wenn die Form der Realwertsicherung über die Tilgung vorgenommen wird. Dies resultiert zum einen aus dem Lag hinsichtlich der Ermittlung der aktuellen Inflationsrate, der dazu führt, daß die Kursanpassung derart gesicherter Finanzaktiva erst mit einer gewissen Zeitverzögerung erfolgt. Die Wirtschaftseinheiten werden diese Kursanpassungen erst abwarten, bevor sie zum Verkauf solcher Papiere bereit sind. Zum anderen laufen nicht alle Finanzaktiva über den Wertpapiermarkt mit einer für alle dort agierenden Wirtschaftseinheiten mehr oder weniger verbindlichen Kursbildung, so daß sich auch hier zunächst Lags in der Anpassung des nominellen Forderungsbetrages an die Geldentwertung ergeben. Der Schuldner wird immer bestrebt sein, vor der nächsten Anpassung zu tilgen, während der Gläubiger erst nach erfolgter Anpassung daran interessiert ist.

Diese Schwierigkeiten lassen sich abmildern, wenn die Inflationsentschädigung über den Zins gewährt wird, indem sich der Zins um die jeweilige Inflationsrate erhöht. Als Maßstab der Geldentwertung sollte dabei ein Preisindex dienen, der möglichst viele Güter umfaßt, bzw. eine geringe Zahl von Preisindices, die es erlauben, in gewissen Grenzen den speziellen Erfordernissen des jeweiligen Gläubigers gerecht zu werden.

Neben diesen Fragen ergibt sich bei der Zulassung von Geldwertsicherungsklauseln das Problem der Besteuerung des Inflationsausgleiches. Denn mit der Suspendierung des Grundsatzes Mark gleich Mark muß das Prinzip des Nominalismus auch bei der Besteuerung aufgehoben werden, sollen die Klauseln ihren Zweck voll erfüllen. Der Zinsertrag der Geldvermögensbildung wie der Ertrag des Produktivvermögens zählen zum Einkommen, so daß ein Inflationsausgleich über einen erhöhten Nominalertrag zunächst eine Erhöhung des Nominaleinkommens darstellt, auf die Steuern zu entrichten sind.

Das Problem besteht nun darin, ob die Geldentwertung nominaler Vermögensteile als Verlust angesehen werden muß, der vom Einkommen abzusetzen ist[38]. Gilt die Geldentwertung als Verlust, dann bleibt der Inflationsausgleich steuerfrei. Bei realen Vermögensteilen ist die Verlustermittlung recht einfach, dort lassen sich physische Abnutzungserscheinungen feststellen, die dann von der Steuer abgesetzt werden dürfen. Hinsichtlich einer Gleichbehandlung des Geldvermögens stellt sich nun die Frage, ob seine Substanz noch als unverändert angesehen werden kann, wenn das Preisniveau sich verändert hat. Betrachtet man den realen Hintergrund der Geldvermögensbildung, den Kaufkraftverzicht, dann ist dies offensichtlich nicht der Fall. Es ist eine Frage sozialpolitischer Gerechtigkeit, ob steuerlich eine Gleichbehandlung zwischen Geld- und Realvermögen dergestalt durchgeführt werden

---

38 Vgl. zum folgenden O. Pfleiderer: Berücksichtigung des Geldwertes bei der Besteuerung von Zinserträgen?, in: ZfgesKw 1965, S. 886 ff.

soll, daß die Geldwertverschlechterung als Verlust des Geldvermögens anerkannt und mit dem Einkommen verrechnet werden kann, bzw. die Inflationsentschädigung durch den Schuldner nicht mehr als Einkommen des Gläubigers angesehen wird[39].

Die Berücksichtigung der Geldwertänderung setzt voraus, daß die Finanzbehörde bei der Besteuerung den gleichen Maßstab der Geldentwertung zugrundelegt, der auch allgemein Verwendung findet. Auf diese Weise kann ex-post jeweils das Geldvermögen und seine Verluste festgestellt und in der Besteuerung berücksichtigt werden. Die Finanzbehörden hätten somit bei der Ermittlung des steuerpflichtigen Einkommens die Geldwertverluste abzuziehen. Das gleiche gilt auch für die Vermögenssteuer. So würde vermieden, daß eine Wertsicherung monetärer Aktiva über die Besteuerung des Einkommens wieder zunichte gemacht wird. Bei einer Wertsicherung über einen Inflationsaufschlag auf den Zins müßte nur der reine Zins — die reale Verzinsung — als Einkommen versteuert werden, da nur er einen Vermögenszuwachs und damit Einkommen der Periode darstellt. Gleichzeitig könnte auf diese Weise sichergestellt werden, daß die Formen der Wertsicherung monetärer Aktiva nicht ausufern.

2.5. Zusammenfassung

Soweit wurde abgeleitet, daß eine Wertsicherung nur dann sinnvoll erscheint, wenn die gewählte Bezugsgröße auch die tatsächliche Entwicklung des Geldwertes widerspiegelt. Bei dieser Auswahl ist ein Kompromiß zwischen der Berücksichtigung ganz spezieller Bezugsgrößen der Wertsicherung und der Übersichtlichkeit und Funktionsfähigkeit des Geld- und Kapitalmarktes zu treffen. Eine vollständige Wertsicherung wäre für das Individuum dann gegeben, wenn das Güterbündel als Vergleichsgröße zugrundegelegt würde, das später nach Ablauf der Anlageperiode erworben werden soll. Da dies zu unüberschaubaren Verhältnissen auf dem Geld- und Kapitalmarkt führt, müssen ein oder mehrere allgemeine Indices als Grundlage der Wertsicherung dienen, da die Sicherung über ein spezielles Gut von zu vielen Sonderfaktoren abhängig wäre.

---

[39] Für die Bundesrepublik sei in diesem Zusammenhang darauf hingewiesen, daß durch die Berücksichtigung von Preissteigerungen bei Lohnverhandlungen und die Dynamisierung der Renten schon große Teile des Volkseinkommens de facto nicht mehr dem Nominalismus im strengen Sinne unterliegen. In diesen Bereich fällt auch die Genehmigungspraxis der Deutschen Bundesbank hinsichtlich langfristiger Verträge, wie weiter oben aufgezeigt wurde. Das Problem der Besteuerung besteht darin, inwieweit generell bei sämtlichen Einkommensarten inflationsbedingte Steigerungen von der Besteuerung ausgenommen werden sollen.

Des weiteren zeigte sich, daß hinsichtlich der Fungibilität der verschiedenen Geldvermögensformen am besten der Inflationsaufschlag auf den Nominalzins als geeignete Form der Geldwertsicherung gewählt wird. Eine wesentliche Voraussetzung für das Funktionieren eines solchen Inflationsschutzes ist, daß die Wertsicherungsklauseln frei von irgendwelchen Manipulationen bleiben und bis zum Ende des jeweiligen Anlagezeitraumes ihre Gültigkeit behalten. Hinzu kommen muß noch die Steuerfreiheit solcher Entschädigungszahlungen beim Gläubiger, da sie ökonomisch gesehen kein Einkommen, keinen Wertzuwachs darstellen, sondern nur der Ausgleich für einen Wertverlust sind.

Im folgenden wird nun zu klären sein, wie sich eine derartige Indexbindung im Bereich des Geldvermögens auf die Vermögensdispositionen der Wirtschaftssubjekte auswirkt, wobei wiederum der Portfolio-Selection-Ansatz Verwendung finden soll. Dieser Schritt ist notwendig, um anhand des Vergleiches mit den Reaktionen ohne Geldwertsicherung den Erfolg und die Auswirkungen der Klauseln beurteilen zu können.

3. Die Auswirkungen einer Indexbindung auf die Vermögensdispositionen der Wirtschaftssubjekte

3.1. Auswirkungen auf den Erwerb langlebiger Konsumgüter

Wurden bisher die alternativen Ausgestaltungsmöglichkeiten einer Geldwertsicherung behandelt, so gilt es nun, ihre Auswirkungen auf die verschiedenen Vermögensdispositionen aufzuzeigen. In einem früheren Abschnitt wurde bereits dargelegt, daß das rationale Wirtschaftssubjekt versucht, den Erwerb langlebiger Konsumgüter vorzuverlegen, wenn es eine inflationäre Entwicklung erkennt und sie für andauernd hält. Es vergleicht seine einzelnen Anlagealternativen und stellt fest, daß — sofern im Bereich der Finanzaktiva keine Realwertsicherung existiert — allein der Erwerb realer Güter einen Schutz gegen die Inflation bietet, mit der Folge, „consumption would tend to increase for there would be no reward to offset the usual preference for present goods"[40]. Denn bei einer unvollständig antizipierten Inflation steigt der Zins nicht im Ausmaß der Geldentwertung und verändert somit die Zeitpräferenz zugunsten des Gegenwartskonsums.

Werden nun auch kaufkraftgesicherte Formen monetären Vermögens angeboten, so schützt nicht mehr allein das Realvermögen gegen eine

---

[40] D. Finch: Purchasing Power Guarantees for Deferred Payments, in: IMF-Staff Papers Vol. V (1956—57), S. 6; vgl. auch B. J. Cohen: The Use of Indexed Debts in Underdeveloped Countries, S. 455.

Geldentwertung. Wirtschaftssubjekte, die solche monetären Aktiva erwerben, brauchen keine Inflationsverluste wegen falsch antizipierter Geldentwertung zu befürchten; dieses Risiko geht auf den Schuldner über[41]. Hinzu kommt, daß die Anlage in solche Titel weniger Marktkenntnis und Erfahrung erfordert als manche Formen des Realvermögens. So ist zu erwarten, daß durch das Angebot von kaufkraftsicheren monetären Aktiva der Erwerb langlebiger Konsumgüter zurückgehen wird, da für viele Wirtschaftseinheiten infolge fehlender Kenntnisse und Erfahrungen als Realvermögensbildung nur der Erwerb langlebiger Konsumgüter in Frage kam, und nun die Entscheidung zwischen Konsumtivvermögensbildung und Bildung anderen Vermögens nicht mehr so stark von den Inflationserwartungen abhängig ist[42].

Dem wird entgegengehalten, daß es gerade die inflationsbedingten Realwertverluste des Geldvermögens seien, die zu einer erhöhten Vermögensbildung führten, da die Wirtschaftssubjekte ein bestimmtes Realvermögensniveau anstrebten. Dieser automatische Stabilisator würde bei kaufkraftgesicherten Vermögensformen jedoch entfallen. Eine derartige Argumentation geht davon aus, daß die Erwartungen der Wirtschaftseinheiten nur eine untergeordnete Rolle spielen[43]. Dies läßt sich aber bezweifeln, denn meist erzeugen Preisänderungen gleichgerichtete Erwartungen der Wirtschaftseinheiten, d. h. ein länger andauernder Preisanstieg führt zur Erwartung, daß die Preise auch in der Zukunft weiter ansteigen werden. Dies hat zur Folge, daß die Wirtschaftssubjekte über die Vorverlegung ihrer Kaufentscheidung die Preisauftriebstendenzen noch verschärfen. Im Falle länger anhaltender Preisrückgänge verstärken die Erwartungen Deflationstendenzen. Solche Erwartungseffekte verlieren erheblich an Gewicht, wenn realwertsichere monetäre Vermögensobjekte zur Verfügung stehen.

So kann man insgesamt durchaus eine Umstrukturierung der Vermögensbildung zuungunsten des Konsumtivvermögens erwarten, was außerdem als stabilisierendes Element von kaufkraftgesicherten Geldvermögensformen angesehen werden kann.

3.2. Auswirkungen auf den Erwerb von Realaktiva

Im Falle unvollständig im Zins antizipierter Geldentwertung und ohne Markt kaufkraftgesicherter Anlageformen bleibt dem Wirtschafts-

---

41 Vgl. R. Goode: A Constant-Purchasing-Power Savings Bond, in: NTJ Vol. 4 (1951), S. 337.

42 Vgl. G. L. Bach und R. A. Musgrave: A Stable Purchasing Power Bond, in: AER Vol. 31 (1941), S. 823.

43 Vgl. R. Goode, a.a.O., S. 339.

subjekt als eine der Alternativen neben dem Erwerb langlebiger Konsumgüter die Anlage in der Form von Aktien und anderen Realaktiva. Dies bedeutet jedoch, „... to avoid the risk of price level change is to accept another set of risks, those inherent the ownership of capital“[44]. Das Geldwertrisiko muß durch das Kapitalrisiko substituiert werden. Für Anleger von kleineren Beträgen dürfte es schwierig sein, dieses Kapitalrisiko durch Anlagestreuung zu verringern. Wird nun die Möglichkeit einer Anlage in kaufkraftgesicherten monetären Aktiva angeboten, so werden die Wirtschaftseinheiten den Anteil der Aktien bzw. des sonstigen Realvermögens am Portfolio reduzieren. Ein erheblicher Teil der Wirtschaftssubjekte wird verstärkt die kaufkraftsicheren monetären Aktiva ausnutzen, da diese weniger Marktkenntnis und -information als die Realaktiva voraussetzen, dennoch einen ähnlichen Inflationsschutz gewähren. Dies führt sehr wahrscheinlich dazu, daß die Nachfrage nach Realaktiva zurückgeht, damit die Anbieter derartiger Vermögensformen Absatzschwierigkeiten bekommen. Der Unternehmenssektor, der in erheblichem Maße auf eine derartige Außenfinanzierung angewiesen ist, müßte sich dann auf eine erhöhte Fremdfinanzierung umstellen.

Eine solche Umstellung ist jedoch mit gewissen Problemen verbunden. Bieten die Unternehmen nur Titel ohne Geldwertsicherung an, so werden sie diese im Verlaufe eines Inflationsprozesses nur zu inflationsbedingt höheren Zinssätzen absetzen können. Dies bedeutet gegenüber einer Situation mit einer nicht bzw. zu gering antizipierten Geldentwertung insofern c. p. eine Kostenerhöhung und damit Ertragsminderung, als ein zusätzlicher Inflationsertrag (inflationsbedingte Minderung der Realschuld) entfällt. Wenn, wie in einem früheren Abschnitt der Arbeit dargelegt, der Ertrag eine Hauptdeterminante des Aktienkurses bzw. des Nominalwertes von Realaktiva ist, führt eine derartige Entwicklung im Vergleich zu einer sehr unvollständig antizipierten Inflation möglicherweise zu Kurseinbußen und damit für die Besitzer derartiger Aktiva zu einer Verschlechterung der Ertrag-Risiko-Relation.

Dies gilt erst recht im Fall einer Finanzierung über kaufkraftgesicherte Titel, denn auch hier führt eine Geldentwertung zu einer inflationsbedingten Erhöhung der nominalen Kreditlast. Stehen kaufkraftgesicherte monetäre Aktiva zur Verfügung, dann ergibt sich c. p. somit im Vergleich zu einer Situation mit zu gering ausgeprägten Inflationserwartungen eine verringerte Ertragsaussicht bei Aktien und

---

44 J. Tobin: An Essay on Principles of Debt Management, in: The Commission on Money and Credit (ed.): Fiscal and Debt Management Policies, Englewood Cliffs (N.J.) 1963, S. 204.

Realvermögen, da der zusätzliche Ertrag der inflationsbedingten Umverteilung vom Gläubiger zum Schuldner entfällt. Zusätzlich negativ auswirken kann sich ein Inflationsprozeß mit variierenden Geldentwertungsraten, da die Unternehmen die genaue Auswirkung des Inflationsprozesses auf die Kosten der Außenfinanzierung nicht mehr genau ableiten können.

Geht man von dem beobachtbaren Verlauf der heutigen Inflationsprozesse aus, so wechseln sich Phasen geringer Geldentwertung mit solchen höherer Geldentwertung ab. Damit ist es sehr wahrscheinlich, daß sich die Ertrag-Risiko-Relation der Anlage in Realaktiva sowohl hinsichtlich des Ertrages als auch des Risikos relativ verschlechtert, sofern realwertsichere Finanzaktiva angeboten werden. Somit dürfte es zu Umstrukturierungen der Portefeuilles zuungunsten der Realaktiva kommen.

3.3. *Auswirkungen der Kaufkraftsicherung bei Finanzaktiva*

Jede inflationäre Entwicklung, sei sie teilweise antizipiert oder gar nicht, führt zu einer Realwertminderung und damit zu höheren Kosten der Geldhaltung[45]. "However, inflation will reduce the real balances a community is willing to hold only if it is anticipated. The fact that the costs of holding money have increased in the past as a consequence of unanticipated inflation has implications for the future costs of holding real balances only in so far as past inflation influences expectations about the future[46]." Auswirkungen ergeben sich somit nur, wenn die Geldwertverschlechterung antizipiert wird.

Mit dem Angebot geldwertgesicherter monetärer Aktiva — so darf man annehmen — wird die Geldillusion der Wirtschaftssubjekte zu einem großen Teil abgebaut, damit die Inflation in erheblichem Umfang antizipiert. Dabei können jedoch — wenn auch in wesentlich geringerem Ausmaß — unerwünschte Ergebnisse auftreten, sofern die Antizipation der Geldentwertung seitens der Wirtschaftseinheiten nicht richtig ist, also erwartete und tatsächliche Inflationsrate auseinanderfallen.

Welche Auswirkungen ergeben sich daraus für die Geldhaltung? Bei Geld als unverzinslichem monetären Aktivum ist ein Inflationsausgleich über die Verzinsung nicht zu erwarten. Die Geldentwertung, sofern sie in der Verzinsung der anderen Aktiva berücksichtigt wird, bedeutet somit eine Erhöhung der Kosten der Geldhaltung, auf die die Wirt-

---

45 Vgl. zum folgenden R. A. Kessel und A. A. Alchian: Effects of Inflation, in: JPE Vol. 70 (1962), S. 521 ff.

46 Dieselben, ebenda, S. 523.

schaftssubjekte entsprechend den Substitutionsbeziehungen zwischen Geld und den übrigen Aktiva reagieren.

Da die Liquidität der einzelnen Aktiva im Vergleich zum Geld unterschiedlich ist, sind auch die Substitutionsbeziehungen zwischen Geld und den übrigen Aktiva verschieden. Die Wirtschaftseinheiten werden im Inflationsprozeß zwar ihre Geldhaltung bis zur Gleichheit von Grenzkosten und Grenznutzen abbauen, jedoch wird dieser Abbau im wesentlichen zugunsten der Aktiva vorgenommen, die neben einer gewissen Realwertsicherheit in der Liquidisierbarkeit dem Geld am nächsten kommen. Dies werden in der Regel indexgesicherte Finanzaktiva sein. Dabei treten im wesentlichen zwei Effekte bezüglich der Geldnachfrage auf[47].

Einmal führt die Unsicherheit hinsichtlich des Preisniveaus, die bei Existenz von indexgesicherten Finanzaktiva für die Bargeldhaltung immer noch besteht, zu einer veränderten gewünschten Zusammensetzung des Portfolios bezüglich Geld und den übrigen Finanzaktiva. Jede Art der Geldwertsicherung bei monetären Aktiva ist im Fall der nicht voll antizipierten Inflation gleichbedeutend mit einer Nominalzinsänderung für das gesicherte Aktivum und führt damit in gewissem Umfang zu einer Stubstitution von Geld durch derartige Formen des monetären Vermögens. Gleiches gilt für den Fall der antizipierten Inflation. Betrachtet man den Prozeß von der realen Seite aus, führt der infolge Unverzinslichkeit auftretende Realwertverlust der Bargeldhaltung zu einer Reduzierung ihres Anteils am Portefeuille und im Bereich der Finanzaktiva.

Zum anderen kann von einer inflationären Entwicklung ein Einfluß auf die generell gewünschte Höhe des monetären Vermögens und damit die beabsichtigten Höhe der Geldhaltung auftreten. Dies ist dann möglich, wenn die Wirtschaftssubjekte hinsichtlich der realwertsicheren Anlageformen ein anderes Vermögensniveau anstreben als hinsichtlich der nichtrealwertgesicherten. Jede inflationäre Entwicklung wird dann das gewünschte Akkumulationsniveau der realwertsicheren Aktiva unberührt lassen, das der nominal fixierten Vermögensformen, zu denen auch die Geldhaltung zählt, jedoch senken[48].

Die Einführung von indexgesicherten monetären Aktiva berührt somit die Geldnachfrage in zweierlei Hinsicht, „it affects the choice between money and bonds in portfolios at a given scale and it may affect the scale of asset holding“[49].

---

[47] Vgl. J. G. Gurley und E. S. Shaw: Money in an Theory of Finance, 3. Aufl., Washington 1964, S. 166 ff.

[48] Vgl. dieselben, a.a.O., S. 167.

[49] Dieselben, a.a.O., S. 168.

Die Etablierung kaufkraftsicherer Formen monetärer Aktiva hat jedoch auch Auswirkungen auf Angebot und Nachfrage von nominell fixierten Titeln, die im folgenden aufgezeigt werden sollen. Dabei wird davon ausgegangen, daß der Markt für indexgesicherte Finanzaktiva neu geschaffen wird und zum schon bestehenden Geldanleihemarkt hinzutritt. Ist auf dem Geldanleihemarkt der *Nominal*betrag der monetären Aktiva *konstant* und *ändert* sich je nach der Preisniveauentwicklung der *Realwert,* so werden auf dem indexgesicherten Markt *real fixierte* Finanzaktiva gehandelt, deren *Nominal*betrag je nach der Preisniveauentwicklung schwankt.

Exemplarisch soll ein Doppelmarkt für indexgebundene und nominalfixierte Anleihen betrachtet werden, wobei der Übergang vom einen zum anderen Teilmarkt ohne Behinderungen erfolgen kann[50]. Der Zinssatz auf den jeweiligen Teilmärkten ist zum einen von Angebot und Nachfrage, zum anderen von den Inflationserwartungen abhängig.

Zunächst sei der Markt für die in ihrem Nominalwert fixierten Aktiva — der Geldanleihemarkt — betrachtet. Die Nachfrage nach Titeln auf diesem Markt (das Geldangebot) hängt dergestalt vom monetären Zins (i_m) ab, daß sie mit steigender Verzinsung zunimmt.

Kommen Inflationserwartungen (p^e) hinzu, so wird die Nachfrage der geldillusionsbehafteten Wirtschaftssubjekte nach derartigen Aktiva zunächst unverändert bleiben. Spiegelt der Zins infolge des Verhaltens der geldillusionsfreien Wirtschaftseinheiten einen gewissen Teil der Geldentwertung wider, so wird die Nachfrage der Wirtschaftssubjekte mit Geldillusion zunehmen. Von den geldillusionsfreien Wirtschaftseinheiten fragen diejenigen verstärkt nominal fixierte Aktiva nach, deren Inflationserwartungen geringer als die des Marktes sind, ebenso die Zwecksparer, da ihr Sparziel gefährdet erscheint. Diejenigen Wirtschaftssubjekte, die von einer höheren zukünftigen Geldentwertungsrate ausgehen, werden weniger nominelle Finanzaktiva nachfragen[51]. Diese Zusammenhänge lassen sich formelmäßig schreiben als:

$$A^d_{\text{nom}} = f(i_m, p^e)$$

$$\frac{\delta A^d_{\text{nom}}}{\delta i_m} > 0; \quad \frac{\delta A^d_{\text{nom}}}{\delta p^e} < 0$$

---

50 Zur folgenden Analyse siehe R. V. Eagly, a.a.O., S. 277 ff.; H. Timm, a.a.O., S. 321 ff.

51 Von einer bestimmten Schwelle an werden alle geldillusionsfreien Wirtschaftseinheiten mit steigender Geldentwertung weniger nominelle Aktiva nachfragen. Der Einfachheit halber sei angenommen, daß diese Schwelle überschritten ist.

Das Angebot an Nominaltiteln (die Geldnachfrage) ist ebenfalls vom Zins und den Inflationserwartungen abhängig. Mit steigendem Nominalzins nimmt das Angebot an derartigen Titeln ab. Inflationserwartungen bewirken ein erhöhtes Angebot an nominell fixierten Aktiva, solange die im Zins antizipierte Inflationsrate unter der individuell erwarteten liegt. Formelmäßig lautet dies:

$$A^s_{nom} = f(i_m, p^e)$$

$$\frac{\delta A^s_{nom}}{\delta i_m} < 0; \quad \frac{\delta A^s_{nom}}{\delta p^e} > 0$$

In Fig. 10 sind Angebot und Nachfrage in Abhängigkeit vom Zins und den Inflationserwartungen grafisch wiedergegeben.

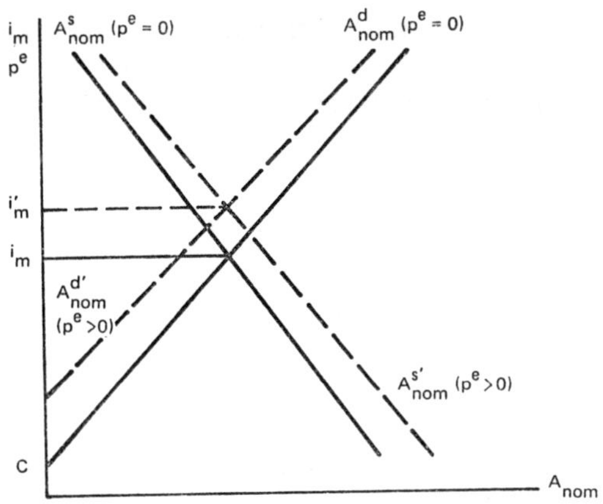

Figur 10

Die Nachfragekurve (A^d_{nom}) weist einen positiven Schnittpunkt (C) mit der Ordinate auf, da die Risiken wie Liquiditäts-, Kursrisiko u. ä. auch bei Geldwertstabilität eine Mindestverzinsung erforderlich machen, sollen überhaupt verzinsliche monetäre Aktiva im Portfolio gehalten werden. Das Auftreten von Inflationserwartungen verschiebt die Nachfragekurve nach oben ($A^{d'}_{nom}(p^e<0)$), jedoch nicht um den vollen Satz der Inflationsrate, da die Zwecksparer — zumindest bis zu einem gewissen Schwellenwert der Inflationsrate — anormal, d. h. mit verstärkter Geldvermögensbildung reagieren und daneben die geldillusionsbehafteten Wirtschaftssubjekte in ihrem Verhalten von Inflationserwartungen nicht tangiert werden. Entsprechend dem jeweiligen Gruppenverhalten kann sich bei unterschiedlichen Raten der erwarteten Inflation auch die Neigung der Nachfragekurve ändern.

Ähnliches zeigt sich beim Angebot an Nominaltiteln (A^s_{nom}). Mit zunehmendem Zins fällt es. Wird eine Geldentwertung erwartet, so führt dies bei konstantem Nominalzins zu einem erhöhten Angebot an Nominaltiteln. Dieses nimmt um so mehr zu, je weniger der Normalzins die Inflation berücksichtigt, bzw. je weiter die individuell erwartete Inflationsrate über der am Markt erwarteten liegt. Agieren auch bei den Anbietern von Nominaltiteln Wirtschaftssubjekte mit Geldillusion, so verstärken diese die Tendenz, daß der Marktzins nicht die gesamte von den Wirtschaftseinheiten ohne Geldillusion erwartete Inflationsrate widerspiegelt. Jede inflationsbedingte Erhöhung des Nominalzinses läßt sie mit einer Reduzierung des Angebots reagieren.

Existiert nun neben dem Geldanleihemarkt mit nominell fixierten Aktiva ein Markt mit kaufkraftgesicherten Titeln — ein Indexmarkt —, dann geschieht folgendes: Zunächst verändern sich Angebot und Nachfrage auf dem Geldanleihemarkt auch noch in bezug auf den Zins (i_r) am Indexmarkt, der die reale Verzinsung der monetären Aktiva wiedergibt. Die entsprechend erweiterten Funktionen für den Geldanleihemarkt lauten dann:

$$A^d_{\text{nom}} = f\,(i_m, i_r, p^e)$$

$$\frac{\delta A^d_{\text{nom}}}{\delta i_m} > 0; \quad \frac{\delta A^d_{\text{nom}}}{\delta i_r} < 0; \quad \frac{\delta A^d_{\text{nom}}}{\delta p^e} < 0$$

$$A^s_{\text{nom}} = f\,(i_m, i_r, p^e)$$

$$\frac{\delta A^s_{\text{nom}}}{\delta i_m} < 0; \quad \frac{\delta A^s_{\text{nom}}}{\delta i_r} > 0; \quad \frac{\delta A^s_{\text{nom}}}{\delta p^e} > 0$$

Auf dem Indexmarkt treten als Marktparteien auf[52]: Bei den Nachfragern (A^d_I / Geldanbietern) alle diejenigen, (a) die eine höhere Inflationsrate als der Markt erwarten und daher teilweise in Realanlagen übergewechselt waren, (b) die sich infolge der Etablierung eines derartigen Marktes von der Geldillusion gelöst haben und eine höhere Inflationsrate als der Geldanleihemarkt erwarten, (c) die Zwecksparer, da sie bei unvollständiger Antizipation der Geldentwertung im Nominalzins ihr Ziel im gewünschten Zeitraum bei unverändertem Einsatz nicht mehr auf dem Geldanleihemarkt erreichen können.

Als Anbieter (A^s_I / Geldnachfrager) von indexgesicherten Aktiva kommen diejenigen Wirtschaftssubjekte in Betracht, die eine geringere Inflationsrate als der Durchschnitt der Wirtschaftseinheiten auf dem

52 Vgl. H. Timm, a.a.O., S. 322 f.

Geldanleihemarkt antizipieren, da ihnen dort der Zins zu hoch erscheint. Angebot und Nachfrage hängen auf dem Indexmarkt somit ebenfalls von den Inflationserwartungen und den Zinssätzen der beiden Teilmärkte ab (Fig. 11). Formelmäßig lassen sich die Abhängigkeiten wie folgt umschreiben:

$$A_I^d = f(i_r, i_m, p^e)$$

$$\frac{\delta A_I^d}{\delta i_r} > 0; \quad \frac{\delta A_I^d}{\delta i_m} < 0; \quad \frac{\delta A_I^d}{\delta p^e} > 0$$

$$A_I^s = f(i_r, i_m, p^e)$$

$$\frac{\delta A_I^s}{\delta i_r} < 0; \quad \frac{\delta A_I^s}{\delta i_m} > 0; \quad \frac{\delta A_I^s}{\delta p^e} < 0$$

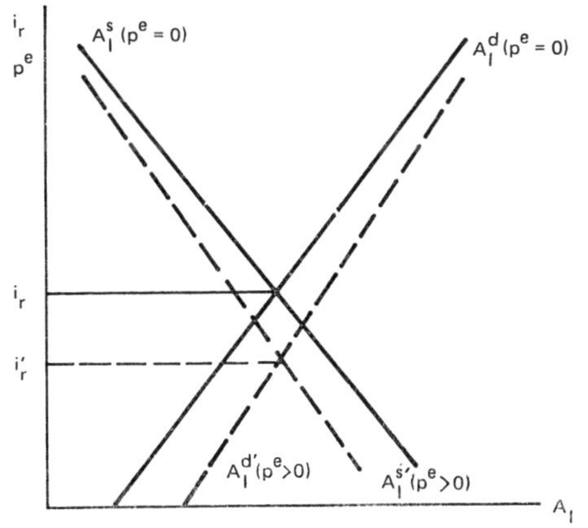

Figur 11

Die Nachfrage nach indexgesicherten Aktiva ist dann bei Preisniveaustabilität und einem Zinssatz von Null positiv, wenn bedingt durch die Furcht vor Inflationsverlusten bei Nominaltiteln eine Risikoabneigung besteht, die auch bei Preisniveaustabilität gegeben ist[53]. Je stärker diese Risikoabneigung ist, um so weiter verschiebt sich die Nachfragekurve vom Ursprung weg nach rechts.

Die Gleichgewichtsverzinsung liegt dann vor, wenn c. p. Angebot und Nachfrage auf den jeweiligen Märkten einander gleich sind, d. h. wenn der Nominalzins auf dem Geldanleihemarkt c. p. um die durchschnittlich erwartete Inflationsrate über der realen Verzinsung auf dem Indexmarkt liegt. Wird eine Beschleunigung der Inflation erwartet, so

53 Vgl. R. V. Eagly, a.a.O., S. 278.

führt dies zu einer Erhöhung der Nachfrage nach wertgesicherten Finanzaktiva. Zunächst vergrößert die Erwartung eines verschärften Inflationsprozesses die Risikoabneigung; die Nachfragekurve verlagert sich dadurch nach rechts. Weiterhin verstärkt sich der Abbau der Geldillusion, sofern die geldillusionsbehafteten Wirtschaftssubjekte die unterschiedliche Zinsentwicklung auf den beiden Märkten sehen; dabei ist zu erwarten, daß mit zunehmender Zinsdifferenz zwischen den beiden Teilmärkten die Geldillusion verstärkt abgebaut wird, was wiederum die Zinsdifferenz zwischen Index- und Geldanleihemarkt erhöht, bis das Gleichgewicht auf beiden Märkten erreicht ist. Die Angebotskurve auf dem Indexmarkt verlagert sich nach links, da nun mit jeder tatsächlichen Erhöhung des Preisniveaus die nominellen Zinskosten steigen.

In Anlehnung an R.V. Eagly soll das Zusammenspiel der beiden Märkte gezeigt werden[54]. Wird seitens der Wirtschaftssubjekte ein konstantes Preisniveau erwartet, dann sind sie bezüglich dieser Preiserwartungen zwischen beiden Märkten im wesentlichen indifferent. Von einer Anlage in Nominaltitel und Aktiva mit konstanter Kaufkraft wird das gleiche Resultat erwartet. Wird nun eine Geldentwertung angenommen, so muß gelten, daß die Differenz zwischen monetärem und Indexzins (realer Verzinsung der monetären Aktiva) die Inflationserwartungen der Grenzanbieter und Grenznachfrager auf den einzelnen Märkten widerspiegelt. Dies bedeutet jedoch nicht, daß der Zins auf dem Geldanleihemarkt um die erwartete Inflationsrate ansteigen muß. Vielmehr ist zu erwarten, daß sich der Zins auf dem Indexmarkt und der auf dem Geldanleihemarkt zusammen ändern[55]. „Jedenfalls wird auch der Effektivzins auf dem Indexwertpapiermarkt

---

[54] Vgl. derselbe, a.a.O., S. 277 ff.; derselbe: An Interpretation of Palander's Twin Securities Market Proposal, in: SEJ Vol. 27 (1960—61), S. 51 ff.

[55] J. Niehans hat in einem Artikel aufgezeigt, daß in einer wachsenden Wirtschaft die Anpassung des nominellen Darlehenzinses an die Inflation um so unvollkommener ist,

„— je stärker die Wirkung der Inflation auf die Nachfrage nach Realkapital ist, ...

— je empfindlicher die Nachfrage nach Obligationen auf Veränderungen des Realeinkommens reagiert, ...

— je stärker die Nachfrage nach Obligationen auf das Sinken der Realkapitalerträge reagiert, ...“*

Geben im stationären Fall die Substitutionseffekte den Ausschlag, so treten bei einer wachsenden Wirtschaft nun auch zusätzliche Einkommenseffekte auf, die im Extremfall bei einer inflationären Entwicklung sogar den Nominalzins sinken lassen können, da bei einer Kapitalbildung fördernden Wirkung der Inflation das Realeinkommen steigt, welches je nach der Einkommenselastizität der Nachfrage nach verschiedenen Vermögensanlageformen wiederum zu einer Nachfrageerhöhung und damit Kurssteigerungstendenzen führt**.

* J. Niehans: Die Anpassung des Darlehenzinses an die Inflation in einer wachsenden Wirtschaft; in: Kyklos Vol. 23 (1970), S. 63. — ** Vgl.: derselbe, ebenda, S. 58 ff.

durchaus unter dem Einfluß von Inflationserwartungen stehen[56]." Es ändern sich beide, der Nominalzins auf dem Geldanleihe- und die reale Verzinsung monetärer Aktiva auf dem Indexmarkt, die im Gleichgewicht dem Realzins entsprechen muß; beide Zinssätze geben die Inflationserwartungen mehr oder weniger stark wieder[57].

Eine positive Inflationserwartung führt — je nach der Preiserwartungselastizität — über eine Erhöhung der Risikoabneigung und den Abbau der Geldillusion zu einer Rechtsverschiebung der Nachfragekurve und zu einer entsprechenden Linksverlagerung des Angebots auf dem Indexmarkt.

Dasselbe Verhalten reduziert ebenfalls in Abhängigkeit von den Preiserwartungselastizitäten die Nachfrage nach Nominaltiteln — teils durch Abwandern auf den Aktienmarkt bzw. auf andere Märkte realer Aktiva teils durch Umstrukturierung zu Gunsten des Indexmarktes — und erhöht das Angebot an derartigen Titeln. Diese Verschiebungen auf den beiden Märkten haben nun zur Folge, daß der Zins auf dem Geldanleihemarkt wegen der geringen Nachfrage nach derartigen Titeln und dem erhöhten Angebot steigt, während das reduzierte Angebot und die vermehrte Nachfrage nach wertgesicherten Aktiva auf dem Indexmarkt zu einer Kurssteigerung indexgesicherter Aktiva und damit Zinssenkung führt. Dieser Sachverhalt ist grafisch in Fig. 12 dargestellt.

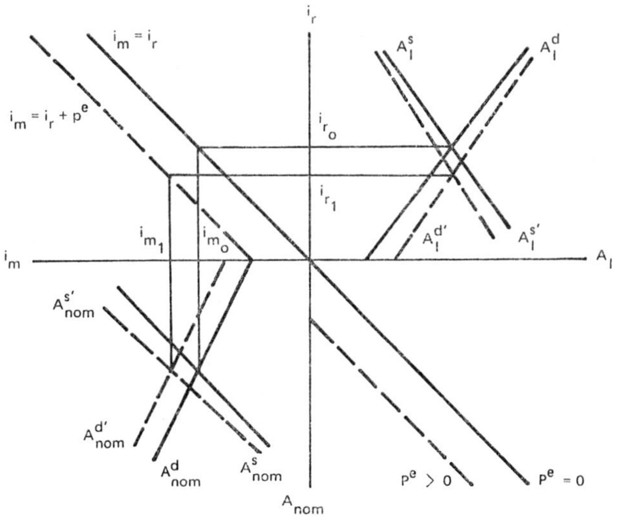

Figur 12

[56] H. Timm, a.a.O., S. 324.

[57] Vgl. H. Timm, a.a.O., S. 324 f.; R. V. Eagly: An Interpretation of Palander's Twin Securities Market Proposal, S. 51 f.; derselbe: On Government Issuance of an Index Bond, S. 278 ff.

Die Zinsdifferenz zwischen beiden Märkten wird bestimmt durch die Elastizität, mit der Grenzanbieter und -nachfrager auf die Preiserwartungen reagieren, und die Substitutionselastizität zwischen den Titeln. Sofern die Inflationserwartungen einzelner Wirtschaftseinheiten größer als die Zinsdifferenz sind, d. h. die Wirtschaftssubjekte eine höhere Inflationsrate als die Grenzanbieter und -nachfrager erwarten, werden sie auf dem Indexmarkt als Nachfolger und/oder auf dem Geldanleihemarkt als Anbieter von monetären Aktiva auftreten. Erwarten Wirtschaftssubjekte eine geringere Inflationsrate, als sie in der Differenz zwischen den Zinssätzen beider Teilmärkte zum Ausdruck kommt, so werden diese auf dem Indexmarkt als Anbieter und/oder auf dem Geldanleihemarkt als Nachfrager von Titeln auftreten.

Aufgrund unterschiedlicher Inflationserwartungen, wie sie in der Realität meist zu beobachten sind, ist zu vermuten, daß sich der Übergang von einer Situation mit erwarteter Preisstabilität in eine solche mit Inflationserwartungen nicht allein in einer Parallelverschiebung der jeweiligen Angebots- und Nachfragekurven äußert, sondern neben der Verlagerung auch eine Drehung der Kurven erfolgt. Diese bedeutet, daß bei gegebenen Inflationserwartungen mit steigender Differenz zwischen Zins auf dem Geldanleihemarkt und Zins auf dem Indexmarkt eine Abnahme der jeweiligen Abweichungen zwischen dem Kurvenverlauf bei erwarteter Preisniveaustabilität und erwarteter Inflation zu beobachten sein wird, da immer weniger Wirtschaftssubjekte eine höhere Inflationsrate als die Grenzanbieter und -nachfrager auf dem Markt antizipieren.

Dieses Umschichten vom Anleihemarkt auf den Indexmarkt und umgekehrt führt somit sowohl zu einer Veränderung des Nominalzinses (auf dem Geldanleihemarkt) als auch der realen Verzinsung (auf dem Indexmarkt). „Wenn Anbieter wegen einer großen Furcht vor Realwertsenkungen ihrer Anlagen auf dem Geldanleihemarkt auf den Indexwertpapiermarkt überwechseln, werden sie den Kurswert auf diesem Markt um so höher treiben, je größer ihr Streben ist, den inflationsbedingten Realwertverlust auf dem Geldanleihemarkt zu vermeiden. Dadurch werden sich im Kurswert oder Effektivzins auf dem Indexwertpapiermarkt auch die Inflationserwartungen spiegeln. Die Wertpapierkäufer erhalten zwar auf diesem Markt den realen Verlust des Nominalwertes ihres Wertpapiers sowie ihrer Zinserträge ersetzt, nicht jedoch den Realwertverlust des Kurswertes, soweit er den Nominalwert übersteigt, jedenfalls wenn sie das Papier nicht von Emittenten erwerben[58]."

---

[58] H. Timm, a.a.O., S. 324.

Diese Entwicklung kann bei einer extremen Umschichtung der Nachfrage aus dem Geldanleihe- in den Indexmarkt zu einer erheblichen Senkung des Zinses auf dem Indexmarkt führen. Dieser wird jedoch nicht weiter unter den Realzins fallen, als der Risikodifferenz zwischen realem und monetärem Vermögen entspricht. Denn bei einer weiteren Senkung der realen Verzinsung wäre der Erwerb realer Aktiva attraktiver.

Ist die tatsächliche Inflationsrate größer oder kleiner als die vom einzelnen Wirtschaftssubjekt antizipierte, so führt dies auf dem Indexmarkt zu keiner inflationsbedingten Umverteilung zwischen Schuldner und Gläubiger. Eine solche tritt nur dann ein, wenn Wirtschaftssubjekte aufgrund ihrer Erwartungen auf dem Geldanleihemarkt agierten und die tatsächliche Inflationsrate von der erwarteten abweicht, sie also besser den Indexmarkt gewählt hätten.

3.4. Zusammenfassung

Als Ergebnis der Analyse können wir festhalten, daß die Etablierung eines Marktes für geldwertsichere Finanzaktiva zumindest einen Teil der Wirtschaftseinheiten veranlaßt, ihre Konsumentscheidungen nicht mehr in dem Ausmaß zeitlich vorzuverlegen wie im Falle einer inflationären Entwicklung ohne Existenz von wertgesicherten monetären Aktiva. Eine zeitliche Vorverlegung der Konsumentscheidung kann in gewissem Umfang jedoch im Vergleich zur Situation mit Preisniveaustabilität noch bestehen bleiben, sofern Wirtschaftssubjekte im Inflationsprozeß der Realwertsicherung ihres Vermögens über Sachwerte mehr vertrauen als indexgesicherten Finanzaktiva — beispielsweise wegen der Manipulationsgefahr des Index — und im Vergleich zu einer Situation mit stabilem Geldwert mehr Realaktiva erwerben, was die Tendenz zu einer Realzinssenkung beinhaltet. Diese möglicherweise verbleibende Realzinssenkung kann nun die Zeitpräferenz der Wirtschaftssubjekte dahingehend beeinflussen, daß im Vergleich zur Situation bei Preisniveaustabilität der Gegenwartskonsum stärker präferiert wird. Insgesamt ist jedoch zu erwarten, daß bei Existenz eines Indexmarktes die inflationsbedingte Zunahme der Konsumgüternachfrage geringer sein wird als ohne einen derartigen Markt und damit vom Indexmarkt ein gewisser stabilisierender Einfluß ausgeht.

Hinsichtlich der übrigen realen Vermögensformen ließ sich ableiten, daß die Etablierung eines Indexmarktes sicherlich eine übermäßige Anlage des Vermögens in reale Aktiva (Flucht in die Sachwerte) mildert. Der Grund dafür ist darin zu suchen, daß bei nichtkonsumtivem Realvermögen eine Risikostreuung wegen der in der Regel hohen Anlagebeträge relativ schwer zu erreichen ist. Hinzu kommt, daß bei derartigen Anlageentscheidungen ein erhebliches Maß an Marktkenntnis und -information nötig ist. Diese Nachteile werden im Inflationsprozeß zum Teil durch den Geldwertschwund bei den Finanzaktiva ausgeglichen, so daß es zu der beschriebenen Umschichtung von monetären zu realen Aktiva kommt. Ist jedoch durch die Indexbindung gewährleistet, daß im Bereich der monetären Vermögensobjekte eine inflationsbedingte Wertminderung nicht mehr auftritt, entfällt für viele Wirtschaftseinheiten der Anreiz zur Realvermögensbildung, die Flucht in die Sachwerte läßt nach. Ob jedoch die Vermögensstruktur wie in einer Situation der Preisstabilität erreicht wird, hängt wiederum davon ab, ob sich der Nominalzins um die volle Inflationsrate erhöht, weil sämtliche Wirtschaftseinheiten die Sicherung über Indexklauseln für hinreichend ansehen, oder durch die inflationsbedingt stärkere Realvermögensbildung derjenigen Wirtschaftssubjekte, die größeres Vertrauen in den Realbesitz haben, der Realzins sinkt, damit auch der gleichgewichtige Nominalzins nicht um die Inflationsrate ansteigt. Insgesamt ist auch in diesem Bereich mit einer Reduzierung des inflationären Druckes zu rechnen.

Diese Ergebnisse kommen zustande, da zu erwarten ist, daß die Wirtschaftssubjekte sich bei der Existenz eines Indexmarktes zunehmend der geldwertgesicherten Formen des monetären Vermögens bedienen werden. Dabei wird die Nachfrage nach derartigen Titeln um so größer sein, je höher die erwartete Inflationsrate und je stärker die Abneigung der Wirtschaftseinheiten gegen dieses Geldwertrisiko ist. Die Differenz zwischen dem Zins auf dem Geldanleihemarkt und dem Zins auf dem Indexmarkt spiegelt die Inflationserwartungen wider. Ist die Umschichtung zugunsten des Indexmarktes, also der realwertsicheren Anlageformen, sehr groß, dann ist damit zu rechnen, daß der Zins auf diesem Markt — die reale Verzinsung der monetären Aktiva — absinkt und der gleichgewichtige Nominalzins gegenüber einer Situation mit stabilen Preisen nicht um die Inflationsrate ansteigt.

Dabei werden auf dem Indexmarkt alle diejenigen Wirtschaftssubjekte als Nachfrager auftreten, die entweder risikoscheu sind oder eine höhere Inflationsrate als der Markt erwarten; Anbieter sind die Gruppen von Wirtschaftseinheiten, die eine niedrigere Inflationsrate als der Markt erwarten bzw. bereit sind, für den niedrigen Zins das Risiko einzugehen, einen Inflationsausgleich zahlen zu müssen.

Aus diesen zu erwartenden Reaktionsweisen der Wirtschaftssubjekte ergeben sich nun gewisse gesamtwirtschaftliche Konsequenzen hinsichtlich Stabilität und Allokation, die zwar im vorhergehenden Teil anklangen, aber noch nicht mit letzter Deutlichkeit herausgearbeitet wurden.

Unter dem Gesichtspunkt der Stabilität soll untersucht werden, inwieweit Wertsicherungsklauseln zu einer Verstärkung oder Abschwächung des Inflationsprozesses beitragen. Der Aspekt der Allokation bezieht sich auf die Frage, ob Indexklauseln inflationsbedingte Fehlallokationen korrigieren können und damit einen Beitrag zum effizienten Ablauf des Wirtschaftsprozesses leisten. Nach Behandlung dieser rein stabilitätsorientierten bzw. allokationsbezogenen Problemkreise erscheint es in einem abschließenden Abschnitt sinnvoll, die Ergebnisse der Analysen unter Berücksichtigung der Bewertung gesamtwirtschaftlicher Ziele nochmals zusammenzufassen.

4. Die gesamtwirtschaftlichen Konsequenzen einer Zulassung von Wertsicherungsklauseln für monetäre Aktiva

4.1. Vorbemerkungen

Im Rahmen der einzelwirtschaftlichen Betrachtung sind wir zu dem Ergebnis gekommen, daß die Einführung von geldwertsicheren monetären Aktiva die inflationsbedingte Flucht in die Sachwerte mildern kann. Diese Argumentation beruht in letzter Konsequenz auf der Annahme, daß die geldvermögensbildenden Wirtschaftseinheiten einen Partner finden, der zu einem Verzicht auf zusätzlichen Inflationsgewinn bereit ist und einem geldwertgesicherten Schuldverhältnis zustimmt. Dies setzt für beide Marktseiten eine Orientierung an realen Größen und damit die Freiheit von Geldillusion voraus.

Ist diese Geldillusionsfreiheit zumindest teilweise gegeben, dann spiegelt die Verzinsung monetärer Aktiva eine durchschnittlich erwartete Inflationsrate wider, da man in der Regel nicht von völlig gleichen Inflationserwartungen bei allen Wirtschaftssubjekten ausgehen kann. Die Anwendung von Geldwertsicherungsklauseln bedeutet implizit eine derartige Orientierung an realen Größen.

Gerade dieser Sachverhalt wird von den Gegnern der Indexklauseln immer wieder mit den verschiedensten Argumenten bestritten, die meist darin gründen, daß mit dem Abbau der Geldillusion, der mit der Etablierung geldwertgesicherter monetärer Aktiva erreicht und auch beabsichtigt wird, dem gesamtwirtschaftlichen System eine stabilisierende Stütze entzogen werde. Dabei erfolgt die Argumentation einerseits über verschiedene Inflationsursachen, zum anderen über angebliche institutionelle Unzulänglichkeiten der Indexbindung. Diese Argumente gilt es im folgenden näher zu betrachten.

4.2. Die Konsequenzen einer Indexbindung monetärer Aktiva für die Höhe der Inflationsrate

Viele Gegner von Wertsicherungsklauseln argumentieren dahingehend, daß die Einführung derartiger Klauseln die Geldillusion als wesentliches stabilisierendes Element bei inflationären Entwicklungen verstärkt abbaue und so die Ausweitung der Klauseln auf andere Bereiche provoziere[59]. Damit werde die Inflation institutionalisiert, da jedes Wirtschaftssubjekt nur dann bereit sei, realwertsichere Verbindlichkeiten einzugehen, wenn es gleichzeitig die Möglichkeit habe, inflationsbedingte Mehraufwendungen bei den Verbindlichkeiten über erhöhte Forderungen an andere Wirtschaftssubjekte auszugleichen. Dies sei ein Verhalten, das dem Streben der Wirtschaftseinheiten nach Rückendeckung entspreche und somit die Inflation institutionalisiere.

Hinter dieser Argumentation steht die Auffassung, daß die Ursache des Geldentwertungsprozesses im Kampf um die Einkommensverteilung zu suchen sei, also dem Versuch sozialer Gruppen, soweit möglich ihren realen Anteil am Sozialprodukt auf Kosten anderer Gruppen zu erhöhen, denen entweder die genaue Kenntnis über die tatsächliche ökonomische Entwicklung (Geldillusion) fehlt, oder die infolge mangelnder Marktmacht reale Teile ihres Sozialproduktes abtreten müssen[60]. Sofern diese Gruppen sich zu wehren versuchen, kommt ein Inflationsprozeß zustande, der erst dann sein Ende findet, wenn eine Gruppe aufgibt.

Im Rahmen dieser Argumentation sollen Wertänderungen des Vermögens pro Periode betrachtet werden, so daß sich inflationsbedingte Wertänderungen des Vermögens im Rahmen dieses Modells auch als Veränderungen der Einkommensverteilung berücksichtigen lassen. Jede inflationsbedingte Wertminderung bestehenden Vermögens pro Periode gilt dann als negatives Periodeneinkommen, äußert sich somit als Verschiebung in der Einkommensverteilung.

Durch die Einführung von geldwertgesicherten Finanzaktiva, so wird weiter argumentiert, verändere sich das Verhalten der Geldvermögensbesitzer dahingehend, daß diese nicht mehr Minderungen ihres Sozialproduktanteils über den Inflationsprozeß hinnähmen, da Indexklauseln

---

[59] Vgl. dazu H. Mannheim: Die Aushöhlung des Nominalprinzips durch Wertsicherungsklauseln und ihre Auswirkung auf die Geldillusion, Diss. Köln 1968, S. 137 ff.; K. Bienert: Zum Problem der institutionalisierten Inflation, in: C. A. Andreae, K. H. Hansmeyer, G. Scherhorn (Hrsg.): Geldtheorie und Geldpolitik, Berlin 1968, S. 190 ff., Indexbindung und Inflationsbekämpfung, Schweizerische Bankgesellschaft (Hrsg.), Zürich 1967.

[60] Vgl. dazu H. Aujac: Inflation as the Monetary Consequence of the Behaviour of Social Groups: A Working Hypothesis, in: International Economic Papers No. 4 (1954), S. 109 ff.; F. D. Holzman: Income Determination in Open Inflation, in: REStat Vol. 32 (1950), S. 150 ff.

und der von ihnen ausgehende forcierte Abbau der Geldillusion eine Orientierung des Verhaltens an realen Größen hervorrufe. Damit entfalle eine der bisher wichtigsten passiven Gruppen und wachse die Wahrscheinlichkeit, daß die nun aktiv am Kampf um die Einkommensverteilung teilnehmenden Gruppen in ihrem Streben um höhere reale Sozialproduktanteile von den noch verbleibenden passiven Gruppen mehr verlangten, als diese überhaupt besäßen[61]. Denn die meisten Bereiche der Volkswirtschaft trügen schon heute in irgendeiner Form der Geldentwertung Rechnung, sei es in der Berücksichtigung der Lebenshaltungskosten bei den gewerkschaftlichen Lohnforderungen, der Aufschlagskalkulation seitens der Unternehmen oder die Dynamisierung der Sozialrenten.

Diese Argumentation impliziert jedoch, daß die Wirtschaftseinheiten, selbst wenn der überwiegende Teil sich an realen Größen orientiert, weiterhin so agieren, als ob zusätzliche Inflationsgewinne auf Kosten anderer noch möglich wären. Unter den genannten Bedingungen erscheint es jedoch plausibler anzunehmen, daß mit dem Abbau der Geldillusion beim überwiegenden Teil der Wirtschaftssubjekte auch die Einsicht Platz greift, daß keiner mehr durch die Inflation gewinnt, und damit sich auch das Verhalten dahingehend ändert[62], daß nicht realisierbare Forderungen an das Sozialprodukt unterbleiben. Dies hätte einen inflationsdämpfenden Effekt, denn es entfielen beispielsweise die Spekulationen, aufgenommene Kredite später mit entwertetem Geld zurückzahlen zu können und sich auf diese Weise einen größeren Anteil am Sozialprodukt zu verschaffen.

Diese inflationsbremsende Wirkung einer Abschwächung des Verteilungskampfes wird noch verstärkt, wenn Gruppen von Wirtschaftseinheiten, die bisher der Preisstabilität indifferent gegenüberstanden, da sie infolge der Geldentwertung zusätzliche Inflationsgewinne verbuchen konnten, nun durch den Abbau der Geldillusion bei anderen Wirtschaftseinheiten und die Existenz eines Indexmarktes zu Befürwortern der Preisstabilität werden, da der zusätzliche Inflationsertrag über den nun zu zahlenden Inflationsausgleich entfällt[63].

Die Einführung geldwertgesicherter monetärer Aktiva wird daher u. E. nicht zu der befürchteten Inflationsspirale führen, da mit dem Abbau der Geldillusion ein revidiertes, an den realen ökonomischen

---

61 Vgl. F. D. Holzman, a.a.O., S. 158.

62 Vgl. K. Bienert, a.a.O., S. 190; D. Brümmerhoff: Zur Problematik wertbeständiger Anleihen, Diss. Berlin 1970, S. 69; H. Mannheim, a.a.O., S. 137 ff.; A. Morag: For an Inflation-Proof Economy, in: AER Vol. 52 (1962), S. 180; R. Goode, a.a.O., S. 338.

63 Vgl. Indexbindung und Inflationsbekämpfung, S. 17 f.; H. Mannheim, a.a.O., S. 137 f.

Möglichkeiten orientiertes Verhalten der Wirtschaftseinheiten zu erwarten ist, welches die Inflation mildert, sofern deren Ursache im beschriebenen Verteilungskampf zu suchen ist. Denn gerade die Geldillusion der großen Gruppe von geldvermögenbildenden Wirtschaftssubjekten ist die Voraussetzung dafür, daß sich andere soziale Gruppen auf deren Kosten einen größeren realen Teil des Sozialproduktes verschaffen können, solange diese Gruppe — wenn auch unbewußt — die Ansprüche mit einer teilweisen Abtretung ihres Vermögensbestandes (Inflationsverlust) befriedigt.

Hier wird deutlich, daß die Geldillusion einer großen Gruppe von Wirtschaftseinheiten zwar dafür sorgt, daß auf einem entsprechend höheren Preisniveau nominelle Ansprüche an das Sozialprodukt befriedigt werden können und der Inflationsprozeß sein Ende findet, daß aber dieselbe Geldillusion, die von vielen als der Garant für einen nicht uferlosen Inflationsprozeß angesehen wird, eine Voraussetzung dafür ist, daß überhaupt ein Prozeß der Geldentwertung entsteht.

Selbst wenn sich die Wirtschaftseinheiten von Anfang an nur an realen Größen orientierten, besteht noch immer die Gefahr, daß die tatsächliche Geldentwertung von der erwarteten abweicht. Dieses Risiko führt bei Geldillusionsfreiheit ohne die Existenz geldwertgesicherter Finanzaktiva dazu, daß es bei einmal abgeschlossenen Schuldverhältnissen infolge von derartigen Abweichungen zu Realwerteinbußen beim Geldvermögen kommen kann. Die Etablierung eines Indexmarktes für monetäre Aktiva schaltet dieses Risiko jedoch weitgehend aus, weil eine kontinuierliche Anpassung des Zinses auch für schon bestehende Schuldverhältnisse an die jeweilige aktuelle Inflationsrate erfolgt[64]. Damit wird erneut deutlich, daß sich bei der Existenz geldwertgesicherter Finanzaktiva ein Kampf um die Verteilung über erhöhte Nominalforderungen nicht mehr lohnt. Dies impliziert, daß andere Verteilungsregeln des realen Sozialproduktes als die Inflation zur Anwendung gelangen müssen.

Ebenfalls ein stabilisierender Einfluß geldwertgesicherter Finanzaktiva läßt sich hinsichtlich einer nachfrageinduzierten Inflation ableiten. Ist nämlich die Vermögensbildung neben der Ertragsentwicklung auch von der Inflationsrate abhängig, was mit dem Abbau der Geldillusion bei immer mehr Wirtschaftseinheiten der Fall sein dürfte, so hat die Etablierung eines Marktes für geldwertsichere monetäre Aktiva tendenziell positive Auswirkungen auf die Vermögensbildung der letztes Vermögen haltenden Wirtschaftssubjekte. Dies ist um so wahr-

---

64 Vollständig ausgeschaltet wird dieses Risiko jedoch nicht, da die Feststellung der jeweils aktuellen Inflationsrate immer erst mit einer gewissen zeitlichen Verzögerung erfolgen kann.

scheinlicher, als die Nominalverzinsung nach Abbau der Geldillusion infolge der Inflationserwartungen über der Nominalverzinsung bei nur sehr unvollständiger Antizipation liegen wird. Denn über den Abbau der Geldillusion und das gleichzeitige Angebot geldwertgesicherter monetärer Aktiva wird die Bereitschaft zu verstärkter Geldvermögensbildung wachsen. Dies trägt zu einer Nachfragereduzierung und damit zu einer Stabilisierung des Geldwertes bei[65].

Selbst wenn alle Wirtschaftssubjekte die gleiche Inflationserwartung haben und diese sich in der Differenz zwischen Nominalzins und realer Verzinsung monetärer Aktiva widerspiegelt, würde über die Etablierung eines Indexmarktes das Risiko zukünftiger unvorhergesehener Realwertminderungen durch falsche Antizipation gemindert, was sich positiv auf die Geldvermögensbildung risikoscheuer Wirtschaftssubjekte und damit tendenziell inflationsdämpfend auswirken könnte[66].

Wir kommen somit insgesamt für die privaten Haushalte zu einer nachfragedämpfenden und damit inflationshemmenden Wirkung von Indexklauseln.

Ein ähnlicher inflationsdämpfender Effekt ist aus zweierlei Hinsicht auch bezüglich der Investitionstätigkeit zu erwarten. Erhöht sich infolge des Indexmarktes die Geldvermögensbildung, so führt dies zu einer Verringerung der Konsumgüternachfrage und damit der Ertragsaussichten im Unternehmensbereich, da auf diese Weise Preiserhöhungsspielräume reduziert werden.

Hinzu kommt, daß mit sich ständig verringernder Geldillusion nur im Extremfall der Nominalzins bei Etablierung eines Indexmarktes unverändert bleibt[67]. Eher ist zu erwarten, daß das Angebot von wertgesicherten Finanzaktiva bei divergierenden Inflationserwartungen zu einer Erhöhung des Nominalzinses führt. Verstehen wir unter realer Verzinsung den Nominalzins abzüglich der aktuellen Inflationsrate, so bedeutet die Einführung eines Indexmarktes im Vergleich zur Situation vorher bei gleicher Inflationsrate auch gleichzeitig eine Erhöhung der realen Verzinsung und im Gleichgewicht auch des Realzinses, da infolge geldwertgesicherter Finanzaktiva weniger reale Vermögensobjekte nachgefragt werden. Gehen wir davon aus, daß die Investitionstätigkeit

---

65 Vgl. zum folgenden P. Robson: Index-linked Bonds, in: REStud Vol. 28 (1960—61), S. 63 f.

66 Sofern jedoch ein bestimmter realer Vermögensstandard angestrebt wird, führt die Verringerung der Unsicherheit über das Erreichen dieses Zieles eher zu einer Reduzierung der Vermögensbildung.

67 Dieser Extremfall wäre dann gegeben, wenn alle Wirtschaftssubjekte vor Einführung des Indexmarktes die gleichen Inflationserwartungen hatten, das Zinssystem auf dem Geldanleihemarkt schon die Inflationserwartungen wiedergab.

auch vom Marktzins abhängt, so muß diese Entwicklung zu einer Einschränkung der Investitionstätigkeit führen, da zusätzliche Inflationsgewinne durch die Ausgleichszahlungen entfallen[68].

Unabhängig davon, ob die Unternehmen sich bei der Investitionsentscheidung am Nominal- oder realen Zins der Kreditaufnahme orientieren, es werden zumindest diejenigen Investitionen unterlassen, die allein aufgrund des zusätzlichen Inflationsgewinnes rentabel waren. Dies gilt auch für Unternehmen, die eine höhere Inflationsrate als der Markt erwarten. Infolge der Etablierung des Indexmarktes und der dadurch hervorgerufenen Reduzierung der Geldillusion hat sich für sie gegenüber der Situation ohne einen derartigen Markt die reale Verzinsung der Kredite erhöht, da sich die Nachfrage auf dem Geldanleihemarkt durch die Etablierung des Indexmarktes verringert hat. Es sind wesentlich weniger Wirtschaftssubjekte als vorher bereit, Finanzaktiva auf diesem Markt zu erwerben, was den Zins ansteigen läßt.

Liegt eine nachfrageinduzierte Inflation vor, so kann man erwarten, daß die Einführung von geldwertgesicherten Formen monetären Vermögens zu einer Einschränkung der Gesamtnachfrage führen und damit tendenziell inflationsdämpfend wirken wird.

Nun läßt sich gegen diese Argumentation einwenden und wird eingewandt, daß nicht nur von der Gesamtnachfrage Inflationsimpulse ausgehen können, sondern auch Verschiebungen der Preisrelationen infolge eines in Teilbereichen der Wirtschaft relativ rigiden Preisniveaus nur über Erhöhungen des gesamtwirtschaftlichen Preisniveaus möglich sind. Bei einer weiten Verbreitung von Indexklauseln könnte dies dazu führen, daß es zu einer Selbstverstärkung der Inflation kommt und relativ geringe Verschiebungen in den Preisrelationen zu erheblichen Preisniveauanstiegen führen[69].

---

[68] Die u. a. auch von R. Stucken vertretene Ansicht, daß man mit Hilfe der Wertsicherungsklauseln von „den gegenwärtigen überhöhten Zinssätzen am Kapitalmarkt wieder loskommen oder wenigstens für die wertgesicherten Wertpapiere zu niedrigeren Zinssätzen“ kommen kann*, erscheint nicht ganz haltbar, wenn man sich vergegenwärtigt, daß bei einem Vergleich von nicht wertgesicherten Anleihen und ihrer inflationsbedingt hohen Verzinsung mit den wertgesichterten Anleihen der vom Schuldner zu tragende Inflationsausgleich — erfolge er über den Zins oder bei Tilgung — mitberücksichtigt werden muß. Vergleicht man die Verzinsung beide Male dergestalt, daß man die insgesamt zu zahlenden Beträge (Tilgung und Zinsen) auf die Anleihesumme bezieht, so muß bei wertgesicherten Anleihen auch der Inflationsausgleich hinzugerechnet werden**, was zeigt, daß der Zins incl. Inflationsausgleich nicht unterschiedlich zu sein braucht.

* R. Stucken a. a. O., S. 87. — ** Vgl. O. Hintner: Geldwertrisiko und Investitionsanleihe, in: Österreichisches Bank-Archiv 1958, S. 69 ff.

[69] Vgl. O. Veit: Grundriß der Währungspolitik, 3. ern. Aufl., Frankfurt 1969, S. 173.

Teilweise geht die Argumentation noch weiter, indem den Indexklauseln eine preisflexibilitätsmindernde Wirkung zugeschrieben wird[70]. Die Begründung dafür lautet, daß der Index neben Angebot und Nachfrage zu einem weiteren Bestimmungsgrund der Preisbildung würde. Da das Gleichgewicht auf einem Markt und daher auch der Gleichgewichtspreis nur über Angebot und Nachfrage bestimmt werden können, könnten die durch Indexwirkungen beeinflußten Preise in der Regel keine Gleichgewichtspreise sein. Daher versage bei einer Indexbindung die Lenkungsfunktion des Marktes, was die Tendenz zur Beschleunigung der Geldentwertung habe.

Gegen diese Argumentation läßt sich folgendes anführen: Verschiebungen in den Preisrelationen haben sicher dann die behauptete inflationsverschärfende Wirkung, wenn die Indexbindung über ganz spezielle Preise vorgenommen wird. Erfolgt die Art der Wertsicherung jedoch — wie vorgeschlagen — über Preisindices, so spielen Verschiebungen der Preisrelationen nur gemäß der Indexgewichtung eine Rolle, was kaum dazu führen dürfte, daß die Preisniveauerhöhung infolge dieser Strukturverschiebung bei Existenz geldwertgesicherter Finanzaktiva größer ist als ohne einen Markt für derartige Vermögensobjekte.

Was die verminderte Preisflexibilität betrifft, so verkennt diese Argumentation, daß auch ohne Indexbindung bei geldwertillusionsfreien Wirtschaftssubjekten Inflationserwartungen eine wichtige Rolle für die Preisbildung spielen. Vergegenwärtigt man sich, daß Wirtschaftseinheiten ohne Geldillusion in Erwartung steigender Preise versuchen, ihre Kaufentscheidungen vorzuverlegen bzw. ihr Angebot zu verknappen, so zeigt sich recht deutlich, daß inflationäre Entwicklungen als ein Teil der Bestimmungsgründe von Angebot und Nachfrage auf die Preisentwicklung Einfluß haben können. Hinzu kommt, daß die Durchsetzbarkeit von Wertsicherungsklauseln in jedem Fall durch die Marktverhältnisse determiniert ist, so daß bei ihrer Existenz Angebot und Nachfrage ebenso zu Gleichgewichtspreisen führen wie in einer Situation ohne Wertsicherungsklauseln. Zumal die Ursache für die Forderung nach derartigen Klauseln darin liegt, daß der Preismechanismus inflationsbedingt seine Lenkungsfunktion nur noch ungenügend wahrnimmt. Daher ist das Versagen der Lenkungsfunktion eher die Ursache als die Folge einer Einführung von Geldwertsicherungsklauseln.

Zusammenfassend kommen wir somit zu dem Ergebnis, daß von der Etablierung eines Marktes für geldwertsichere monetäre Aktiva eine

---

70 Vgl. Wissenschaftlicher Beirat beim Bundeswirtschaftsministerium: Gutachten zum Thema „Problem von Index- und Preisgleitklauseln“ vom 24. 2. 1957, in: Wissenschaftlicher Beirat beim Bundeswirtschaftsministerium, Gutachten vom Januar 1957 bis März 1961, Göttingen 1961, S. 20; H. Mannheim, a.a.O., S. 162 f.

stabilisierende Tendenz ausgeht, da durch den Abbau der Geldillusion und das gleichzeitige Angebot geldwertsicherer Formen des monetären Vermögens die Verhaltensweisen der Wirtschaftssubjekte so beeinflußt werden, daß man eine tendenzielle Verlangsamung des Geldentwertungsprozesses erwarten kann.

4.3. Allokationsaspekte von Geldwertsicherungsklauseln für monetäre Aktiva

Neben den Stabilisierungsaspekten können seitens der Geldwertsicherungsklauseln auch allokative Wirkungen ausgehen, sofern sich im Inflationsprozeß Abweichungen vom effizienten Faktoreinsatz ergeben; „monetary instability gives rise to a less than ideal allocation of investible resources and indexlinking is supposed to correct this“[71].

Fehlallokationen sind allgemein dadurch gekennzeichnet, daß zumindest ein Teil der volkswirtschaftlichen Produktionsfaktoren nicht so eingesetzt wird, daß insgesamt der maximale Output erreicht wird. Antizipieren die Wirtschaftssubjekte eine inflationäre Entwicklung, so orientieren sie sich in ihrem Verhalten letztlich an realwirtschaftlichen Größen, und eine Fehlallokation aufgrund der Geldwertverschlechterung ist kaum zu erwarten.

Ein anderes Ergebnis stellt sich ein, sofern die Wirtschaftseinheiten insgesamt oder zum Teil der Geldillusion unterliegen. In diesem Falle kommt es zu nicht erkannten und nicht berücksichtigten Abweichungen von realen und nominalen Größen, was Fehlentscheidungen und damit Fehlallokationen hervorruft. Eine Ursache für derartige Effekte liegt in den zusätzlichen Inflationsgewinnen, die dadurch entstehen, daß der nominelle Zins im Inflationsprozeß kaum ansteigt. Diese Entwicklung tritt dann ein, wenn relativ viele Wirtschaftseinheiten noch der Geldillusion unterliegen. Folglich sinkt die reale Verzinsung erheblich ab und regt entsprechend die Investitionstätigkeit an. Dabei sind die Grenzinvestitionen, die gerade noch durchgeführt werden, allein durch diesen Inflationsgewinn „rentabel“, würden jedoch unterbleiben, sofern dieser Gewinn entfiele[72]. Diese erst bei einer nicht voll antizipierten Inflation „rentabel“ werdenden Investitionsprojekte stellen gesamtwirtschaftlich eine Fehlallokation dar, da sie bei Orientierung an realen Größen mangels Rentabilität nicht realisiert würden.

---

71 P. Robson, a.a.O., S. 64.

72 Vgl. zu diesem Problemkreis T. und A. A. Scitovsky: Inflation Versus Unemployment: An Examination of Their Effects, in: The Commission on Money and Credit (ed.): Inflation, Growth, and Employment, Englewood Cliffs (N.J.) 1964, S. 461; D. Brümmerhoff, a.a.O., S. 74 ff.

Hinzu tritt noch bei geldillusionsbehafteten Unternehmen, daß durch die herrschenden Praktiken der Kostenrechnung und die Bestimmungen hinsichtlich der Abschreibung der reale Kapitalverzehr unter- und damit die Gewinne überschätzt werden[73], denn die Kalkulation erfolgt eher auf Grundlage der Anschaffungs- und Herstellkosten als zu den Wiederbeschaffungskosten. Außerdem zeigen sich die inflationsbedingten Scheinertragszunahmen bei den geldillusionsbehafteten Wirtschaftseinheiten als tatsächliche Ertragszunahmen und regen so die Investitionstätigkeit an.

Ein ähnlicher — im Hinblick auf die Allokation nachteiliger — Effekt könnte sich aus dem Umstand ergeben, daß im Inflationsprozeß, wenn sich die Marktbedingungen schneller ändern als unter dem Zustand der Preisstabilität, eine genaue Kenntnis der Marktbedingungen und eine schnelle Reaktion der Wirtschaftseinheiten auf sich ändernde Gegebenheiten erforderlich ist. Um diese zu gewährleisten, sind für die geldillusionsfreien Wirtschaftssubjekte zusätzliche Ressourcen notwendig, die zwar einzelwirtschaftlich gesehen rational, aus gesamtwirtschaftlicher Sicht jedoch verschwenderisch eingesetzt werden[74].

Wertsicherungsklauseln für monetäre Aktiva können derartige Fehlentwicklungen zumindest abmildern, da sie dafür sorgen, daß mit dem Abbau der Geldillusion eine zunehmende Orientierung an realwirtschaftlichen Größen erfolgt. Dies bedeutet, daß nun sämtliche Investitionen entfallen, die allein durch den Inflationsertrag „rentabel" waren, da dieser nun durch den zu zahlenden Inflationsausgleich beseitigt wird. Die allgemeine Orientierung an realwirtschaftlichen Größen könnte dazu beitragen, daß sich Preisrelationen ähnlich wie bei Preisniveaustabilität einspielen und damit die negativen Allokationseffekte einer nicht allgemein erkannten Inflation reduzieren.

Von erheblicher Bedeutung für die Frage der optimalen Allokation sind auch die Auswirkungen von Indexklauseln im Bereich des Geld- und Kreditwesens. Hahn macht auf die Gefahr einer übermäßigen Verwendung von Geldwertsicherungsklauseln aufmerksam, wenn er schreibt: „In Finnland, dem Lande, in dem die Index-Klauseln die weiteste Verbreitung zu haben scheinen, ist die ganze Volkswirtschaft zu einem einzigen Rechenbüro geworden. Jeder ist damit beschäftigt, auszurechnen, was sich die einzelnen Glieder der Wirtschaft auf Grund der Index-Klauseln schulden — mit dem Ergebnis einer sehr ernsten Strukturkrise der ganzen Volkswirtschaft[75]."

---

73 Vgl. T. und A. A. Scitovsky, a.a.O., S. 463; J. W. Conard, a.a.O., S. 90 ff.; J. Tobin: Inflation and Unemployment, in: AER Vol. 62 (1972), S. 16.

74 Vgl. T. und A. A. Scitovsky, a.a.O., S. 461.

75 A. Hahn: Index-Illusion — Index-Folgen, in: ZfgesKw 1957, S. 502.

Sofern Geldwertsicherungsklauseln eine weite Verbreitung finden, wird der Bedarf an Ressourcen in allen Bereichen des Geld- und Kreditwesens sicherlich erheblich zunehmen. Wird jedoch eine Geldwertsicherung allein im Bereich der Finanzaktiva angestrebt, so erscheint der zusätzliche Aufwand an Produktionsfaktoren — im Gegensatz zum Beispiel Finnlands — nicht so umfangreich, da er sich nur auf den Finanzsektor beschränkt. Außerdem ist zu berücksichtigen, daß eine nicht voll antizipierte Inflation Produktionsfaktoren in gesamtwirtschaftlich ineffizienten Verwendungen bindet, die nun freigesetzt würden.

So kann die Indexbindung neben Stabilitäts- auch Allokationseffekte aufweisen, sofern die negativen Allokationswirkungen der Inflation und ihren Ursachen zuzuschreiben sind. Mit den positiven Stabilitätswirkungen ergeben sich so nebenher auch gleichzeitig positive Allokationseffekte, wenn es mittels der Wertsicherungsklauseln und dem Abbau der Geldillusion gelingt, die Ursachen der Geldentwertung zu neutralisieren.

Alle diese eben aufgezeigten Wirkungen sind jedoch davon abhängig, daß die Indexbindung monetärer Aktiva institutionell gesichert ist, d. h. bis zum Ende des Kreditverhältnisses Gültigkeit besitzt. Diese wichtige Voraussetzung sei nochmals kurz aufgegriffen, da die institutionelle Sicherung derartiger Formen des monetären Vermögens einen beliebten Angriffspunkt gegen die Einführung von Wertsicherungsklauseln darstellt.

4.4. Institutionelle Probleme der Indexklauseln bei monetären Aktiva

Ein rein politisches Argument gegen die Zulassung von Geldwertsicherungsklauseln lautet, daß diese im entscheidenden Augenblick doch nichts nützten, da der Staat als einer der wichtigsten Schuldner eine besondere Position im Wirtschaftsgeschehen einnehme. Es „... bleibt bei der in seiner Person gegebenen Identität von Gesetzgeber und Schuldner die große Gefahr bestehen, daß er im entscheidenden Augenblick die ihn betreffenden (oder alle) Wertsicherungsklauseln aufheben wird“[76]. Selbst wenn diese Maßnahme nicht erfolge, so bestehe doch die Gefahr, daß anstelle einer Antiinflationspolitik die gezielte Manipulation des Index durch den Staat trete[77]. Diese Manipulation geht über die Subventionierung bestimmter Produkte, über die Zusammensetzung des Warenkorbes bis hin zur Festlegung bestimmter

[76] Gutachten des Wissenschaftlichen Beirats beim Bundeswirtschaftsministerium vom 24. 2. 1957, S. 19.

[77] Vgl. A. Hahn, a.a.O., S. 502.

Schwellenwerte, ab denen der Index erst wirken soll. Die Länder, die sich derartiger Indexklauseln bedienten, liefern genügend Anschauungsmaterial für ein solches Verhalten[78].

Selbst wenn die Regierung bereit sei — so wird weiter argumentiert —, antiinflationäre Maßnahmen zu ergreifen, wird sie unter Umständen davor zurückschrecken, da inflationsbremsende Maßnahmen in einem gut funktionierenden Indexsystem die gegenteilige Wirkung haben können[79].

Diese Argumente haben eine gewichtige Bedeutung, da nur dann eine Indexbindung von monetären Aktiva zum gewünschten Erfolg führt, wenn die Gültigkeit bis zum Ablauf des Schuldner-Gläubiger-Verhältnisses garantiert ist. Sofern die Wirtschaftssubjekte kein Vertrauen in die Gültigkeit derartiger Klauseln haben, werden sie kaum bereit sein, sich dieser zu bedienen, da nun neben das nicht beseitigte Geldwertrisiko ein Indexrisiko hinzutritt. Denn bei Annullierung der Wertsicherungsklauseln bekommen sie nur die niedrige Verzinsung des Indexmarktes, ohne einen Ausgleich für die Geldentwertung zu erhalten. Die Folge ist, daß die von der Indexbindung erhofften inflationshemmenden Einflüsse nicht auftreten. Dieses Argument gegen die Wertsicherungsklauseln ist somit letztlich kein Argument, das sich aus der ökonomischen Wirkung der Klauseln herleitet, sondern die Glaubwürdigkeit des Staates als Schuldner in Zweifel zieht.

4.5. Zusammenfassung

Insgesamt gesehen ergibt die Analyse, daß Geldwertsicherungsklauseln bei nicht voll antizipierter Inflation stabilitätspolitisch einen inflationshemmenden Effekt erwarten lassen, sofern ihre Gültigkeit institutionell garantiert ist. Über den Abbau der Geldillusion und das gleichzeitige Angebot geldwertgesicherter Formen des Finanzvermögens, die vom einzelnen Wirtschaftssubjekt weniger Marktkenntnis als die Realaktiva erfordern, ergibt sich ein inflationsdämpfendes Verhalten, da nun inflationsbedingte Zusatzerträge einzelner Gruppen entfallen.

Die Orientierung an realen Größen führt dazu, daß den Wirtschaftseinheiten die Unmöglichkeit von Verteilungsänderungen über die Inflation deutlich wird, was sie zu einem revidierten Verhalten veranlassen wird.

---

[78] Vgl. A. v. Gadolin, a.a.O., S. 884; H. Garding, a.a.O.; A. A. Rozental, a.a.O., S. 520 ff.; A. Rubner, a.a.O., S. 74.

[79] Vgl. H. Fögen: Inflationszinsen? Wertsicherungsklauseln? Oder was sonst?, in: ZfgesKw 1971, S. 298 ff.

Liegt die Ursache des Geldentwertungsprozesses in einer Übernachfrage begründet, so lassen sich über die Etablierung eines Marktes für geldwertsichere Finanzaktiva nachfragedämpfende Wirkungen erreichen, einmal weil Investitionen unterlassen werden, die allein aufgrund inflationsbedingter Zusatzerträge rentabel sind, zum anderen die Wirtschaftseinheiten tendenziell mehr monetäres Vermögen bilden und so weniger reale Güter nachfragen.

Neben diesen Stabilitätswirkungen ergeben sich auch gleichzeitig positive Effekte auf die Allokation, sofern es im wesentlichen die inflationsbedingten Zusatzerträge sind, die zu einem ineffizienten Einsatz von Produktionsfaktoren führen. Damit lassen sich die so frei werdenden Produktionsfaktoren in einer effizienteren Weise verwenden, wenngleich ein — wohl geringer — Teil im Bereich des Geld- und Kreditwesens benötigt wird, um die durch die Wertsicherungsklauseln umfangreicheren Geschäftsvorgänge zu bewältigen.

D. Schlußbemerkungen

Die Analyse hat gezeigt, daß die Einführung von geldwertgesicherten Finanzaktiva bei Vorliegen einer nicht vollständig antizipierten Inflation aus einzel- wie aus gesamtwirtschaftlicher Sicht positiv ausfällt. Ausgehend von den Folgen eines Geldwertschwundes für verschiedene Vermögensformen ergab sich, daß im wesentlichen die monetären Vermögensaktiva dem Geldwertrisiko unterliegen, hingegen die realen Vermögensobjekte in der Regel keine inflationsbedingten Realwerteinbußen erleiden, teilweise sogar durch die Geldentwertung begünstigt werden.

Unter Benutzung des Portfolio-Selection-Ansatzes sollte dargestellt werden, welche Reaktionen seitens der Wirtschaftseinheiten auf einen Geldentwertungsprozeß zu erwarten sind. Dabei wurde die besondere Bedeutung des Phänomens Geldillusion für das Verhalten der Wirtschaftssubjekte deutlich. Wären sämtliche Wirtschaftseinheiten frei von Geldillusion, d. h. orientierten sie sich an realen Größen, würden sie die Inflationsrate bei ihrer Anlageentscheidung berücksichtigen, indem sie für die monetären Aktiva in der Verzinsung einen Ausgleich für die Geldentwertung forderten und ihn auch erhielten. Der Nominalzins läge dann um die Inflationsrate über dem Realzins. Man kann erwarten, daß sich außer der Höhe der Bargeldhaltung in der Portfoliostruktur nicht viel ändern würde. Sofern jedoch bei schwankenden Inflationsraten, die keine genaue Antizipation der Entwicklung zulassen, mehr Realaktiva nachgefragt werden, wird der Realzins absinken. Der Nominalzins der monetären Aktiva erhöht sich dann gegenüber einer Situation mit Preisniveaustabilität nicht um die Inflationsrate, denn im Portfoliogleichgewicht entspricht — abgesehen von Risikounterschieden — der Nominalzins dem Realzins zuzüglich der Inflationsrate.

In der Regel kann jedoch bei Vorliegen eines inflationären Prozesses nicht davon ausgegangen werden, daß alle Wirtschaftssubjekte frei von Geldillusion sind und die Inflationsrate richtig antizipieren. Dies galt es in seinen Auswirkungen zu analysieren, wobei in einer derartigen Situation zwischen geldillusionsfreien und geldillusionsbehafteten Wirtschaftseinheiten unterschieden werden mußte. Dabei ergab die Analyse, daß die geldillusionsfreien Wirtschaftseinheiten zwar eine gewisse Erhöhung des Nominalzinses auf Finanzaktiva erreichen können, diese aber ihre Grenzen am Verhalten der Wirtschaftssubjekte mit Geldillusion findet, die — unter Umständen nur bis zu einem bestimmten Schwellenwert der Inflation — infolge der Orientierung an nominalen Größen jede Nominalzinserhöhung als Zunahme der Verzinsung ansehen, auf die sie mit erhöhter Geldvermögensbildung reagieren. Die Folge ist ein verstärktes Ausweichen der geldillusionsfreien Wirtschaftseinheiten auf reale Vermögensaktiva, was zu einer Senkung des Realzinses führt. Diese Tendenz kann sich bezüglich der Wirtschaftseinheiten ohne Geldillusion durch variierende Inflationsraten noch verstärken, da Realaktiva auch gegen nicht genau vorhersehbare Entwicklungen des Geldwertes einen Schutz bieten.

Die Nachfrage der geldillusionsfreien Wirtschaftssubjekte nach Finanzaktiva geht zurück, ihre Nachfrage nach realen Vermögensobjekten steigt. Unter Umständen erhöht diese Gruppe das Angebot an Finanzaktiva, um den inflationsbedingten Entschuldungseffekt zur verstärkten Realvermögensbildung zu nutzen. Dies kann die Folge haben, daß auch Realkapitalbildung betrieben wird, die allein infolge dieses Entschuldungseffektes „rentabel" erscheint, gesamtwirtschaftlich jedoch eine Fehlallokation darstellt.

Die geldillusionsbehafteten Wirtschaftseinheiten werden aufgrund der Nominalzinserhöhung verstärkt Geldvermögen bilden, was zinssenkende Tendenzen hat. Je geringer die Nominalzinserhöhung im Vergleich zur Geldentwertungsrate aber ist, um so mehr wird die nominal erhöhte Geldvermögensbildung durch die Inflation real entwertet. Ist die Gruppe der geldillusionsbehafteten Wirtschaftseinheiten groß, so kann trotz erhöhter nominaler Bildung monetären Vermögens die Geldvermögensbildung real betrachtet abnehmen.

Einen Ausweg aus einer derartigen Situation würde die Etablierung eines Marktes für geldwertgesicherte Formen des Geldvermögens bilden. Das Angebot derartiger Aktiva, so hatte sich gezeigt, macht eine Umstrukturierung des Portfolio hin zu den Realaktiva unnötig. Gleichzeitig wird auch die Geldillusion abgebaut, was zu einer allgemeinen Orientierung an Realgrößen führt und damit inflationsbedingte Zusatzerträge (Entschuldungseffekt) für die geldillusionsfreien Wirtschaftseinheiten verhindert.

Wird eine Geldwertsicherung im monetären Sektor als Inflationsschutz zugelassen, so erschien es zweckmäßig, als Vergleichsgröße einen Preisindex oder gegebenenfalls eine geringe Anzahl derartiger Indices zugrundezulegen, um einmal zu gewährleisten, daß keine Sonderbewegungen einzelner Güter den Ausschlag für die Wertsicherung geben, zum anderen um die Verhältnisse auf dem Geld- und Kapitalmarkt überschaubar zu halten. Denn eine Geldwertsicherung kann nur dann erfolgreich sein, wenn das Geldwertrisiko nicht durch ein Indexrisiko substituiert wird. Dazu gehört auch, daß die Wirtschaftseinheiten davon überzeugt sein müssen, daß derartige Wertsicherungsklauseln nicht von einem betroffenen Wirtschaftssubjekt dank seiner Machtposition außer Kraft gesetzt werden können.

Sind diese Voraussetzungen gegeben, dann ist zu erwarten, daß eine inflationsbedingte „Flucht in die Sachwerte“ nicht eintritt. Die Umstrukturierung zugunsten der Realvermögensbildung wird reduziert. Es hatte sich gezeigt, daß die reale Vermögensbildung — sofern sie nicht über langlebige Konsumgüter erfolgt — gegenüber der Geldvermögensbildung den Nachteil hat, daß infolge der anzulegenden Beträge eine Risikostreuung schwer zu erreichen ist. Hinzu kam die Notwendigkeit eines erheblichen Maßes an Marktkenntnis. Unterliegt die Geldvermögensbildung im Inflationsprozeß jedoch im vollen Umfang dem Geldwertrisiko, so können diese Nachteile der realen Vermögensaktiva aufgewogen werden. Sofern sie nicht ausgeglichen werden, weichen die Wirtschaftseinheiten auf die konsumtive Realvermögensbildung aus.

Gibt es jedoch die Möglichkeit, monetäre Aktiva zu erwerben, die wie reale Vermögenstitel nicht dem Geldwertrisiko unterliegen, entfällt für viele Wirtschaftssubjekte der Anreiz zu einer inflationsbedingten Realvermögensbildung. Je nachdem, welche Erwartungen sie hinsichtlich der zukünftigen Inflationsrate hegen, werden sie auf dem Geldanleihemarkt oder auf dem Indexmarkt agieren. Tendenziell nimmt die Geldvermögensbildung im Vergleich zu einer Situation ohne derartigen Inflationsschutz für monetäre Aktiva zu.

Diese Reaktionen der Wirtschaftseinheiten haben nun auch Folgen für die weitere inflationäre Entwicklung. Im Falle eines Geldentwertungsprozesses ohne Sicherungsklauseln, so zeigte sich, besteht die Gefahr verstärkter „Flucht in die Sachwerte“, da Realaktiva attraktiver werden als monetäre Vermögensobjekte. Schichten die Wirtschaftssubjekte ihr Vermögen zugunsten der realen Aktiva um, so kann es infolge der Nachfragesteigerung nach realen Gütern zu einer weiteren Verstärkung des Inflationsprozesses kommen. Gleichfalls steht zu befürchten, daß in einer solchen Situation Investitionen vorgenommen werden, die bei Preisniveaustabilität infolge mangelnder Ertragsaussichten nicht zur Durchführung gelangen würden.

Existiert jedoch ein Markt für realwertsichere Finanzaktiva, so wird die Gefahr einer Selbstverstärkung der Inflation gemildert, denn zum einen wird über den Abbau der Geldillusion eine zunehmende Zahl von Wirtschaftssubjekten sich in ihrem Verhalten an den realen Gegebenheiten ausrichten, was den Verteilungskampf mittels der

Geldentwertung mildert. Zum anderen reduziert der Wegfall der inflationsbedingten Zusatzgewinne Investitionen, was die Nachfrage dämpft und gleichzeitig eine ineffektive Verwendung von Produktionsfaktoren verhindert.

Nun stellt sich abgesehen von den dargelegten ökonomischen Wirkungen der Geldwertsicherungsklauseln die Frage, ob damit nicht das gesamtwirtschaftliche Ziel der Preisniveaustabilität aufgegeben wird. Die Bedeutung dieser Frage läßt sich nur im Hinblick auf die Bewertung des Zieles Preisniveaustabilität beurteilen. Dabei können hier nur einige Gesichtspunkte erörtert werden, da eine generelle Behandlung gesamtwirtschaftlicher Ziele und ihre Bewertung über den Rahmen des Themas hinausgehen würde.

Daß nicht antizipierte inflationäre Entwicklungen — von denen in der Regel auszugehen ist — zu sozialen Ungerechtigkeiten führen, wird von niemandem bestritten, da es gerade die wirtschaftlich Schwächeren sind, die in der Regel keine Möglichkeit haben, die Inflationswirkungen zu meiden, sie teilweise auch gar nicht erkennen. „Die Geldwertstabilität ist daher nicht nur eine Frage der Redlichkeit, sondern auch ein sozialpolitisches Ziel[1].“

Mit dieser sozialpolitischen Forderung nach Geldwertstabilität erhebt sich jedoch die Frage, ob sie als solche einen Wert darstellt mit der Folge, daß die Geldentwertung mit allen Mitteln bekämpft werden muß, wobei der Nutzen der Geldwertstabilität mit den Kosten zur Erreichung dieses Zieles (z. B. Unterbeschäftigung) zu vergleichen ist, oder aber ob es nur darum geht, die Ungerechtigkeiten eines Inflationsprozesses zu vermeiden[2]. Im letzteren Falle liegt der Wert der Preisniveaustabilität darin begründet, daß es in einer solchen Situation jedem Wirtschaftssubjekt möglich ist, den zukünftigen Geldwert vorauszusehen und sein Verhalten entsprechend einzurichten.

Diese Situation wäre ebenfalls gegeben, wenn alle Wirtschaftseinheiten wüßten, um wieviel der Wert des Geldes sich jedes Jahr ändert. Sie würden dies bei ihren Entscheidungen berücksichtigen und keiner wäre benachteiligt oder hätte durch die Geldentwertung Vorteile. „Eine stetige Inflation, die von allen vorausgesehen wird, kann weder Investitionen und Wachstum anregen, ja sie kann gegenüber einer absoluten Preisstabilität überhaupt keinen Vorteil bringen[3].“

Der Sachverhalt, daß die nachteiligen Wirkungen der Inflation nur auftreten, wenn diese nicht richtig antizipiert wird, deutet darauf hin,

---

[1] H. Giersch: Kontroverse Fragen der Wirtschaftspolitik, München 1971, S. 57.

[2] Vgl. zum folgenden W. Stützel: Die Hauptaufgaben der Wirtschaftspolitik in der Bundesrepublik, in: Sparkasse Heft 4/1971, S. 105 f.

[3] Derselbe, a.a.O., S. 105.

daß die Geldwertstabilität weniger einen Wert an sich darstellt, es vielmehr darum geht, unerwünschte Inflationswirkungen zu verhindern. So bestehen die sozialen Kosten einer Inflation nicht im Preisniveauanstieg, sondern haben ihre Ursache in den negativen Verteilungseffekten.

In diesem Zusammenhang können geldwertgesicherte Formen monetären Vermögens einen Beitrag dazu leisten, daß aus einer nicht antizipierten eine einkalkulierte Inflation wird und so die unerwünschten Wirkungen einer Geldentwertung vermieden werden können[4]. Mittels Geldwertsicherungsklauseln bei Finanzaktiva läßt sich „... dafür sorgen, daß die Erwartungen des Publikums hinsichtlich der vermutlichen Geldwertentwicklung, jene Erwartungen auf die sie alle ihre Verträge aufbauen, nicht trügen und vor allem, daß die Menschen nicht systematisch betrogen werden“[5].

Die Einführung von Geldwertsicherungsklauseln wäre somit ein Beitrag, unerwünschte Inflationswirkungen zu beseitigen, ohne daß dies — wenn unter Umständen auch nur für kurze Zeit — auf Kosten anderer gesamtwirtschaftlicher Ziele gehen muß, wie beispielsweise der Beschäftigung. Denn gerade die sozialen Kosten der Unterbeschäftigung, die bei einer Reduzierung der Inflation mittels der herkömmlichen Politik in Kauf genommen werden müssen, treten unmittelbar und für jeden sichtbar zutage, während die sozialen Kosten einer nicht antizipierten bzw. falsch antizipierten Inflation unter Umständen erst nach einer längeren Zeitperiode sichtbar werden[6]. Neben ihren übrigen Wirkungen würden geldwertgesicherte Finanzaktiva so auch einen gewissen Beitrag zur Milderung einiger gesamtwirtschaftlicher Zielkonflikte leisten.

Die Einführung derartiger Klauseln sollte daher nicht als das Eingeständnis der Wirtschaftspolitik angesehen werden, daß sie das Inflationsproblem nicht lösen könne[7]. “To take precautions to protect people from unfortunate events does not mean that the government regards the events as inevitable, or even that government intends to slacken its own efforts to prevent them[8].”

---

4 Vgl. J. Tobin: Inflation and Unemployment, S. 16 f.

5 W. Stützel, a.a.O., S. 106.

6 Vgl. J. Tobin: Inflation and Unemployment, S. 15.

7 Vgl. R. Goode, a.a.O., S. 339; H. Timm, a.a.O., S. 325.

8 J. Tobin: An Essay on Principles of Debt Management, S. 210.

Summary

Starting off with an examination of the consequences of an inflationary process on the wealth decision of financial investors this study tries to show the impacts of their reactions to the economy as a whole. These relations are demonstrated within the frame of the portfolio-selection approach which is based on the criteria yield and risk as a measure of quality of different kinds of assets. The inflationary impacts on these two decision parameters make it possible to deduce the consequences of inflation to the single asset and the probable reactions of economic units.

In order to analyse the individual decision process a discrimination between individuals with and without money illusion is neccessary because only those people, who perceive the change of the value of money, i. e. are free of money illusion, react to this change. These individuals try to avoid the consequences of inflation by acquiring more real assets if the yield of monetary wealth does not compensate the inflationary loss, which indicates as far as yield and risk concerned a worse position of monetary relative to real wealth. This is true along as the number of people with money illusion is relatively high, because these individuals react to variations of the nominal yield of wealth. For people without money illusion the formation of real capital in such a situation means an advantage for two reasons, if it is built up by taking a debtor position. Firstly the real value of wealth invested in real assets does not change during inflation, and secondly inflation reduces the real cost of capital. Misallocation of resources could be the result, being the consequences of the redistributional impacts of inflation which always arise if inflation is neither partially recognized nor generally anticipated.

To avoid these consequences — especially during severe and continuing inflation — the introduction of monetary assets with constant purchasing power is proposed, i. e. of financial assets linked to a price index. The development of prices can best be measured by the cost-of-living index. The inflation induced investment in real assets would then be prevented. As the money illusion is also removed, a general bearing on real values is stimulated so that a lightening of the burden of indebtness, originally caused by inflation is prevented. The introduction of index-linked monetary assets offers to the economic units an object of financial wealth with similiar hedge against inflation as real assets though far less special knowledge is necessary. This increases by reducing money illusion the accumulation of monetary wealth.

This process on the other hand influences the development of inflation. A market of index-linked assets reduces the danger of a self-accelerating inflation, because it primarily removes money illusion so that a growing number of individuals decides on real values, by this moderating the danger of an inflation originated in a struggle for income. Furthermore no redistributional impacts and no misallocations of resources following this redistribution can appear, thereby diminishing aggregate demand and dampening inflation. By means of index-linked monetary assets the speed of inflation is slowed down.

Résumé

Point de départ de cette analyse est l'ensemble des recherches premièrement sur les conséquences d'un processus d'inflation concernant l'investissement des biens des différents sujets économiques et deuxièmement sur les effets de leurs réactions sur l'ensemble de l'économie. Ces relations sont révélées par le portfolio-selection-approach. Cette méthode réduit les décisions concernant l'utilisation de la fortune aux facteurs du gain et du risque. Les effets d'une dévaluation sur ces deux paramètres décisifs permettent de dériver les conséquences de l'inflation pour les différentes formes de fortune et les réactions probables des sujets économiques.

En décrivant le placement individuel de la fortune, il est nécessaire de différencier entre les sujets économiques pourvus et dépourvus de tout illusion monétaire, car seulement réagissent sur les changements de la valeur monétaire ceux qui les reconnaissent comme tels, c'est à dire ceux qui sont libres de tout illusion monétaire. Ces unités économiques vont recourrir davantage aux valeurs réelles à condition que les intérêts des formes monétaires de fortune n'offrent qu'un règlement insuffisant de l'inflation de façon que la position de la fortune monétaire vu le risque et le gain soit inférieure à celle des biens réels. Un tel développement durera si longtemps qu'un grand groupe de sujets économiques soit soumis à l'illusion monétaire et à cause de cela ne réagit qu'aux changements des intérêts nominals, quand il s'agit de leurs dispositions de fortune. La formation réelle de la fortune dans une situation pareille représente pour les sujets économiques sans illusion monétaire un double avantage, si elle se fait par une formation négative de la fortune. Car d'une part la valeur réelle des biens reste la même en la transformant en actif réel, d'autre part au cours de l'inflation se réduisent les taux réels de l'intérêt pour l'acquisition de ces biens. Les conséquences peuvent être de faux allocations, qui proviennent des effets de la répartition causée par l'inflation, qui apparaissent au moment où un processus de dévaluation n'est pas entièrement reconnu et quand il n'est pas généralement anticipé par l'attitude des individus.

Pour éviter de telles conséquences — surtout quand il s'agit de taux de dévaluations plus élevés et de longue durée — on propose l'introduction d'éléments actifs de stable valeur monétaire, c'est à dire d'actif financier dont l'intérêt est fixé par l'indice des prix. L'indice du coût de la vie peut servir de norme pour le développement des prix. Ainsi le regroupement des valeurs causé par l'inflation en faveur de l'actif réel ne serait plus nécessaire. En même temps l'illusion monétaire diminue, ce qui amène à l'orientation générale vers des valeurs réelles et empêche ainsi la naissance d'effets d'excuses toujours causés par l'inflation en faveur des débiteurs. Introduisant de telles formes de fortune monétaire on offre à l'ensemble de tous les sujets économiques une forme de fortune monétaire protégée contre l'inflation de même manière que la fortune réelle, mais qui demande beaucoup moins de connaissances et incite à une formation de fortune monétaire plus élevée tout en diminuant l'illusion monétaire.

Ce développement pourtant a des conséquencess pour la persistance du procesus inflationiste, L'existance d'un marché des formes de fortune monétaire d'une valeur réelle atténue le danger d'une inflation croissante, car d'une part en réduisant l'illusion monétaire un nombre augmentant d'unions économiques s'orienteront dans leur compartement aux valeurs réelles, ce qui diminue le danger de l'inflation à l'issue de la lutte pour la répartition des revenus. D'autre part on exclut les effets de répartition et ainsi les faux allocations, ce qui peut avoir sous forme de manques de demandes un effet adoucissant sur l'inflation. Voilà pourquoi des formes de fortune monétaire de valeurs stables peuvent être à l'origine d'effets anti-inflationistes.

Resumen

El punto de partida del presente análisis es la investigación de las consecuencias de un proceso de inflación para las disposiciones financieras de los sujetos económicos induviduales, y las repercusiones que ellas tienen para la economía general. Estas relaciones serán demonstradas a base del método Portfolio-Selection, que reduce las disposiciones de capitales a las categorías de renta y riesgo. Los efectos de una depreciación monetaria sobre estos dos parámetros de decisión permiten derivar las consecuencias de la inflación para las respectivas formas de bienes, y las reacciones probables de los sujetos económicos.

Para la presentación de las disposiciones financieras individuales, es preciso destinguir entre sujetos económicos libres y otros afectados de ilusiones monetarias, pues sólo aquellos reaccionarán a cambios del valor monetario que los reconocen como tales y que están, por lo tanto, libres de ilusiones monetarias. Estas unidades económicas recurrirán más aún a las formas reales de capital si la renta de las formas de activos capitales monetarios presenten sólo un reajuste insuficiente de la inflación, los bienes monetarios encontrándose así en desventaja con los bienes efectivos, con respeto a riesgo y renta. Un desarrollo semejante se producirá mientras un grupo grande de sujetos económicos esté todavía sometido a ilusiones monetarias y reaccione solo a alteraciones des interés nominal en cuanto a sus disposiciones financieras. En esta situación, la accumulación de capital real ofrece una doble ventaja a los sujetos libres de ilusiones monetarias, si es realizada através de una formación negativa de volumen monetario, puesto que por un lado el valor real del capital invertido en activo real es conservado en un proceso de inflación, y por otra parte se reducen los gastos reales en concepto de intereses para la adquisición de estos bienes de fortuna. Por consequencia se pueden producir inversiones equivocadas, reducibles a efectos de distribución que dependen de la inflación. Estos efectos se producirán cada vez que un proceso de depreciación monetaria no sea reconocido, en parte, y anticipado en forma general en el comportamiento de los sujetos.

Para evitar tales consecuencias — sobre todo en caso de cuotas de depreciación altas y de larga duración — se propone la creación de activo monetario de valor garantizado, es decir, de activo financiero cuyo rédito está sujeto al índice de precios. Como medida del desarrollo del nivel de precios se ofrece el índice del coste de la vida. Así ya no sería necesario la transformación de bienes a favor de activo real en caso de inflación. Simultáneamente se lograría reducir la ilusión monetaria, lo que llevaría, en general, a una orientación a base de valores reales y que impediría efectos de desendeudamiento a favor del deudor, causados por la inflación. Con la admisión de tal forma de capital monetario se le ofrece a todos los sujetos económicos un tipo de bien monetario que asegura una protección contra la inflación similar a la de los bienes reales, pero que exige, sin embargo, mucho menos conocimientos especializados, fomentando así la formación de bienes fiduciarios y reduciendo la ya mencionada ilusión monetaria. Por otra parte, esta evolución tiene consecuencias para la duración del proceso de depreciación monetaria. La existencia de un mercado para formas seguras de bienes monetarios atenúa el peligro de una auto-intesificación de la inflación, pues mediante la reducción de la ilusión monetaria, un número creciente de unidades económicas se orientará en parámetros reales, lo que modera el peligro de depreciación monetaria a causa de la lucha por la repartición de los ingresos. De otra parte, se evitan los efectos distribución y las inversiones equivocades causadas por aquellas, lo que puede disminuir la inflición através de la falta de demanda. De tal madera, efectos que amortiguan la inflación pueden provenir de formas de bienes monetarios de valor asegurado.

Literaturverzeichnis

I. Bücher

Bain, A. D.: The Control of the Money Supply, Harmondsworth Middlesex, England 1970

Borch, K. H.: Wirtschaftliches Verhalten bei Unsicherheit, Wien—München 1969

Brümmerhoff, D.: Zur Problematik wertgesicherter Anleihen, Diss. Berlin 1970

Claassen, E. M.: Probleme der Geldtheorie, Berlin—Heidelberg—New York 1970

Dürkes, W.: Wertsicherungsklauseln, 7. völlig neubearb. Aufl., Heidelberg 1966

Farrar, D. E.: The Investment Decision under Uncertainty, Englewood Cliffs (N. J.) 1962

Fisher, I.: The Money Illusion, New York 1928

Föhl, C.: Kreislaufanalytische Untersuchungen der Vermögensbildung in der Bundesrepublik und der Beeinflußbarkeit ihrer Verteilung, Tübingen 1964

Garding, H.: Finnlands Kampf gegen die Inflation, Berlin 1966

Giersch, H. G.: Kontroverse Fragen der Wirtschaftspolitik, München 1971

Gorniak, U.: Wertsicherungsklauseln, Informationsdienst der Sparkassen und Girozentralen, Stuttgart 1967

Gurley, J. G./*Shaw,* E. S.: Money in a Theory of Finance, 3. Aufl., Washington 1964

Hicks, J. R.: Value and Capital, 2. Aufl., Oxford 1946

Keynes, J. M.: The General Theory of Employment, Interest and Money, 14. Aufl., London 1964

Köble, G.: Die Wirkung von Preissteigerungen auf den Realwert bestehenden Vermögens. Dargestellt am Beispiel der Bundesrepublik für die Jahre 1950 bis 1965, Diss. Freiburg i. Br. 1969

Krelle, W.: Präferenz- und Entscheidungstheorie, Tübingen 1968

Little, I. M. D./*Rayner,* A. C.: Higgledy-Piggledy Growth Again, New York 1966

Lubasch, K.: Die volkswirtschaftliche Wirkung von Geldwertsicherungsklauseln, Berlin 1964

Mannheim, H.: Die Aushöhlung des Nominalprinzips durch Wersicherungsklauseln und ihre Auswirkung auf die Geldillusion, Diss. Köln 1968

Markowitz, H. M.: Portfolio Selection, New York 1959

Musgrave, R. A.: The Theory of Public Finance, New York—London—Toronto—Tokyo 1959

Neumann, J. v./*Morgenstern*, O.: Spieltheorie und wirtschaftliches Verhalten, 2. unv. Aufl., Würzburg 1967

o. V.: Indexbindung und Inflationsbekämpfung, hrsg. von: Schweizerische Bankgesellschaft, Zürich 1967

Statistisches Jahrbuch für die Bundesrepublik Deutschland, diverse Jahrgänge

Stucken, R.: Was stimmt nicht mit unserem Geld?, Hamburg 1967

Veit, O.: Grundriß der Währungspolitik, 3. ern. Aufl., Frankfurt 1969

Wäldchen, P.: Der Einfluß von Geldwertschwankungen auf Sparerverhalten und Sparformen, eine Untersuchung unter besonderer Berücksichtigung der französischen Verhältnisse, Diss. Erlangen—Nürnberg 1962

Der Wissenschaftliche Beirat beim Bundeswirtschaftsministerium: Gutachten vom Januar 1957 — März 1961, hrsg. von: Bundeswirtschaftsministerium, Göttingen 1961

II. Aufsätze aus Zeitschriften und Sammelwerken

Aujac, H.: Inflation as the Monetary Consequence of the Behavior of Social Groups: A Working Hypothesis, in: International Economic Papers, No. 4 (1954), S. 109 ff.

Bach, G. L./ *Musgrave*, R. A.: A Stable Purchasing Power Bond, in: AER Vol. 31 (1941), S. 823 ff.

Bartels, H.: Preisindices in der Sozialproduktsberechnung, in: WiSta 1963, S. 15 ff.

Baumol, W. J.: The Transactions Demand for Cash: An Inventory Theoretic Approach, in: QJE Vol. 66 (1952), S. 545 ff.

Bienert, K.: Zum Problem der institutionalisierten Inflation, in: C. A. Andreae, K. H. Hansmeyer, G. Scherhorn (Hrsg.): Geldtheorie und Geldpolitik, Berlin 1968, S. 190 ff.

Borch, K. H.: A Note on Uncertainty and Indifference Curves, in: REStud. Vol. 36 (1969), S. 1 ff.

Cohen, B. J.: The Use of Indexed Debts in Underdeveloped Countries, in: PF Vol. 21 (1966), S. 449 ff.

Conard, J. W.: The Causes and Consequences of Inflation, in: The Commission on Money and Credit (ed.): Inflation, Growth and Employment, Englewood Cliffs (N. J.) 1964, S. 1 ff.

Deutsche Bundesbank: Auszüge aus Presseartikeln

— Mitteilungen

— Monatsberichte

Eagly, R. V.: An Interpretation of Palander's Twin Securities Market Proposal, in: SEJ Vol. 27 (1960—61), S. 51 ff.

Eagly, R. V.: On Government Issuance of an Index Bond, in: PF Vol. 22 (1967), S. 268 ff.

— On the Nature of Constant Value and the Desirability of a Constant Price Level, in: WWA Bd. 92 (1964), S. 350 ff.

Edelmann, K. M. F.: Die Wertsicherung der französischen Anleihen, in: Österreichisches Bank-Archiv 1958, S. 72 ff.

Euler, M.: Ausgewählte Vermögensbestände privater Haushalte am Jahresende 1969, in: WiSta 1970, S. 605 ff.

— Wertpapierbestände privater Haushalte am Jahresende 1969, in: WiSta 1971, S. 199 ff.

— Sparmotive, Sparziele und Sparneigung privater Haushalte, in: WiSta 1971, S. 137 ff.

Fama, E. F.: Risk, Return, and Equilibrium, in: JPE Vol. 79 (1971), S. 30 ff.

Feldstein, M. S.: Mean-Variance-Analysis in the Theory of Liquidity Preference and Portfolio Selection, in: REStud. Vol. 36 (1969), S. 5 ff.

Finch, D.: Purchasing Power Guarantees for Deffered Payments, in: IMF — Staff Papers Vol. V (1956—57), S. 1 ff.

Fisher, G. R.: Some Factors Influencing Share Prices, in: EJ Vol. 71 (1961), S. 121 ff.

Fögen, H.: Inflationszinsen? Wertsicherungsklauseln? Oder was sonst?, in: ZfgesKw 1971, S. 297 ff.

Friedman, M.: Die Quantitätstheorie des Geldes: eine Neuformulierung, in: M. Friedman: Die optimale Geldmenge, München 1970, S. 77 ff.

— Factors Affecting the Level of Interest Rates, in: Savings and Residential Financing 1968 Conference Proceedings, Chicago (Ill.), S. 10 ff.

Gadolin, A. v.: Die Kapitalmärkte der nordischen Inflationsländer, in: ZfgesKw 1958, S. 883 f.

Gibson, W. E.: Price Expectations Effects on Interest Rates, in: JoF Vol. 25 (1970), S. 19 ff.

Goode, R.: A Constant-Purchising-Power Savings Bond, in: NTJ Vol. 4 (1951), S. 332 ff.

Hahn, L. A.: Index-Illusion — Index-Folgen, in: ZfgesKw 1957, S. 501 f.

Hamada, R. S.: Portfolio Analysis, Marketing Equilibrium and Corporation Finance, JoF Vol. 24 (1969), S. 13 ff.

Hein, J.: A Note on the Use of Index Clauses Abroad, in: JoF Vol. 15 (1960), S. 546 ff.

Herrmann, K. A.: Vermögensstatistik, in: HdSW Bd. 11, S. 148 ff.

Hintner, O.: Geldwertrisiko und Investitionsanleihen, in: Österreichisches Bank-Archiv 1958, S. 69 ff.

Holzman, F. D.: Income Determination in Open Inflation, in: REStat Vol. 32 (1950), S. 150 ff.

Jarchow, H. J.: Von Keynes zur portfolio selection, in: Der Volkswirt, Nr. 6 vom 7. 2. 1969, S. 36 ff.

Kemp, A. G./*Reid*, G. C.: The Random Walk Hypothesis in the Recent Behaviour of Equity Prices in Britain, in: Economica Vol. 38 (1971), S. 28 ff.

Keran, W. M.: Expectations, Money and the Stock Market, in: Review — Federal Reserve Bank of St. Louis Vol. 53 (1971), No. 1, S. 16 ff.

Kessel, R. A./*Alchian*, A. A.: Effects of Inflation, in: JPE Vol. 70 (1962), S. 521 ff.

Lintner, J.: Security Prices, Risk and Maximal Gains from Diversification, in: JoF Vol. 20 (1965), S. 587 ff.

Malkiel, B./*Cragg*, J. G.: Expectations and the Price Structure of Share Prices, in: AER Vol. 60 (1970), S. 601 ff.

Morag, A.: For an Inflation-Proof Economy, in: AER Vol. 52 (1962), S. 177 ff.

Mueller, E.: Consumer Reactions to Inflation, in: QJE Vol. 73 (1959), S. 246 ff.

Mundell, R.: Inflation and Real Interest, in: JPE Vol. 71 (1963), S. 280 ff.

Niehans, J.: Die Anpassung des Darlehenszinses an die Inflation in einer wachsenden Wirtschaft, in: Kyklos Vol. 23 (1970), S. 58 ff.

o. V.: Eine ernste Warnung; Die Gemeinschaft zum Schutz der deutschen Sparer zu einer Anfrage des Bundesfinanzhofes; Mitteilungen und Kommentare zur Geldwertstabilität, Hrsg.: Gemeinschaft zum Schutz der deutschen Sparer, Nr. 7/1965 vom 10. 8. 1965

— Geldwertsicherungsklauseln, in: Monatsberichte der Deutschen Bundesbank 23. Jg., Nr. 4 (April 1971), S. 25 ff.

— Grundbesitzer per Zertifikat, in: Wirtschaftswoche, Nr. 11 vom 12. 3. 1971, S. 64 ff.

Pfleiderer, O.: Berücksichtigung der Geldentwertung bei der Besteuerung von Zinserträgen?, in: ZfgesKw 1965, S. 886 ff.

Renwick, F. B.: Asset Management and Investor Portfolio Behavior: Theory and Practice, in: JoF Vol. 24 (1969), S. 181 ff.

Robson, P.: Index-linked Bonds, in: REStud Vol. 28 (1960—61), S. 57 ff.

Roskamp, K. W.: Portfolio Selection and Expectations; Towards a Dynamic Simulation Model, in: H. Haller und H. C. Recktenwald (Hrsg.): Finanz- und Geldpolitik im Umbruch, Mainz 1969, S. 465 ff.

Rozental, A. A.: Variable-Return Bonds — The French Experience, in: JoF Vol. 14 (1959), S. 520 ff.

Rubner, A.: The Abdication of the Israeli Pound as a Standard of Measurement for Medium and Longterm Contracts, in: REStud Vol. 28 (1960—61), S. 69 ff.

Sandmo, A.: The Effects of Uncertainty on Saving Decisions, in: REStud Vol. 37 (1970), S. 353 ff.

Scitovsky, T./*Scitovsky*, A. A.: Inflation Versus Unemployment: An Examination of Their Effects, in: The Commission on Money and Credit (ed.): Inflation, Growth and Employment, Englewood Cliffs (N. J.) 1964, S. 429 ff.

Stützel, W.: Die Hauptaufgabe der Wirtschaftspolitik in der Bundesrepublik, in: Sparkasse, Heft 4/1971, S. 102 ff.

Timm, H.: Der Einfluß von Geldwertsicherungsklauseln auf Geldangebot und -nachfrage und auf die schleichende Inflation, in: JfNuSt 180 (1967), S. 313 ff.

Tobin, J.: An Essay on Principles of Debt Management, in: The Commission on Money and Credit (ed.): Fiscal and Debt Management Policies, Englewood Cliffs (N. J.) 1963, S. 143 ff.

— Comment on Borch and Feldstein, in: REStud Vol. 36 (1969), S. 13 f.

— Inflation and Unemployment, in: AER Vol. 62 (1972), S. 1 ff.

— Liquidity Preference as Behavior Towards Risk, in: REStud Vol. 25 (1957—58), S. 65 ff.

— The Interest-Elasticity of Transactions Demand for Cash, in: REStat Vol. 38 (1956), S. 241 ff.

— The Theory of Portfolio Selection, in: F. H. Hahn, F. B. R. Brechling (eds.): The Theory of Interest Rates, London 1965, S. 3 ff.

Wahlen, E. L.: A Rationalization of the Precautionary Demand for Cash, in: QJE Vol. 80 (1966), S. 314 ff.

Wielens, H.: Schützt Aktienanlage vor der schleichenden Inflation?, in: ZfgesKw 1969, S. 778 ff.

Wild, J.: Unternehmerische Entscheidungen, Prognosen und Wahrscheinlichkeit, in: ZfB 39. Jg., 2. Ergänzungsheft Dezember 1969, S. 60 ff.

Yohe, W. P./*Karnowski*, D. S.: Interest Rates and Price Level Changes 1952—1969, in: Review — Federal Reserve Bank of St. Louis Vol. 51, No. 12 (Dec. 1969), S. 19 ff.

Namenverzeichnis

Sachverzeichnis

Untersuchungen über das Spar-, Giro- und Kreditwesen

Abteilung A: Wirtschaftswissenschaft

1. **Beiträge zur Theorie des Sparens und der wirtschaftlichen Entwicklung.** 227 S. 1958. 2. unveränd. Aufl. in Vorbereitung.

2. **Die Liquiditätsverhältnisse der deutschen Sparkassen.** Von Dr. L. Sperk und Dipl.-Vw. Dr. M. Wilsdorf. 184 S. 1956. DM 18,60.

3. **Das Liquiditätsproblem bei den Girozentralen.** Von Dr. D. Golz. 193 S. 1956. DM 24,60.

4. **Auswirkungen der Mindestreservepflicht unter besonderer Berücksichtigung der Sparkassen.** Von Dipl.-Vw. Dr. E. Floss. 70 S. 1956. DM 7,80.

5. **Die Wertpapieranlage der Kreditinstitute.** Von Dr. R. Stützer. 157 S. 1957. DM 18,60.

6. **Einkommensverhältnisse und private Geldkapitalbildung in Westdeutschland 1925 bis 1953.** Von Dr. H. Osthues. 204 S. 1957. DM 27,60.

7. **Der Betriebsvergleich bei Sparkassen.** Von Dipl.-Kfm. H.-G. Bindewalt und Dr. H. Kolbeck. 244 S. 1959. DM 29,—.

8. **Die Verflechtung zwischen Sparkassen und Girozentralen.** Von Dr. A. Dick. 119 S. 1959. DM 15,80.

9. **Die Struktur des Bankwesens als Gegenstand wirtschaftsstatistischer Analyse.** Von Prof. Dr. I. Esenwein-Rothe. 329 S. 1959. DM 42,80.

10. **Die Anwendbarkeit der modernen Kreditschöpfungslehre auf die besondere Art des Sparkassengeschäfts.** Von Dr. H. Feifel. 249 S. 1959. DM 33,—.

11. **Die unterschiedlichen Auffassungen von der Wirkung des Sparens und die moderne Wachstumstheorie.** Von Dr. H. Peters. 120 S. 1960. DM 14,80.

12. **Die niedersächsischen Sparkassen.** Von Dr. W. Weidner. 212 S. 1960. DM 32,60.

13. **Bestimmungsgründe und volkswirtschaftliche Auswirkungen des Verhaltens der Sparkassen im langfristigen Wohnungsbaukreditgeschäft.** Von Dr. M. Wilsdorf. 194 S. 1960. DM 22,60.

14. **Die Mitwirkung der Hausbanken bei der Vergebung und Verwaltung öffentlicher Kredite.** Von Dr. H. Menzel. 212 S. 1960. DM 24,80.

15. **Die Zinsempfindlichkeit der deutschen Sparer.** Von Dr. B. Wissmann. 152 S. 1960. DM 22,80.

16. **Verbrauchen und Sparen.** Von Dr. A. Ghanie Ghaussy. 236 S. 1964. DM 39,60.

17. **Bestimmungsgründe des persönlichen Sparens.** Von Dr. W. Paschke. 223 S. 1961. DM 32,60.

18. **Beiträge zur Geldtheorie und Geldpolitik.** Von Prof. Dr. H.-G. Johnson. Aus dem Amerikanischen übertr. von H. Rudloff. 324 S. 1969. DM 44,60.

19. **Die Staatsaufsicht über die kommunalen Sparkassen.** Von Dr. H. Frick. 250 S. 1962. DM 38,60.

20. **Die Vereinbarungen und Zusammenschlüsse im Kreditwesen.** Von Dr. G. Buschmann. 174 S. 1963. DM 24,80.

21. **Die Rechtsgrundlagen des Reisescheckverkehrs.** Von Dr. O.-R. Heinichen. 157 S. 1964. DM 24,60.

22. **Monetäre Probleme der Konjunkturpolitik in der EWG.** Von Prof. Dr. O. Issing. 163 S. 1964. DM 24,80.

23. **Strukturwandlungen in der Anlagepolitik der Kreditbanken.** Von Dr. H.-H. Stein. 191 S. 1964. DM 28,60.

24. **Die Beziehungen zwischen moderner Wettbewerbstheorie und ökonomischer Realität im Realkreditsektor.** Von Dr. W. Dobrinski. 243 S. 1964. DM 39,60.

25. **Der Einfluß der Gemeinde auf die kommunale Sparkasse.** Von Dr. H. Clausen. 160 S. 1964. DM 24,80.

26. **Die Beziehungen zwischen der Notenbank und den Trägern der Girosysteme.** Von Dr. H. J. Rieken. 170 S. 1964. DM 24,80.

27. **Die internationale Liquidität.** Von Prof. Dr. D. J. Delivanis. 94 S. 1965. DM 14,60.

28. **Leitwährung und internationale Währungsordnung.** Von Prof. Dr. O. Issing. 374 S. 1965. DM 54,60.

29. **Analytischer Vergleich zwischen Verrechnungsscheck und Überweisung vom Standpunkt der Kreditinstitute.** Von Dr. U. Trurnit. 257 S. 1966. DM 49,60.

30. **Marktforschung der Kreditinstitute.** Von Dr. U. Weiss. 307 S. 1966. DM 53,80.

31. **Die Entwicklung der sozialen und ökonomischen Struktur der Ersparnisbildung in der Bundesrepublik Deutschland.** Von Dr. R. Exo. 410 S. 1967. DM 68,60.

32. **Die Beziehungen zwischen dem institutionellen Aufbau des Geld- und Kreditsystems und dem wirtschaftlichen Wachstum.** Von Dr. D. Spaetling. 251 S. 1966. DM 54,60.

33. **Geldversorgung, Preisniveau und reales Wirtschaftswachstum bei alternativen Grundprinzipien der geldwirtschaftlichen Ordnung.** Von Dr. H. Friedrich. 205 S. 1967. DM 38,60.

34. **Außenhandel, wirtschaftliche Expansion und Preisniveau.** Von Dr. M. Hieber. 150 S. 1967. DM 28,60.

35. **Die Bedeutung des staatlichen Sparens für die Kapitalbildung und das Wirtschaftswachstum.** Von Dr. D. Kath. 172 S. 1968. DM 28,60.

36. **Die Entwicklung des Kommunalkredits.** Von Dr. H. Gloth. 230 S. 1967. DM 43,80.

37. **Die Finanzpolitik des Deutschen Reiches im Ersten Weltkrieg.** Von Dr. K. Roesler. 237 S. 1967. DM 44,60.

38. **Die rechtliche Einordnung der Immobilienfondsgesellschaften und das Erfordernis einer gesetzlichen Sonderregelung.** Von Dr. N. Kruhme. 120 S. 1968. DM 19,60.

39. **Die Bedeutung der Finanzgebarung der öffentlichen Hand für den Geldwert in Frankreich nach 1945.** Von M.-L. Herschtel. 256 S. 1968. DM 49,60.

40. **Die Standortfrage bei Kreditinstituten.** Von J. D. Siepmann. 377 S. 1968. DM 78,—.

41. **Zahlungsverkehr und Mittelstandsidee.** Von Dr. J. Wysocki. 120 S. 1969. DM 28,60.

42. **Der Verwaltungsrat der Sparkasse.** Von H. aus der Fünten. 322 S. 1969. DM 56,60.

43. **Die Mechanismen der Zentralbankgeldschöpfung und ihre Kontrollierbarkeit durch die Zentralbank.** Von Dr. B. Gaude. 209 S. 1969. DM 39,60.

44. **Die Aufwertungsspekulation.** Von Dr. W. Steuer. 180 S. 1969. DM 33,60.

45. **Ursachen und Wirkungen der regionalen Differenzierung der privaten Spartätigkeit in Industrieländern.** Von Dr. J. Frerich. 205 S. 1969. DM 45,80.

46. **Die Beschränkungen des Wirkungsbereichs der kommunalen Sparkassen durch die horizontale und die vertikale Kommunalgliederung in Nordrhein-Westfalen.** Von Dr. K. Köhler. 145 S. 1969. DM 26,60.

47. **Vermögensbestand, Sparverhalten und Wirtschaftswachstum.** Von Dr. H. Rudloff. 192 S. 1969. DM 39,60.

48. **Theoretische Untersuchungen zum mikro- und makroökonomischen Kreditangebot.** Von Dr G. A. Kartsaklis. 205 S. 1970. DM 45,80.